绝不雷同

小米雷军和他的移动互联时代

余胜海 著

SPM
南方出版传媒
广东人民出版社
·广州·

图书在版编目（CIP）数据

绝不雷同：小米雷军和他的移动互联时代/ 余胜海著. —广州：
广东人民出版社，2015.8（2018.9重印）
ISBN 978-7-218-10275-7

Ⅰ．①绝… Ⅱ．①余… Ⅲ．①雷军—传记 Ⅳ．①K825.38

中国版本图书馆CIP数据核字（2015）第174283号

JUEBU LEITONG：XIAOMI LEI JUN HE TA DE YIDONG HULIAN SHIDAI

绝不雷同：小米雷军和他的移动互联时代

余胜海 著

出 版 人：肖风华

策 划：萧宿荣
责任编辑：李 敏
装帧设计：仙境设计
责任技编：周 杰 黎碧霞

出版发行：广东人民出版社
地 址：广州市大沙头四马路10号（邮政编码：510102）
电 话：（020）83798714（总编室）
传 真：（020）83780199
网 址：http://www.gdpph.com
印 刷：恒美印务（广州）有限公司
开 本：787mm×1092mm 1/16
印 张：20.5 字 数：300千
版 次：2015年8月第1版 2018年9月第2次印刷
定 价：58.00元

如发现印装质量问题，影响阅读，请与出版社（020-83795749）联系调换。
售书热线：（020）83795240 83780517

小米的成功离不开以下四个方面：一是顺势而为，抓住了智能手机和移动互联时代的发展机遇；二是用互联网思维，颠覆传统的商业模式；三是注重用户体验，坚持高配低价，并利用社交媒体进行快速传播，口碑营销；四是把用户当朋友，根据用户的意见来改进产品，这四点让我创造并成就了小米。

一直以来，雷军都被视为中国的乔布斯，但是他早已放弃了简单的对这位科技偶像以及苹果公司的模仿。目前在中国市场，小米手机的销量已经超过了iPhone，并创造了一个神话！

——美国《福布斯》杂志

雷军在发布第一部手机后，仅四年公司估值就达450亿美元，创造商业奇迹。创业初期他反大潮而行：以电商为渠道，和用户交朋友，坚持真材实料，小米如今已成长为世界知名的智能手机制造商。

——美国《财富》杂志

通过模仿苹果，小米获得了巨大的成功，并正成为全球增长最快的智能手机公司之一。

——美国《纽约时报》

小米手机的出现，直接冲击了传统的手机打造模式和营销模式。小米凭借MIUI界面打下的用户与关注度基础，通过与VANCL的合作来打造网络渠道，避开成本高的实体店面建设和下游渠道商建设，并以电商方式直销，借此降低成本。

——BWCHINESE中文网

数以千万计的小米用户成了小米研发的后援团，小米手机每周更新的功能当中有1/3都是用户提供的。小米把用户当朋友，根据用户的意见来改进产品，这就是小米最大的变革。

——中国中央电视台

小米"粉丝经济"的创新改变了电商狂砸广告的固有模式。小米走的是网民最能接受的电子商务路线，不同的是，营销渠道移到了电商平台上，省下了广告费，也搭着我国微博用户数量急速攀升的便车，赚足了关注的目光，玩转了"粉丝经济"。

——《中国经营报》

雷军终于像乔布斯一样，站在巨大的投影幕布前面，开起了自己的场子。他不管别人评论他是在"山寨"还是致敬，也不再在意会不会有人质疑他在吹牛，雷军最想说的只有一句：用小米手机，你就知道我在做什么。

——《经济观察报》

　　我无法精确预测小米的未来会怎样，但我对小米非常有信心。这家公司的创办者雷军非常透明、诚实、开放。不仅创造了小米手机，而且教用户用这个产品、理解这个产品。苹果一直是一个硬件公司，它的整个运营都是从硬件角度去看，所以在这方面小米和苹果有很多相似的地方。小米的产品已经足够好，可以进军北美市场。

——苹果联合创始人　斯蒂夫·盖瑞·沃兹尼亚克

　　小米几乎也是属于不可复制的模式，必须得雷军这人按独特的方式才能做出来，小米的运营成本非常低，非常低就是直接控制几个层面，而不是用多层级的管理方式，使得运营成本降低。

——联想创始人、联想集团董事局名誉主席　柳传志

　　雷军是一个令人敬佩的企业家。他对用户和市场需求是非常敏锐及有见地的，而现在他有这个令人难以置信的愿望，要去创造一个家喻户晓的品牌，打造一家世界级的公司。

——原谷歌副总裁、创新工场创始人　李开复

　　小米手机的成功在于创新。创新是什么？你站在世界的最高处，站在珠穆朗玛峰的山顶，那不是创新。如果你带一个梯子上去，站在梯子上，成为那个最高的人，这就是创新。小米的创始人雷军就是属于后者。

——新东方教育集团董事长　俞敏洪

推荐序

余胜海先生最新著作《绝不雷同——小米雷军和他的移动互联时代》即将出版，请我作序推荐，我欣然应允。原因有二，一是余胜海是湖北籍知名作家，我的小老乡，是一位有良知、有责任、有担当的传媒人和作家；二是雷军是从武汉大学走出去的优秀企业家，他的梦想也源自武大，又是我的学生。我记得，雷军在武大读大一时，看了一本叫《硅谷之火》的书，这本书改变了他的一生。

我一生研究创造性教育，致力于培养创造性人才，而雷军就是一位极富创造精神的传奇企业家。他曾经沐浴过武汉大学改革的春风和雨露，而改革和创造就是他事业腾飞的两只翅膀。二十多年以来，他不断创造，不断挑战自我，不断超越自我，从而创造了一个又一个人生的奇迹！每一个青年人都应当有清醒的梦想，而梦想的实现不仅仅依靠技术，更需要有冒险精神，特别是需要有大智慧。身为老师，我深为雷军的成才而骄傲，为他的事业成功而自豪！

这本书是余胜海先生继推出畅销书《华为还能走多远》之后，又一部重磅力作。作者以独特的视角，通过实地走访，多年近距离观察，捕获了众多鲜为人知的故事和细节，真实展现了雷军的奋斗史以及缔造金山、小米的全过程，首次揭露雷军早年创业往事，追溯成功的源头，阐释其一直的理念和坚守的梦想，还原了一个最真实、最有个性、最丰富的雷军。

本书语言朴实生动，收录了很多雷军口述的原话，没有枯燥的说教，没有一味吹捧，只有冷静分析，既总结提炼出了小米成功的"道"和"术"，又指出了存在的问题和不足，字字干货，读来轻松有趣，收获良多。可以说这是迄今为止，研究雷军和小米最全面、最真实、最权威的一部传记。

相信这本书将为那些心怀创业之梦的青年人提供经验和力量！

刘道玉

武汉大学前校长、教授

自 序

看得见的是小米 看不见的是步枪

很多人都熟悉甚至崇拜雷军，能随口说出好几句"雷布斯"的语录。同时还有很多人在学习、复制小米模式。模式当然是可以复制的，但成功却未必。除了个体和环境存在着千丝万缕的差异，更重要的是，你可以复制小米，但在你没有拿到"步枪"——雷军的"道"和"术"之前，小米只能是小米，你的梦想只能是梦想！

雷军将公司取名为"小米"，是希望用"小米加步枪"的方式开始新一轮的创业并征服世界。

写这本书，是想透过风光的小米和真实的雷军，来擦亮我们看不见的那支"步枪"。

小米的成功，关键在于雷军把握住了移动互联网发展趋势，开创了"硬件+软件+互联网服务"全新的商业模式，坚持高配低价，注重用产体验，并利用社交媒体进行快速传播，口碑营销，把用户当朋友，根据用户的意见来改进产品。

雷军是"互联网思维"的得力布道者，他把互联网思维浓缩为"专注、极致、口碑、快"七字诀。他用互联网的方式做手机，首创互联网手机品牌，用互联网模式开发，在互联网销售，商业模式也是互联网化。小米重构产业链，用自媒体营销，不靠硬件赚钱，不仅重新定义了互联网手机，而且颠覆了传统的商业模式，改变了手机产业的竞争格局，还激发了其他传统制造企业对于未来发展模式的深度变革与创新。

小米的成功有市场机遇的因素，但更重要的是用互联网思维打破很多传统的束缚，这也正是传统企业需要的思维方式——小米公司的"道"与"术"，正是当下很多企业家想深度挖掘、学习的。

雷军有一句名言："站在台风口，猪也能飞上天。"这句话被称为"飞猪理论"。有的人说雷军投机，其实雷军想要表达的是战略对于一个企业发展的重要性。在中国互联网大佬中，程序员出身的雷军成名最早，经验最丰富。1996年，27岁的雷军就担任金山软件总经理，还被评为"中国互联网行业十大杰出青年"，是业内最耀眼的明星，被称为"中关村劳模"。彼时，李彦宏还在美国读书，马化腾到处筹钱想创办自己的第一家公司，马云在与人合伙创办最后"黄了"的"中国黄页"。

了解金山软件发展历程的人都知道金山发展确实不易。"就是因为战略上没想清楚，用身体上的勤奋来掩盖战略上的懒惰。"雷军在经过十六年的奋斗带领金山在香港上市之后不断反思，终于想明白，自己跟很多企业家犯了同样的错误：只顾埋头拉车，没有抬头看路，没有意识到战略的重要性。他说："100分的东西，我们的确挥洒了99%的汗水，就缺那1%的灵感。但有的时候，1%的灵感比99%的汗水更重要。这就是风口的猪想表达的核心思路。"

业界都认为小米的成功是"'互联网+'手机"模式的成功。有了互联网思维、"互联网+"的战略的"道"之后，还需要通过适当的方法来实现战略，这就是"术"。

雷军的"术"让人有些意外，并不是高深、玄幻的互联网手段，而是回归商业本质，向同仁堂、海底捞、沃尔玛学习。

雷军说，小米一是像同仁堂一样做产品，货真价实，有信仰。雷军在创办小米之初，就下定决心集中所有精力做好产品，原始的创业班子

4

没有一个是做营销出身，全部都是做技术出身。二是向海底捞学习做口碑。雷军买来《海底捞你学不会》研读了几遍，读懂了海底捞的真谛：无论是产品还是服务，都要超出用户的预期。三是向沃尔玛、Costco（好市多）学运作效率。以Costco为例，所有的商品一般只加价1％销售。"这里最核心的就是倒逼机制。生意不好，拼命想多挣一点儿钱，就要反着想：哪些地方还会优化，如何提高效率。"这是雷军受到的启发。于是小米精简链条中所有不必要的环节，从元器件到产品再到用户的手中，不断优化效率，比如绕过国代、省代、县代、店面促销，网上直接卖给消费者，就能节省30％~40％的成本。在雷军看来，做电商，做实业，低毛利、高效率才是王道。小米提高效率的方式就是模式优化——把中间渠道、零售店全部干掉，少做事，用最聪明的人简化流程。

雷军在小米公司推行扁平化管理模式。小米的组织架构只有三层级：联合创始人—部门—员工。除七个创始人有职位，其他人都没有职位，都是工程师，晋升的唯一奖励就是涨薪。在小米公司内部不设KPI考核，员工上下班也不打卡，只强调责任感，并建立透明的利益分享机制，人人都是产品经理，实现人人创客化。

小米公司的员工区都是开放的，所有员工的工位都有色彩斑斓的不同的主题。公司的门口有一只小狗，每个员工都是小狗的主人。你会发现，小米公司像一个家，每一个员工把自己当成家的一分子，所以小米才会有今天的成功。在国内很多企业都是戒备森严，员工都非常严肃，但你能感觉到他是不得已而为之，没有从内心融入到公司里。小米公司给人的感受就是：平等、自主、开放、融合。这就是互联网思维的精髓。

一家以互联网著称的企业，成功并不是玄幻的互联网技术和别人听不懂的商业模式，而是向传统企业学来的方法。其实在"互联网+"的大潮下，更应该回归商业本质，好产品、好服务、高效率，这些传统企业成功的必备因素在"互联网+"时代，依然长期有效。

当下很多人都在提"互联网+"，但炒作概念更多，真正深入进去做的少。而小米是真的在用互联网思维改造传统产业，先是改变了手机产业格局，后来又通过投资的生态链企业改变了诸多细分的行业。目前，雷军已经投资了20家"小米系"智能硬件公司，未来，还将创办100家小米智能硬件公司。小米的目标是"以手机为中心，连接所有智能设备"，让更多的人享受到科技的乐趣。

"互联网+"这个词特别热，在雷军看来这对于中国经济来讲是一剂良方。中国经济进入新常态，市场进入了产品过剩的状态。在一个过剩的年代里，需要更多的好产品，用互联网思维和最新的技术与实体经济相结合，是帮助中国社会经济增值、增效、转型的良方。

一个梦幻般的市场已经徐徐铺开，这样的舞台需要怎样的舞姿才够妙曼呢？我相信，这本书会对你有所帮助。

目　录

contents

2

4

第一章

有梦想，不妨一试

梦想有多大，成功的可能就有多大。雷军小时候希望登上灯光灿烂的舞台，渴望成为万众瞩目的焦点。他在武汉大学读大一时看到一本叫《硅谷之火》的书，从此就萌生了"创办一家世界一流公司"的梦想，做一个伟大的人。

天才程序员

　　雷军，1969年12 月 16 日出生于湖北省仙桃市。仙桃位于湖北省中部的江汉平原，东南临长江，北临汉江，是著名的"体操之乡"。秀美的江汉平原，给了他灵气；纯朴的乡风，给了他耿直憨厚、不服输的性格。

　　雷军从小就特别听话，读书非常努力，从小学到中学一直是"三好学生"。1984年，他考入当地的重点高中——沔阳中学（如今的仙桃中学），中学时期的他非常喜欢下围棋，还拿过学校的围棋冠军。

　　雷军的人生传奇是从读大学时开始的。他最初的梦想是做一名优秀的程序员，这一点与他在大学所学的专业密切相关。

　　1987年，18岁的雷军以优异的成绩考上了武汉大学计算机系，当时他选择报考计算机专业的理由是，因为好友填报了计算机专业，为了今后和朋友们交流时能有共同语言。但他没想过，自己的未来会跟计算机和互联网结缘。

　　武汉大学当时是中国名牌大学之一，其历史可以追溯到1893年清末，湖广总督张之洞奏请清政府创办的自强学堂。1928年，自强学堂改名为国立武汉大学，是近代中国第一批国立综合性大学。1978年，武大

青年时期的雷军

计算机科学系建立，这标志着武汉大学成为了全国最早建立计算机科学院系的高校之一。

武大校园位于著名的风景区——武汉东湖湖畔，这里环抱珞珈山，环境非常优美，被誉为"世界上美丽的大学之一"。中西合璧的宫殿式建筑群古朴典雅，巍峨壮观，被称为"近现代中国大学校园建筑的佳作与典范"。

雷军在读大学时非常勤奋努力，即使在周末，他也很少去看电影，还把午睡的习惯改掉了，每天坚持早上6点就起床学习，晚上11点之后才睡觉。雷军说："我读大学时非常勤奋，害怕落后，怕一旦落后，就追不上。"

雷军刻苦学习有两大原因：一是他家里并不富裕，那时候他父母每个月的工资加起来只有300元，家里还有一个姐姐也在上大学，而他每个月要花掉父母一半的工资，他想努力学习，多拿奖学金，减轻父亲的经济负担；二是他希望自己能够尽快学到更多的知识，争取提前完成学业，找一个理想的工作。

除了平时省吃俭用，雷军还利用业余时间向报刊投稿，有时在校园内贩卖一些电脑配件或帮别人维修电脑，挣点零花钱。

从大二开始，雷军的学费和生活费都由自己赚钱解决，经济上完全

003

独立。那时，稿费和奖学金是他的主要经济来源。

雷军脑子非常灵活，是个有天赋的程序员，是老师眼里的好学生。上课时，老师总是喜欢叫他回答问题。

当时他最喜欢的大学课程是数字逻辑，因为他几乎能回答老师的所有问题，这让他很得意，觉得很有成就感。

因为在那个年代，计算机还没有普及，国内计算机程序、软件设计方面的书籍还很缺乏，有些书中还存在一些错误，这让雷军深感写一本没有错误的程式设计书，是很重要的。

由于雷军在系里小有名气，人又老实好学，品行兼优，老师非常信任他，喜欢他，经常找他帮忙做事，有时还把计算机房的钥匙交给他。

在20世纪80年代，计算机真是个宝贝。当时武大计算机系机房只有十几台电脑，上机资源很紧张。能够保管计算机房的钥匙，这为雷军学习计算机带来了便利条件。每到周末，别的同学都结伴去看电影，而雷军却独自"泡"在机房里，贪婪地学习编程。

雷军后来编撰了《深入DOS编程》（1993年1月由北京大学出版社出版）、《深入Windows编程——Windows加密及压缩软件编程技巧与方法》（1994年12月由清华大学出版社出版），这两本书出版后，受到很多程序员的推崇，也成就了雷军早期的名声。

雷军的一位同学这样评价雷军："事实上，雷军的灵动和口才一点不输于马云，而在技术编程上也不会弱于马化腾和丁磊。"

"自从进了武大计算机系以后，我写程序的感觉就跟写诗歌和散文一样轻松自如，畅快淋漓，一个好程序写出来的感觉，就像完成了一件艺术精品一样，颇有成就感！"雷军这样坦陈内心的真实感受。

《硅谷之火》点燃梦想

在读大一时，有一天雷军无意中在武大图书馆里看到一本叫《硅谷之火》的书，书的定价一块两毛钱，那年一块两毛钱是很贵的，书中讲述的是70年代末、80年代初，那些美国硅谷英雄的创业故事，其中主要的篇章就是讲苹果公司创始人乔布斯的，书中说乔布斯在70年代末、80年代初，代表着美国式的创业。

尽管《硅谷之火》这本书印得很粗糙，翻译也不太准确，但乔布斯深深感染了雷军。"乔布斯很了不起，Apple 2是第一款PC，他发明PC五年后，'苹果'就通过IPO成了世界五百强企业。20多岁的乔布斯，已经完成了所有创举。想当年，比尔·盖茨火的时候，他也只能说'我是乔布斯第二'。"说起乔布斯，雷军深有感慨。

雷军至今还清晰记得，书中还讲到苹果公司如何完成第一笔生意：有一天，乔布斯遇到了保罗·特雷尔，此人当时开着一家经营电子产品的小店铺，这个店铺日后发展成为美国第一家计算机零售连锁店，也就是比特商店（Byte Shop）。特雷尔看完苹果公司的第一款产品苹果I型计算机后，礼节性地对乔布斯说了句"保持联系"。第二天，穿着拖鞋的乔布斯就来到了特雷尔的商店，对他说："我想和你保持联系。"磨不过他的特雷尔就下了50台的订单，总价值500美元，但要求30天内供货。乔

雷军回忆读《硅谷之火》一书时的感受

布斯和他的合作伙伴史蒂夫·沃兹尼亚克随后开始了繁忙的装配工作，由于人手不够，乔布斯还把自己的妹妹也叫来帮忙。他们在合同到期前一天完成了交货，赚到苹果公司的第一桶金。

雷军看完《硅谷之火》之后，心情久久难以平静，激动地在大学的操场上走了一圈又一圈，几夜没有合眼。从此就萌发了要创建一家像苹果公司那样世界一流公司的梦想。

雷军说："《硅谷之火》给了我这样一个启迪——你要是有梦想不妨一试，那样你也许真能办成一家世界一流的公司。"

当有这样的梦想以后，他开始把学习计算机理论与实践紧密结合起来，并给自己制订了第一个学习计划：用两年时间修完大学所有课程。

天赋聪明、怀抱远大理想的雷军在计算机的世界里如鱼得水，仅用了两年时间修完了武汉大学计算机专业全部课程。因为，当时武汉大学是国内最早一批实施学分制的大学，学生只要修完一定的学分就可以毕业。所以，雷军仅用了两年时间，就拿到了所有学分。

虽是速成，雷军的成绩还是不错的，他是计算机系二十年来仅有的拿过《汇编语言程序设计》满分成绩的两个学生之一。那时，酷爱写程序的雷军，已经在老师的实验室"泡"了一年多，成了各个实验室的"老油条"。

修完了武大所有课程后，雷军又给自己制定出了第二个目标：读大二的时候，要在一级学术期刊上发表论文。很快他的第二个目标又顺利实现了，不仅在一级学术刊物《计算机研究与发展》上发表了他的一篇学术论文，他编写的《免疫90》还获得了湖北省大学生科技成果一等奖，同时被评为武汉大学"三好生标兵"，还拿走了学校大部分奖学金，让同学们既羡慕又嫉妒。

2013年2月2日，雷军在武大120周年校庆上发表演讲时说："我在武大读大学一年级上学期时，读了一本叫《硅谷之火》的书，这本书改变了我的一生。所以我在那个时候就在想，希望有一天能创办一家世界一流的公司，做一个伟大的人。怎样才能够伟大呢？后来随着我的年龄越来越大以后，我理解了什么样的人才能伟大，只要你有梦想，只要你追随梦想，只要你坚持去做，你就是一个伟大的人。所以我当年的梦想就是在武大奠定的。也正是因为有这样的梦想，我给自己提了第一个要求就是在两年内修完所有的课程，反正我是在两年内拿到了所有的学分。"

雷军说，后来就是在这个梦想的导引下，他参与金山软件的创办，到2007年金山上市就"退休了"。在他40岁那一年，他想难道自己这一辈子就这么结束了吗？于是他又重拾18岁的梦想，创办了小米公司。

"其实在创办小米之前，我有很大很大的负担。我最大的一个负担说起来很简单，我被誉为'创业导师'，到处给人讲怎么创业，我在想咱自己创业要弄砸了怎么办？不就没法混了吗？所以我在40岁再办小米的时候，摆在我面前的是我怎么去克服这个心理障碍，怎么能跨出这一步，然后怎么能把企业做成。后来，我冒着身败名裂的风险，顶着巨大的压力为自己的梦想拼搏了一把。"雷军坦言自己创办小米时的想法。

梦想有多大，成功的可能就有多大。雷军最喜欢的一句名言就是"人生因梦想而伟大！"他希望自己早日实现"创办一家世界一流公司"的伟大梦想。

007

为梦想奔跑

人生充满着期待，梦想连接着未来。雷军用两年时间修完大学四年的全部课程后，他已经不满足于象牙塔里生活，他怀抱梦想，准备闯荡江湖了。

雷军认为，计算机专业不是一门理论性很强的学科，掌握了精髓之后，所有的东西都会变得简单，重要的是要多实践，实践出真知。于是，他决定到武汉电子一条街上进行社会实践，一试身手。

武汉电子一条街（如今的广埠屯IT数码一条街）位于洪山区珞瑜路，离武大校园只有10多分钟路程，这条街上云集了上百家电脑公司，当时是华中地区规模最大的电子数码产品聚集区。

　　每天雷军背着一个大包，骑着一辆自行车，往电子一条街上跑。他的大包里装满了常用编程资料和磁盘。当年最好的电脑是286，内存也只有1M。

　　雷军说："对于一个编程高手来说，所有常用软件必须自备，而且要备足，至少需要上十张软盘，同时还要随身携带几本很厚的编程书。那时的书质量不高，内容也不全，还常常有很多错误，有时需要三本对照着看。"所以，雷军就下定了决心，要写一本没有错误、内容全面、通俗易懂的编程书，让所有程序员只带一本书就可以了。抱着这种想法，1992年雷军和同事合著了《深入DOS编程》一书。

　　刚出道的时候，雷军的想法很单纯，干什么都可以，赚不赚钱也无所谓，只要能学到东西就行。但他对一些新生事物都抱着非常浓厚的兴趣。接下来的两年，他的涉猎之广，让他自己今天也觉得很惊讶。

　　雷军在闯荡电子一条街时，他发扬"一不怕苦，二不怕死"的精神，写过加密软件、杀毒软件、财务软件、CAD软件、中文系统以及各种实用小工具等，甚至还解密过各种各样的软件，从早忙到深夜。

　　武汉电子一条街是雷军踏进IT圈的起点，这里的很多新生事物都深深吸引着他。在接下来的两年里，雷军慢慢地学会了许多东西，也做过许多事，不知不觉中，他的技术越来越全面，编程也越来越熟练，这就为他今后的创业打下了坚实的基础。

　　雷军回忆说："那会儿涉猎之广，令我自己今天也感到很惊讶。我写过很多软件，很多电脑公司老板都认识我，他们一遇到技术难题，都愿意找我帮忙。"就这样，雷军成为武汉电子一条街上的"名人"。凭借自己的努力，他还成为当时武在校学生里的第一个万元户。

　　1989年2月，雷军在电子一条街上认识了王全国。这被雷军视为是人生中重要的事情之一。后来王全国成为了他的创业伙伴——如今金山软件公司的副总裁兼CIO、雷军的左膀右臂。

　　王全国毕业于武汉测绘科技大学（现已经并入武汉大学），他比雷军大四岁，学的是计算机科学及工程专业，1988年至1992年担任武汉测绘科技大学工程师，是电子一条街上的技术权威。当时王、雷两人都是电子一条街上"知名人物"。

　　王全国回忆说："我和雷军是在电子一条街上相识的，雷军特别活跃。那时候没有正版软件渠道，没有互联网，根本没有软件流通的正规体系，所以搞软件就像赶集一样，爱好者之间经常聚在一起交流交换。那时我手里的软件最多，我这里成了电子一条街软件集散地和中转地，雷军和我时常交换软件，就混得很熟，交情也很深厚。"

　　雷军和王全国相识后，他们俩不谋而合地想做同一件事情——做加密软件卖钱。王全国当时正在做一个加密软件的界面，而雷军此前也曾经写过一个加密软件的内核。于是，两个人很快一起动手合作，开发加密软件。

　　雷军和王全国一起写软件，配合得很默契，取长补短，如鱼得水。雷军说自己写软件是"一上来就直奔主题，速度很快，可能会在过程中不断修正"，而王全国则是"先仔细研究一下，看看有没有窍门，然后再动手，速度有点慢，但很少出错"。他们两人的合作也正是基于这种彼此之间的优势互补。

　　"软件要想卖钱，就必须能够防止被人拷贝。那时的软件都是用磁盘发行的，因此都是通过磁盘来加密。"王全国回忆说，"自己单独完成一个加密软件的工作量比较大，我和雷军合作，就明确分工，一人做一半，这样速度就会很快。"他们两个技术天才的合作，爆发出惊人力量和速度。

　　他俩曾用了两周的时间，就完成了加密软件的所有编码、测试、界面设计以及说明书等，一款Bitlok加密软件就大功告成了，且在加密软件领域获得极大的赞誉，是国内几个著名的加密软件之一，这也是雷军和王全国合作编写的第一个商业软件。

　　当时，雷军给这款加密软件取了一个浪漫的名字——《黄玫瑰小组》。王全国说："Bitlok加密软件发布后，获得了同行较高的赞誉，在当时的软件圈，《黄玫瑰小组》非常有名。Bitlok加密软件还一度引来各路解密高手的叫板，有段时间我和雷军就专门和他们进行'解密和反解密'的游戏。"

1989年底，计算机病毒开始在国内出现，引起了雷军的极大的兴趣。为了解决电脑传染病毒的问题，雷军和他的同学冯志宏合作开发出了一款名叫《免疫90》的杀毒软件，这是他写的第二款商业软件。

冯志宏和雷军是同年考入武汉大学计算机系的，《免疫90》也是冯志宏和雷军合作的结晶。

回忆起当时与雷军的合作，冯志宏说："当时电脑病毒流行起来后，就有萌发了要做一个杀毒软件的念头，两个人都有这个想法，就有合作啦。当时的条件很差，我们在外面找了一台计算机，两个人分工合作开发程序，因为寒假自由时间比较充裕，就选择了在寒假进行开发。武汉的冬天特别冷，每天我们都从武大骑自行车去上机，风雪无阻，手脚都生了冻疮，饿了就自己动手煮方便面吃，直到几年后雷军还在提'冯志宏煮的方便面很好吃！'"

雷军现在回忆说："《免疫90》这个杀毒软件具备病毒免疫功能，如果染上病毒，该程序可以轻易把病毒清除，还做到了样本库升级和手工增加病毒库，还能显示中英文。这些功能在今天看来没有什么了不起，但在当时就是很牛的杀毒软件了！"

《免疫90》当时的售价260元一套，雷军和冯志宏每人赚了几千元。后来，这个软件还获得了湖北省大学生科技成果一等奖，轰动了武大。

软件"解密高手"

在《免疫90》成功之后，雷军考虑做硬件防病毒卡，而此时华星防病毒卡抢先在雷军的防病毒卡前面上市了。

1990年前后，随着防病毒市场逐步开始启动，公安部介入了反病毒软件管理。雷军在综合衡量之后，决定暂停《免疫90》的后续研发和升级服务。

最让雷军难忘的是，他写的论文在权威的学术刊物《计算机研究》上发表了；1991年，雷军应邀参加全国青年计算机大会，他的论文入选

《大会论文集》。同时他还在《计算机世界》等刊物上发了多篇关于病毒的文章。后来，湖北省公安厅得知后，还专门请雷军去讲课，传授反病毒技术，21岁的雷军成了当时小有名气的"反病毒专家"。

1990年初，雷军在一个朋友那里用了一次WPS汉卡，当时就被震住了。界面易用美观，更强的是打印结果可以先模拟显示出来，开发者是香港金山公司的求伯君。雷军觉得这个香港的软件写得真不错。由于当时的电脑存贮和运算能力不足，WPS软件需要一块价值不菲的汉卡支持。雷军特别想买一套自己使用，但买一套需要2200元，这在当时是一个天文数字。

面对WPS，这一次雷军当了一回不光彩的"黑客"。他把WPS解密了，并移植到普通电脑上直接使用。

这在当时可不是一件容易的事情，为了解密WPS，雷军连续2天没有睡觉，终于成功解密。在使用WPS过程中，雷军又在原来的基础上做了一些完善和改进，不少朋友觉得非常好用。后来，雷军还把解密的WPS版本做成了国内最流行的WPS版本。因为这个渊源，雷军后来认识了WPS的开发者求伯君。

雷军成功破解过不少软件后，成了当时圈子里的"解密高手"之一。有一个朋友告诉雷军，发现"自然码"加密做得很棒。于是，不服输的雷军和王全国就着手解密"自然码"，没过多久就把它搞定了。雷军经过认真研究后，也认为"自然码"的代码做得很牛，非常佩服自然码的作者周志农。后来雷军到北京，第一个想见的人就是周志农。

雷军还与冯志宏合作开发过一个共享软件RI（RAMinit，清内存的小工具）。当时RI很流行，之所以流行，是因为当时电脑的内存很小，在运行程序多了之后就会导致系统速度变得很慢，而有些软件则可能因为内存被其他资源占用而无法运行，这时候就需要重新启动电脑。为了让更多的用户免受频繁重启之苦，雷军决定把这款工具软件完全免费。

这个产品对于程序员调试程序非常方便。开发软件的过程中，存在很多死机的 bug，需要频繁重启电脑。使用RI可以提高程序员的效率。很快，在当时，RI也几乎是程序员人手一份的必备工具。

1992年底，雷军用了几天时间重写了RI，新版的RI 2.0功能比以前更为强劲。为了让更多的程序员来帮雷军修改完善，他还公布了所有的源代码，看来，RI当时也是国内最早一批开放源代码的免费软件了。

大学创业失败

1990年，王全国、李儒雄想开一家公司，便找到在读大四的雷军，动员他入伙，股份四个人平分。为了实现自己的梦想，他们就这样一拍即合，仓促地踏上创业之旅。

他们的公司取名为三色软件公司，希望像红、蓝、绿三原色一样，能够创造七彩美丽的世界。

只是梦想很美好，但现实很残酷。创业的辛苦是不言而喻的，三色公司租用武汉珞瑜饭店一间只有十几个平方米的房间作为办公室，这里不仅是他们办公的地方，也是他们吃饭睡觉的地方。由于房间太小，同时只能睡觉3个人，另一个人只能坐在电脑前工作了。雷军笑侃："这叫轮流工作，轮流休息！"

三色公司当时的产品就是仿制金山汉卡，可是没过多久，就出现一家规模比他们更大的公司，把他们的产品盗版了，而且这家公司的实力和规模都比三色公司大多了，卖的价钱也更加便宜，出货量更大，三色公司几乎是亏本经营，不久就陷入了困境，举步维艰，不说发工资，他们有时候就连吃饭的钱都没有。有时候，雷军他们就去跟大学食堂的厨师们打牌赢饭菜票，糊口度日。

几个年轻人起初高涨的创业热情，逐渐被残酷的现实磨灭了。半年以后，只好散伙。清点公司资产时，雷军和王全国分到了一台286电脑和一台打印机，李儒雄分到了一台386电脑。雷军回到学校，而王全国也找到了另外一家公司继续他的上班族生活。

首次创业以失败而告终。经过了几个月创业的煎熬，雷军回到大学宿舍后进行了反思。雷军总结的经验教训是："我当时只是想乔布斯、比尔·盖茨就是大学创业成功的，我为什么不可以？想到这些，顿时热血沸腾，脑子晕晕的。现在看来觉得当时创业很幼稚，像过家家一样。办公司要钱没钱，要资源没资源，不失败才怪呢。"

大学创业失败的经历，让雷军回到了现实——年轻人有雄心壮志固然是好事，但光有雄心壮志是远远不够的，要结合现实，量力而行，市场、资金、技术、产品、管理几大要素都考虑成熟，谋定而后动才有胜算。

后来，雷军在演讲中多次公开表示不鼓励大学生创业，中国大学生创业鲜有成功。他建议大学生应该先工作，积累经验，具备条件后再创业，这样创业成功率就高一些。

1998年，雷军被武汉大学聘为名誉教授，2003年当选"武汉大学杰出校友"。2012年7月，雷军向武汉大学捐赠一千万元人民币，资助母校的人才培养事业。捐赠资金将全部用于设立"雷军奖学金"，于2013年至2022年期间，每年奖励母校优秀学子50名，每人奖金2万元。

2015年6月27日上午，雷军专程回到母校，出席了武汉大学2015年毕业典礼，这是继2014年11月，他参加武大校友企业家联谊会后，第二次

雷军回母校武汉大学出席2015年毕业典礼

回母校发表演讲。

"雷布斯"的出场把这场毕业典礼的气氛推到了高潮。同学们对他那句经典的"Are you ok？"仍念念不忘。当雷军刚开口说完"同学们，大家好"时，底下的学生就炸开了锅。在整个讲话过程中，舞台两旁的网络实时留言板一直处于被"Are you ok"刷屏的状态。

确立梦想容易，坚持梦想却很难。雷军结合自己的创业故事，对大学毕业生提出了两条建议："一是要永远相信梦想的力量，二是要勇于相信坚持梦想的力量。"

回顾创办小米科技之前的生活，雷军觉得已经相当圆满了："上市了一家公司、卖了几家公司、投资了几十家公司，退休了以后我主要的工作就是投资。"是怎样的动力让他愿意再次出山创业呢？雷军介绍，快40岁的时候，有天晚上他醒来后，觉得自己好像离梦想渐行渐远。"我问我自己是否有勇气再来一回，犹豫了半年时间才下定决心，创办小米科技。"雷军说。下了决心后，雷军依然有很多顾虑，主要是担心事情做砸了，可能"晚节不保"。

雷军说，这使得小米在创业的前一到两年时间，一直非常低调，高度保密，脚踏实地，直到把产品做得差不多的时候再站出来说话。最终，雷军用各种方法克服了对再次创业的恐惧，带领小米前行。

一位湖北籍创业者评价说，雷军之前在金山，很苦的做了很多年，并没有很大的成功。如今他能成功，很重要的原因是，他到40岁才想明白，且放手不顾一切面子的去做。

在这个"大众创业，万众创新"的年代，雷军理智地向大学毕业生泼了冷水："创业不是人干的活，是阿猫阿狗干的活，如果没有钢铁般的意志，一般人干不来。"他提醒武大的学子，如果真的要创业，一定要做好最苦最坏的准备。

武大的校友问雷军，您早已功成名就，为何还不停下脚步？雷军回答说："我还没有成功，只是走在成功的路上！"

第二章

十六年，做一个关于金山的梦

在金山雷军拼搏了15年，终于实现上市梦想，但市值仅是当时互联网上市公司的一个零头。2007年12月，他辞去CEO职务，离开与求伯君一起创立的金山公司，做起了天使投资人。

加盟金山

　　1991年7月，雷军从武汉大学计算机系毕业，和其他大学生一样面临着择业的问题。首先，他一定是要与自己所学的专业对口，从事IT行业，因为他的理想职业是做一名程序员。

　　后来，雷军被分配到航天工业部北京某研究所工作，这一年雷军22岁。"我刚走向工作岗位，但工资并不低，与有些同学相比，钱要多出一两倍，这在当时是我无法想象的事情。"尽管工作环境和待遇都不错，工作也很努力，但雷军的内心并不喜欢这里的工作氛围，他更愿意和中关村的IT精英们打交道。

　　雷军在中关村结识的第一个软件牛人是周志农。在雷军看来，周志农的自然码是软件中的极品。雷军写程序速度很快，他帮周志农实现了把汉字的小字库放到RAM里面的软件需求。周志农邀请雷军加入超想公司，被婉拒了——超想和三色一样，不是雷军的理想所在。

　　随后，雷军又认识了用友软件的创始人、当时的用友副董事长苏启强，由于用友的软件需要加密，雷军就将自己此前做过的Bitlok 0.99升级到了1.0版本。正当雷军在人生的十字路口徘徊，不知该如何选择未来之路时，一个给他人生带来重大转折的人出现了。

1991年11月4日，在一次计算机展览会上，雷军邂逅了仰慕已久的WPS的创始人、时任香港金山副总裁的求伯君。

雷军回忆说："我看到的求伯君是一个很英俊潇洒的小伙子，全身都是名牌，这就是成功的象征，当时我看到这些可以用震撼来形容。"雷军将一张只印了自己的名字和寻呼机号码的名片胆怯而羞涩地递给了求伯君，求伯君也礼貌地递给他一张名片。当雷军看到求伯君递给他的这张散发着高级香水味的名片上显赫地印着"香港金山公司副总裁"的头衔时，一种敬佩之情便油然而生。当时在雷军的心里，求伯君俨然成了能与比尔·盖茨抗衡的人物。

其实，雷军在读大学时就与求伯君"神交"已久，而且对他崇拜不已，只是无缘见面，这次与求伯君见面可以说是一见如故。求伯君也很欣赏雷军在计算机方面的才华，雷军觉得求伯君正在做自己梦寐以求的事业。

过了一段时间，求伯君在北京长征饭店请雷军吃了一顿全聚德烤鸭。在席间求伯君表达了希望雷军加盟金山的想法，并对雷军说："你不用急着答复我，回去好好想一想，明天中午到燕山酒店来找我。"

017

雷军与求伯君合影

图为金山创业团队

那个晚上雷军彻夜未眠，他一直在想：求伯君因为编程序，在金山成功了，金山能够造就一个求伯君，就一定会造就出第二个、第三个求伯君。于是，他抱着做"求伯君第二"的心态，迈进了金山的大门。

1992年1月4日，雷军到珠海金山公司总部实习，成为了金山的第6名正式员工。其间，他遇到了在珠海出差的王全国，老朋友相见，两人彻夜长谈，硬是把他"拉"进金山公司。

雷军对王全国说："首先，金山有让程序员成功的传统，我们未来可以在金山成功；其次，金山有钱，可以支持我们干想干的项目；第三，金山有很好的知名度，是一个很不错的平台。"

王全国说："我当时到珠海出差，抵挡不住雷军的通宵游说，也加入了金山公司。"

在"求伯君的今天就是我们明天"口号的激励下，金山招兵买马，拼命工作、开发程序，雷军更是尽心尽力，全身心地投入。不论工作有多忙，遇到什么困难，似乎都浇灭不了他的工作热情。为了招兵买马，雷军曾亲自写了两则招聘广告词。

1992年写的一则招聘广告词：求伯君的今天就是我们的明天。

雷军解释说："1992年我为什么选择金山？因为我刚刚经历了自己创业失败的挫折，特别想沉下心来一心一意做技术。那个年代，程序员成功只有一条路，就是自己办公司，只做技术就想获得巨大成功是非常不容易的一件事情。求伯君专心致志在金山做技术，成就了一番大事业。求伯君成为了当时程序员的偶像。我的想法非常简单，沉下心来，下工夫做几年技术，就可能成为'求伯君第二'。这句招聘广告词非常朴素地表现了我当时的心声。"

1992年8月15日，由雷军牵头的金山北京开发部成立，主要负责WPS的技术支持，并筹划做金山未来三年到五年的产品。

1997年，雷军写的另一则招聘广告词是："金山造就了求伯君等一代巨星，成就了WPS等知名产品，你想过吗，加入金山？"

雷军认为，加入金山，就是加入了激动人心、充满奇迹和梦想的软件行业，就是和一群野心勃勃的年轻人一起创业！加入金山，就是终身不悔的抉择！

1997年，是金山刚刚经历了1996年的挫败后，重新出发的第一年。就是在那一年，金山发布了《金山词霸》《剑侠情缘》《WPS 97》等重量级的产品。

雷军说："我们怀抱着无比热情开始了金山新一轮的创业。这个招聘广告词中，创业、激动人心、野心勃勃等词汇，彰显着金山重新站起来的热情！金山公司负责研发的副总裁万里，10年前，他就是看了这个热情澎湃的招聘广告词加入的金山。万里加入金山后，一直在WPS研发部门，战功卓著，现在主管整个软件部门的研发工作。"

紧接着，雷军利用自己在软件圈子的人脉资源，迅速组织了10多名顶尖程序高手加入金山。他们在雷军的带领下夜以继日地开发程序。其中包括中文之星的核心程序员陈波，他是雷军欣赏的人之一，他和雷军一样，做事什么都能豁得出去，工作的时候连水都顾不上喝，女友的电话也顾不上接。

招人容易留人难。在管理北京开发部期间，让雷军感觉最得意的事情是，他招来的程序高手三年之内没有一个离开。"在金山这个环境里，组织一支队伍，患难与共地工作三年，虽然后来有些人离开了，但他们有的人在提到金山或金山产品的时候，还在使用我们的金山。多年以后，还有这么强的归属感，把我感动得都不知道说什么好。"雷军激动地说。

蔡艳鹏先生在《雷军：人因梦想而伟大》一书中写道：特别是雷军在出任总经理以后，便对金山众多事务亲力亲为，他将自己大部分时间都投入到紧张的工作中去，任劳任怨。的确，金山有太多的事情等待他去完成。而且雷军每一次露面，总能把自己的精力调整到最佳的状态。包括在职或已离职的金山中高层职员，在谈及雷军对待工作的态度时无不表示赞赏和敬佩，雷军对待工作的高度热情深深地感染着身边的每一个人。

雷军经常说："能够让我安心写软件，就是最幸福的事情。"其实，雷军拼命工作，努力上进，不是为了做给别人看，而是为了不辜负自己，不辜负此生。

事业从巅峰跌到低谷

020

在20世纪90年代初，对于中国软件产业的历史而言，WPS文字处理软件也曾经是中国软件业最辉煌的一页，堪称中国软件业的骄傲。

WPS自1989年推出后，迅速风靡全国，求伯君和WPS一夜成名。"当年在中国，WPS广泛应用于各行各业，几乎就是电脑的代名词，横扫中国办公软件市场。WPS在国内办公软件的市场份额曾高达90%以上，这是WPS当年足以傲视群雄的资本。"回忆起昔日辉煌，求伯君不禁感慨，"1992年到1994年，金山和WPS如日中天。金山汉卡也填补了我国计算机文字处理的一个空白，并由它带动了整个汉卡产业。"

1993年，鉴于求伯君为公司做出的贡献，香港金山公司的老板张旋龙在珠海为他买了一套价值200万元的别墅，作为奖励。

在当时市场上，每套WPS批发价是2200元，年销售量超过3万多套，创造销售收入达到6600万元，这对于当时的个人创业型企业来说，简直就是一个天文数字。

现在年龄在40岁以上的人，都是中国第一代电脑办公自动化用户。他们都清楚地记得，上世纪90年代前后，国内最流行的新事物之一就是"电脑学习班"，几乎每一个接触电脑的人都必须先学文字处理WPS、DOS命令、王码五笔、Windows 3.X等这几样东西。大街小巷的打字社，印刷厂基本上都在用WPS排版，各类高等院校的电脑课程讲授的是WPS，书店里的电脑类书架上也是形形色色的WPS使用手册和指南。当时的求伯君和金山成了很多有志青年学习的楷模和追求的目标。

然而，万万没有想到的是，在WPS占据绝对优势的办公软件市场上，一场危机让金山遭受到了致命的打击。

1996年对于金山是一个悲伤的年份，WPS告别了阳光灿烂的日子，与微软的竞争"输得一塌糊涂"；对于微软，则是"拿下"中国市场的标志性年份。也是在这一年，双方真正结下"怨仇"。

金山与微软结怨源于双方签署的一份合作协议。1996年，刚进入中国市场的微软主动找到金山，双方签署了一份后来被雷军认为是"我们上了微软的当"的"一纸协议"。结果是，WPS的用户"潜移默化"地转到了微软门下。金山与微软20年的恩怨，堪称中国软件业"与狼共舞"的典范案例。

为便于读者了解事件的详细经过，我们不妨先来了解一下当时的大背景。上世纪90年代初，随着中国改革开放步伐的不断加快，中国软件市场也急剧加大。诸多跨国软件企业看好中国巨大的软件市场，纷纷来到中国，争夺市场。

国际软件巨头微软的到来，对于金山和求伯君来说，无异于"狼来了"。公开的资料显示，创建于1975年的微软，是全球个人和商用计算机软件行业的领导者，也是全球最大的电脑软件供应商和电脑软件公司，一直垄断着全球电脑操作系统和办公软件市场。微软的目标是"为用户提供范围广泛的产品和服务，并通过优秀的软件予人们在任何时间、任何地点、通过任何设备进行沟通的能力"。

1990年，Microsoft开发出Word的Windows版本；1992年，微软进入中国设立北京代表处；1993年，Microsoft推出Word5.0中文版。1994年，微

软Word4.0进入中国市场。

到1996年，微软公司员工人数为1.6万名，资产达200亿美元，其营业额可与拥有30万名员工的IBM相媲美。

1996年8月，微软发布了Windows95 OSR2，将Internet Explorer 3捆绑其中，凭借微软在操作系统平台上的强大优势，占据80%浏览器市场份额的Netscape从此开始没落。

随着操作系统从DOS过渡到Windows平台，以及Word功能的不断丰富，金山WPS的用户也逐渐通过WPS-RTF-DOC这座桥梁转移到了微软Word旗下——金山与微软交换文档格式的一纸协议，成为了WPS由盛到衰的转折点，这是金山所始料未及的。雷军当时说："我们上了微软的当。"

如果WPS没有公布文件格式，或许微软根本没有在中国办公软件市场迅速崛起的机会。

据金山内部人士介绍，微软一进入中国就盯上了金山。1994年最初进入中国时，曾有微软高管找到金山的创始人和最早的投资人——香港商人张旋龙，游说要收购金山，但颇有商业眼光的张旋龙思前想后最终没有卖；1995年初，微软开出年薪70万元的价码，邀请求伯君加盟微软中国，但被求伯君拒绝了。1996年，微软终于主动上门找上金山。

"当时微软找金山的目的非常明确，也很简单。"当年参与双方面谈的金山公司代表介绍说，"就是希望金山将WPS格式与微软共享。"正是这个看似简单的希望和要求，让微软不费吹灰之力就抢占了中国市场，令WPS几乎在一夜之间销声匿迹，还差点把金山逼到倒闭的边缘。

金山的一位老工程师回忆说："1994年的WPS如日中天，几乎垄断了国内电脑办公自动化市场。所以，微软进入中国的第一件事就是想办法将WPS的老用户转移到Word平台上来。于是，微软主动向金山抛出了橄榄枝，希望与金山WPS在文档格式上兼容。然后，双方签署了一份协议——双方都通过自己软件的中间层RTF格式来互相读取对方的文件。当时金山并没有觉得WPS的格式是一个多大的秘密。"

WPS格式向微软开放意味着什么？简单地说，就是原先的WPS用户可以使用微软Word打开、编辑WPS格式文档。就这样，金山将自己的"具有天然垄断性的"WPS格式"友好地"向微软开放了。

此后，令金山意想不到的事发生了。1996年8月，微软发布了操作系统Windows95 OSR2（即中国用户通称的Windows97），捆绑了其IE浏览器产品，其多功能化设计加速了DOS系统退出历史舞台。"随着操作系统从DOS过渡到Windows平台，以及Word功能的不断丰富，WPS用户也逐渐通过'格式开放'这座桥梁转移到了微软Word旗下。"

但当时，更为残酷的现实是，凭借Windows的垄断优势，微软办公软件也一路凯歌，在全球范围内所向无敌。最终，Office95中文版成为了DOS版WPS的终结者——这一结局被雷军后来形容为"WPS在微软Word面前死了一回"。

曾代表中国软件业最辉煌一页的WPS，也无法逃脱"微软之下，寸草不生"这一全球软件业"咒语"。金山内部人士说，一纸协议，成为了WPS由盛到衰的转折点。

突如其来的市场变故，让国内许多软件公司都傻了眼，一些公司相继倒闭。其实，雷军在1992年刚进入金山的时候，就已经认识到"做DOS下的软件没希望了"，而坚信Windows平台是未来方向，软件产品从DOS平台向Windows平台转移是大势所趋。当DOS版的WPS眼看就要被微软基于Windows的Word所取代，而求伯君非常看好Office市场的前景，于是决定进行反攻，开发类似Office的办公组件迎战微软，并试图以此化解金山产品单一化可能带来的风险——这也是香港金山被方正合并，求伯君脱离方正，自立门户之后的第一个软件产品，包含字处理、电子表格、电子词典等功能。

为了应对这场灾难，金山调动了所有资源。时任北京金山总经理的雷军组织了20多名程序高手，夜以继日开发Windows下的电子表格。珠海金山做Windows平台的金山皓月，后来又开发了字处理WPS for Windows。

"我们认为自己当时干的就是开天辟地的事情。我们北京金山只是一个开发部，'盘古组件'做出来后，产品的宣传策划、市场营销等都要我们自己做，一时应付不过来。"雷军回忆说。

023

为了给用户营造一种不同于DOS下的WPS的感觉，求伯君决定新产品不再沿用WPS这个商标，而是使用了"盘古"这个颇有气势的新名字。

1995年4月，基于Windows的"盘古组件"正式发布，标志着金山首次进军Office市场。

但是这个几乎倾尽所有，被求伯君看好的"盘古"，并没有给金山带来转机，由于该产品失去了WPS这个用户熟悉的品牌支撑，最终也只售出2000多套，没有得到市场认可。不仅如此，金山还为此蒙受了较大损失，投入的200多万元开发、宣传费都打了水漂。当时，公司账上只剩几十万元人民币，公司走得只剩下十几个人。眼看就要关门。求伯君甚至卖掉了自己的别墅以维持公司运转。

前有微软，后有盗版。王全国见证了金山公司WPS横扫中国的盛况，但也见证了金山公司在1996年所遭遇的业绩从此一落千丈的艰难处境。出于各种考虑，王全国于1996年离开了金山。王全国说："当时公司走得只剩下十几个人了！"而此时的雷军感到非常失落和迷惘，他当时也产生了辞职的念头。

涅槃重生

"盘古"是金山软件发展历史上的第一次惨败。雷军把它失败归结为"我们在Windows上的动作太自负了一点"。

从巅峰跌入低谷，这是雷军和金山经历的一次重大的挫折，当时金山公司几乎所有的人都失去了信心，公司的骨干基本上都离开了，而摆在雷军面前，也有非常多的选择。他可以去IBM、微软，或者别的公司，他甚至还想，实在不行去开个酒吧算了。这与他"创办世界一流公司"的宏大理想相比，落差实在太大了。

雷军动情地说："那是最难熬的一年，那一年，我几乎失去了人生理想。"1996年4月，他终于提出了辞职，求伯君劝他留下来，并给了他6个月的休假。

在休假时间里，雷军一度情绪非常低落，他整天泡在BBS上，和别人比赛发帖子来打发时光。也正是这6个月的煎熬让他明白成功不是一蹴而就的事情。

1996年，"联想1+1"的缔造者许志平和美国太平洋投资基金的林刚向雷军灌输了风险基金的意识，让雷军一下子开了窍，也让他找到了金山未来的方向——先上市，然后成为中国最有影响力的软件公司。

1996年11月1日，休息了6个月的雷军重拾信心再次回到了金山，和求伯君一道收拾残局。

一起带回的，是雷军用6个月的时间苦苦思考的结论。他认为，"中国未来10年软件业会高速成长，风险投资将像洪水一样向我们涌来"，"市场占有率对金山来说比企业营业收入更重要"，"个人桌面软件的前途是价格大幅下降，要适合中国国情定价"。这四大结论后来成了支撑雷军和他的管理团队继续前行的动力。同时，雷军还提出了具体的作战方案。"怎么样才能活下去？我们提的思路就是游击战，做微软业不做的领域，然后以战养战。"

为了让金山摆脱困境，1997年，雷军破釜沉舟，果断提出"立足办公软件市场，全方位进军家用软件市场"的战略思想。随着国内首套商业PC游戏《中关村启示录》、VCD全屏播放软件《金山影霸》以及计算机学习软件《电脑入门》等产品的问世并取得巨大成功，人们记住了中国软件业一个响亮的招牌——金山软件。金山还相继推出了内地第一套大型武侠RPG游戏《剑侠情缘》、广受瞩目的《WPS97》和功能强大的《金山词霸》等畅销产品，在游戏、字处理系统、工具软件领域成功地制造了三个市场热点，漂亮地打响了业界津津乐道的中国软件市场"三大战役"，金山由此获得了生机勃发的气势。

当初的失望情绪随着WPS97接近完工而逐步消散，以求伯君、雷军为首的WPS团队重新建立了必胜的信心，雷军说："Word能实现的功能，我们只要想做也都能实现。而且，在测试Word的过程中发现了Word有很多中国人使用起来不方便、不习惯的地方。Word的不足就是WPS的机会。"

据《梦想金山》一书记载，1997年6月，WPS97程序员沈红宇带着WPS97的α版参加北京软件展览会，此前WPS已经推出了5个测试版本。WPS97在展会现场得到了出人意料的好评，消息传到珠海的金山公司总部，每个开发人员都感到欢欣鼓舞。当晚，求伯君设庆功宴款待全体研发人员。

1997年10月，沉默了近4年的WPS97终于横空出世——这是首款运行在Windows平台上的国产字处理软件。WPS的复出被众多权威媒体列为1997年中国电脑界的10件大事之一。

一位用户这样评价WPS97："WPS97来了，她带来了一股清风，带来了一份惊喜。用过了WPS97，我们有理由相信，国产软件的崛起将只是时间的问题。WPS97既可安装在Windows3.X下，也可以安装在Windows95下。它对系统的要求不是很高，但其功能与Word相比却是有过之而无不及，同时WPS97也照顾到大多数老用户，从界面到键盘操作（快捷键）都给人一种非常亲切的感觉。"在保留原有文字编辑方式的同时，WPS97支持"所见即所得"的文字处理方式。

此外，WPS在当时有着2000万的用户基础，WPS97不仅延续了用户的各种操作习惯，而且更将用户对WPS的感情延续，就像一首老歌曾经承载了驿动的青春一样。有很多用户来信说：我就是靠WPS起来的，对它也有一种感情；我学电脑就是从WPS开始的，我的毕业论文就是用WPS打的；我的老婆就是我在培训WPS的过程中认识的……

在让用户期待了4年之后，WPS重获市场追捧，再现昔日辉煌。分析金山此战获胜的原因，雷军说："Word还是给予西文处理系统，是西方人按照自身文化传统开发出来经过汉化的软件，在汉字处理上存在缺陷；Word在售价上相对偏高。作为国内软件，只有WPS还有实力与Word一争。毕竟，WPS累计销售了40万套正版软件，市场占有率一度超过90%，并带来相关行业如培训班的发展。这些因素决定了WPS还有很大的市场潜力，WPS的复出成为众望所归。"

WPS97推出仅两个多月，就卖出了13000套，登上中国办公类软件销量排行榜首位。金山在连邦软件各个重要店面加派人手进行意见收集和宣传。在软件套装合作上，企鹅套装、联想套装、洪恩工具套装、清华同方、摩托罗拉慧笔、福建实达、青岛海信等多家硬件厂商捆绑了WPS97。此外，金山还为成都军区专门定制开发了WPS97（军用版），以充分满足军用系统对信息安全的需求。

为了推动WPS的使用，金山专门成立了培训部，很快WPS97就在国内设立了上千个WPS培训站，原连邦公司的姚辉出任部门经理。1998年9月，WPS97被列入国家计算机模拟考试的内容之一。

金山不仅逃离了死亡线，而且成了中国软件市场上最耀眼的明星。而与金山同一时代创业的一大批软件公司，则在微软和盗版双重夹击下销声匿迹。

回忆起那段往事，雷军归纳自己最可贵的创业品质有两点：一个是目标远大。他认为，创业者如果不能预见到十年后发生的事情，就不会有很强的自信。在微软和盗版的夹击下，大家都认为"与狼共舞"没有前途，但他仍然坚信，软件业是中国的一个支柱产业，一定还会有机会，就这样才坚持下来了。另一个是创业激情，这种激情可以吸引有着同样梦想的人聚到一起，不畏艰难险阻，为着最初的理想而奋斗。

027

从程序员到CEO

1998年对于雷军而言，是事业生涯的一个新起点。8月12日，金山公司迎来一件大事，联想集团注资900万美元（其中商誉450万美元，现金450万美元）购买金山30%的股份，成为金山单一最大股东。同时，金山进行重组，雷军出任CEO。当天晚上，求伯君、雷军等金山高管在北京燕山大酒店，举杯庆贺。

"风助火势，火助风威，堪称天作之合"。柳传志当时这样评价联想与金山的重组。

求伯君也表示："这是公司要想在软件业取得突破性发展的必然过程。就当前中国软件市场来看，如果金山公司维持过去的投资力度和开发进度，将难以有所作为；从国际软件的发展史来看，现在有所作为的大软件公司也都是自身技术与外来资金完美结合的产物。金山已拥有先进的软件技术和响当当的品牌，融资将给公司注入更大活力。"

雷军显然很快就适应了管理者的角色，而且如鱼得水。他的管理风格像写程序一样充满了理性，他鼓励员工一个人干一个半人的工作，他煽动性极强，常把庆功会搞得激情澎湃。事实证明，正是他一次又一次调动起大家的战斗决心，让金山的骨干人才在公司最穷的时候坚持了下来，让这个曾经步履维艰的公司最终度过了风雨飘摇时期。

雷军是程序员出身，而一个好的程序员往往是一个完美主义者。因此，在全面接手金山的管理工作时，他就已经暗下决心要把金山做成一个"百年老店"，一个受人尊敬的软件企业。

梳理北京金山公司的发展历程不难发现，北京金山的发展历程就是雷军从一个程序员向一个高层管理者逐步蜕变的过程。有人曾经这样描

1998年，雷军担任金山公司总经理；2000年出任北京金山软件总裁

述这种转变：当雷军在1988年写下第一行程序的时候，他绝对不可能想到，最终自己要以软件管理者而不是程序员留名中国IT史，当年的雷军太想成为一名知名程序员了。求伯君很相信雷军，尽管在来金山之前，雷军没有做过管理，但求伯君相信凡事都有第一次。

雷军1992年加入金山，6年之后出任金山软件总经理，负责整个公司的管理、研发、产品销售及市场战略规划，这一年雷军29岁。2001年，金山公司进行股份制改革后，出任北京金山软件股份有限公司总裁，这一年雷军32岁；2003年兼任金山软件CEO，这一年雷军34岁，实现了从程序员到CEO的华丽转身。

金山公司的一位高管这样评价雷军："雷总并不是一位主动把棒棒糖送入员工口中的CEO，他不怎么表扬人。完成了业绩，他会说，你看，我当时说要做到这些，你说做不到，这不是完成了吗？这就算是雷军的表扬了。"

另一位金山的老员工说："雷军在任何场合的发言逻辑都很严谨，一个大框架下是小框架，一层套着一层。但他并非不苟言笑，相反，他性格活泼，总是一脸阳光。"

在雷军的带领下，整个金山团队都变得疯狂起来，充满活力。实际上，对雷军这样的完美主义者来说，"替补上场"也要拿出玩命的精神。为了这个因"面子"而作出的承诺，雷军开始对管理进行了长期刻苦的研究和实践。有关管理问题，他得出的第一个结论竟然是：管理好坏的标志就是服装是否整齐划一。

雷军给每个员工都买了一套纯色西服，配上白衬衣，穿上锃亮的皮鞋。这在20世纪90年代末的中国，还是非常少见的。

其实，雷军并非天生的管理人才。据说他在武汉大学读书时，有一次他被邀请做反病毒讲座。他准备了好几页纸的发言稿，原计划两小时的讲座，上去15分钟就把讲稿念完了，在讲台上不知所措的他，就把那份讲稿又从头再念了一遍。

谈到自身角色的转变，雷军有点不好意思地说："程序员出身能使我对产品的未来和方向看得比较清楚，但我可能会对程序员要求过高，而且老想越俎代庖，还犯过'我帮你写'的错误呢。"

雷军的勤奋造就了自己。他早上9点就来上班，常常干到晚上12点才离开公司，还和员工一起吃工作餐。在电梯里，他不是在用手机处理事务，就是眯起眼睛养神。

雷军说："我在金山工作的16年，每天十几个小时，每周7天，我把全部的心血和热情都倾注在金山。同行评价我是一个疯子带着一群疯子。我的青春，我的金山，每每想到这句话，我都是感慨万千。"

对于雷军的成长，王全国颇有体会。王全国1992年加盟金山，1997年离开金山。在加盟金山之前，还与雷军一起在武汉创过业。2003年，还是在雷军的召唤下，王全国重回金山，任副总裁，执掌毒霸事业部，后来慢慢负责信息化部门。

王全国说："1997年至2003年这6年，正好是雷军成长最迅速的时期。第一感觉是他比原来更忙，我回来以后，第一个月至少跟雷军碰面三次，1997年我和他在一个办公室天天见面。公司规模大了，正规了许多，各个部门都非常健全，实在是今非昔比。他在金山有过痛苦的经历，成熟干练了许多，有时候我甚至感觉他比我大几岁。"

用青春铸就"毒霸"

新世纪到来，中国政府加大了打击盗版、保护自主知识产权的力度。2000年底，北京市政府就率先在金山采购了一万多套WPS。然而，还没等雷军的高兴劲儿过去，用户就纷纷发来了抱怨，因为常用国外软件的人，对WPS根本习惯不了。这让雷军意识到，要提高用户满意度，必须扔掉全部旧的代码，重写整个WPS，开发一套文件格式完全兼容、使用习惯完全兼容、稳定易用的产品。可是，开发这样的产品需要100多位优秀研发人员开发整整三年时间，将花掉金山当时的全部资金。而且如果研发失败，金山将再次面临关门的危险。犹豫了半年，雷军和他的管理团队终于还是在2002年9月下定了决心。他们相信，中国保护知识产权的力度只会越来越大，软件行业的春天已经到来。

2002年，为了给金山找一块"根据地"，陈飞舟领着一大帮刚毕业的年轻工程师夜以继日地工作，在短短的两年多时间，他们用青春、汗水和泪水换来了毒霸前三甲的市场地位。这是一群20多岁的年轻小伙子们在奋斗过程中的真实写照。

雷军还为金山软件创作了一幅标题叫《我的青春，我的毒霸》的内部海报。当时这幅海报在公司内部引起了很大的反响，词霸部门也同时推出了他们的口号"爱上词霸的日子，每天都很精彩"。

后来，金山公司市场部根据这个创意重新创作，背景采用了部分员工的合影，在全公司内推广了《我的青春，我的金山，我的祖国》这幅海报。

雷军说，回头再看10年前的公司内部海报，唏嘘不已！金山就是这样融汇了无数年轻人的青春和梦想。

2003年10月24日，北京理工大学报告厅内，人头攒动，掌声不断。这是雷军第三次来到这里演讲。雷军开场的第一句话是："我没有想到会有这么多同学来听我的讲座。五六年前我第一次来这里演讲的时候，到场的只有7个人。而现在很多同学都站在过道里，要站着听完我的讲座，这让我感到很欣慰，我衷心地感谢大家！"

031

图为雷军设计的金山公司海报

雷军首先讲了金山是如何在面临微软压迫之下实施"以战养战"的突围策略。1996年,在盗版与微软的夹击之下,金山几乎是山穷水尽。雷军在极其痛苦的6个月休假过程中,认真研究了《毛泽东选集》。他发现,井冈山时期红军的状况和金山的现状很相似,商场如战场,雷军决定向毛主席学习战争策略:"1998年我出任金山的总经理,在这个过程中最重要的是理清了思路,找到了一些市场缝隙。微软很强大,硬碰不行,当时我们提出几个打法,一是坚持打持久战,坚持在WPS领域里打,不求速胜。二是我们提出了以战养战的目标,做一些微软不做的产品,来扩大自己的规模。所以我们做了《金山词霸》《金山毒霸》等系列产品,还有《剑侠情缘》等系列游戏,做到今天金山应有相当的知名度。"

据《梦想金山》一书记载,在游击战策略上,雷军布下重重兵力。在随后几年里,《金山词霸》《金山毒霸》《金山快译》《金山影霸》等20种应用软件和游戏推向市场。其中《金山毒霸》《金山词霸》《剑侠情缘》等逐步成为行业领导品牌,为金山度过早期难关和创建品牌立下了汗马功劳。比如前面提到的"红色正版风暴",《金山词霸》创造了"一百天卖一百万套"的市场奇迹。《剑侠情缘》积累的用户基础和品牌为金山在2003年做网络游戏奠定了非常好的基础。

《金山毒霸》上市后,短短3个月时间就跻身全国安全领域前三甲,还获得珠海市科学技术进步一等奖;WPS Office 2005办公软件入选信息产业部"第七届信息产业十大重大技术发明";金山软件获得"中关村科技园区创新型试点企业"称号;WPS两次获得"国家科技进步奖",成为民族软件代表作。

这些看似"以战养战"的作品,不仅帮助金山走出了困境,而且成就了金山的未来。除了《金山毒霸》《金山词霸》之外,很多工具软件到今天依然有很多用户。比如《金山打字通》《金山游侠》等,依然盘踞在各大下载站的排行榜中。

2003年年底,随着公司的进一步扩大,北京金山公司从翠宫饭店搬迁到了北四环学院桥附近的柏彦大厦。这一次金山包下了第19到21整整三层楼,在2005年又包下了第14层的全部,2007年包下第5层的1/3、11层的3/4。前台设在20层，顶部与21层贯通，非常开阔。第一次到金山的人在20层下了电梯之后，都会被眼前豁然开朗的广阔空间所吸引。从20层大厅向北望去，北京奥运大厦赫然在望——从与微软面对面，到与北京奥组委面对面。金山的视野，似乎也正在从与微软的竞争圈子中走出来而放眼世界，在这里金山开始实施国际化战略。

雷军注重细节，他的衬衣总是非常平整，皮鞋永远一尘不染。他认为，任何事情都是由细节构成，细节做好了，事情自然就做好了。他甚至连请客都分解成各个细节，总结出"四步请客法"。

2005年9月，在细节上有诸多改进的WPS Office 2005如期问世，并很快赢得用户认同，有超过20%的用户安装了新版WPS，产品口碑也好了很多。同月，《金山毒霸》产品正式进入日本市场，并迅速打开局面。

2006年9月21日，日本金山公司在日本东京隆重发布了金山WPS Office日文版。这是金山软件在金山毒霸日文版成功收费之后，谋求国际化的又一重要举措。WPS Office日文版的推出，标志着金山WPS第一次在国外办公软件市场上对微软MS Office展开反击。

033

雷军就像一名力挽狂澜的英雄，带领着金山做游戏，并开发《金山词霸》《金山毒霸》，走出颓势。他还在母校武汉大学演讲时高喊口号："我要用未来十年和微软来一场豪赌。"

忍痛割爱，出售卓越

卓越网是雷军团队于2000年创立的，为客户提供各类图书、音像、软件、玩具礼品、百货等商品B2C电子商务网站。

2004年8月9日，亚马逊与雷军正式签约收购卓越网，并购牵连到很多人和事，创始人雷军也卸下了卓越网董事长职务，5年多的辛苦灰飞烟灭。谁忍心卖掉自己一手养大的"孩子"？雷军卖掉卓越网的凄凉和感悟，为中国互联网画下一个大大的感叹号。

在许多人看来，当初投资50万人民币做起的卓越网，以7500万美元的价格卖给亚马逊公司，这似乎是一笔不错的交易，雷军因此成为亿万富翁。

出售卓越网虽然获利颇丰，但对于卓越网的创始人雷军来说，这绝非他的初衷。熟悉雷军的朋友依然记得5年前那个夏天的夜晚，雷军坐在友谊宫外面的喷泉旁大谈要做"中国亚马逊"的梦想。从立志做"中国的亚马逊"到"亚马逊的中国站"。

卖掉卓越网对雷军而言，有着太多的不舍和无奈。如果不是缺钱，卓越网将成为一家卓越的电商公司。

雷军说："没钱，只能卖！"中国的电子商务还在烧钱时代，B2C也不例外。当数百万网民不断享受卓越网带来的低廉价格实惠时，没钱的烦恼始终困扰着董事长雷军。据雷军介绍，卓越刚起步的时候，每天处理100张订单感觉很容易。从100单到500单，就发现库房不够，东西也送不出去，所有员工都被赶到库房里做包装。100单到1000单是一个质变，1000到1万又是一个质变。卓越过了1万，到10万就极其痛苦了。做10万单，只北京的库房就要3万平方米，相当于6个标准足球场。把货架摆满，一个货架1500元，需要3000万元。给仓库放满货架，装上货，再装备流水线，最少1000万美元。除此之外，物流体系的不健全、国内信息化水平普遍较低的现实也注定中国电子商务成熟至少是5~10年后的事情。

雷军表示："电子商务网站间极其残酷的价格战也经常会让你感到压力巨大，因卓越的用户量大，如果对手赔1块钱，卓越就可能赔3块、10块甚至更多，最后结果是杀敌一千自损八百，即使赢也会伤痕累累。"

说到底一个字就是钱，中国的B2C就是烧钱机器。雷军坦言卓越多次面对缺钱的现实。"见好就卖吧，这样对得起股东也对得起员工，不能等到撑不下去了关门。"2004年2月，卓越开始其创业以来的第四轮融资。"其实我最开始的意见就是融资，坚持要将这个网站做下去，因为这个行业在中国必定很有未来，但是卓越要实现稳健盈利，还要再投入至少10亿人民币。如果以后再次融资，最后的命运依然是股份被稀释，失去主导权，出局。"

其实向风险投资融资也行。金山和联想初始投资1600万，股份大致七三开。后来VC（风险投资）先后投入920万美金，就把金山股份稀释到了50%以下。而卓越要实现稳健盈利，还要再投入至少数千万美金。最终逃不出一个结果：股份被稀释，失去主导权，还是要出局。既然迟早要被撵或者套牢，那不如现在就放弃，就是第三种模式——全资并购。

如果回到五六年前，资金不成问题。成群的VC追着创业者投资，上千万美金只要求换来少量股份。丁磊和张朝阳们就是在那时融资创业，现在还是大股东，掌管着自己的企业。而2000年泡沫破灭，VC转向保守。金山和联想自掏本钱做卓越，上了规模后，VC愿意出钱，但价码越叫越高，动不动就要控股。

而惯常的融资通道，银行借贷从来救富不救穷，现实中与互联网基本不相往来。中国的互联网公司，都是拿外国的钱，玩中国的玩法成功的。创业时靠国际VC融资，上规模了再到纳斯达克上市，赚到的钱被国外股民分红，跟中国的资本市场已大体没什么关系。所以，雷军的选择实在不多。

4月，进入实质的讨论，卓越收到亚马逊和几家VC的合作意向书。5月，卓越董事会开始激烈地争论，包括金山、联想、VC和一些神秘的个人投资者。

一个VC曾劝雷军不要放弃，因为网上零售是个长久的生意。零售存在了上千年，软件也才几十年。只要不出大问题，沃尔玛肯定比微软长寿。

雷军说："盖茨创业以来不过30年，可沃尔顿家族已经历了两代人。再看看一路艰辛的亚马逊，创立在1994年，到2002年才开始盈利，那时已经花掉几十亿美金。相对于美国，在中国做B2C更难，复杂度是随着规模不断放大的。"

身为董事长，代表冷冰冰的资本意志；身为创始人，从提出构想、创业在互联网泡沫破灭的时候，到经历几次山穷水尽的关头，走到现在，痛苦到什么地步，雷军自己清楚。被迫无奈，雷军只好下决心——卖！

2004年8月，雷军决定要告别传统国产软件堂吉诃德的命运，割舍已处在中国B2C老大位置的卓越网，带领整个金山公司全面转型互联网。

在外人眼中，卓越像雷军的女儿，嫁个好人家也是不错的选择。但作为卓越公司的董事长，资本意志让雷军更为清楚这个选择的代价。而雷军的眼里，卓越的故事已经谢幕，价格的多少都已不再重要。卓越和亚马逊正式签约的当天晚上，金山公司内部搞了个动员会，后来被业界传为把酒言欢。在这个会上，又有高层这样劝慰雷军，卓越好比是女儿嫁人，要把儿子金山好好养大。而此刻，金山的第二款自主研发的大型网络游戏《封神榜》正是到了全员努力的关键时刻。

"互联网是种观念，对年轻人来说没有制约和包袱，没有怕输的心理。对这个观念理解得越透彻就越容易成功。"作为金山CEO，让雷军更为兴奋的是，整个金山全面转型互联网的战略日渐清晰。

从互联网业务的浅尝辄止到全面投入，金山对市场铺垫一步紧似一步。雷军说："我们的思维开始适应互联网，互联网也逐渐成熟了，我们的空间会越来越大，卓越被亚马逊认可，金山做成网游，意义莫过于此。"

雷军骨子里是个很不服输的人，他说自己做企业的底线至少是行业内的第二名。"我要感谢这个交易，它让我学会了全部的国际购并法则，我相信最后会是个双赢局面。"

卖掉卓越，算是自断一臂，感情上痛苦，思路上清晰。雷军说："未来还有更令人激动的事情。"

转战网游，成功上市

作为金山的CEO，雷军虽然满身疲惫，但是他知道这个时候自己不能走，他要完成一个更大的目标，继续勤勉地为这个目标努力。带领金山上市，成了他必须要完成的任务。

雷军表示："要还债，这么多年，给兄弟们开了那么多的空头支票，不上市，我一辈子也还不清。"这期间，金山尝试过香港创业板、内地主板、纳斯达克等资本市场。有媒体评价说，在国内IT业界上市公司中，金山是走得最艰苦的一家。

雷军自己也说："上市是八到十二个月的短跑，我们却跑成了长跑，八年上市过程能坚持下来的不多，能够不被拖垮已经是奇迹。"

要分析金山游戏弃端游重推页游和手游的原因，或许我们要从更广的角度来寻找"真相"。一家上市公司作出如此重大的决定，想必是经过慎重考虑的，同时也需要勇气。放眼游戏市场的大环境，端游增长放缓、页游和移动游戏的双重冲击毋庸置疑；而随着各项成本的增加、同行竞争的加剧等因素，使得金山游戏在精品化和全球化的发展道路上也显得力不从心；另外，高层结构的调整及发展理念的转变、相关产品与项目的关联性等，均促使了金山游戏的全面转型。

在做出每个重大决定之前，雷军总是彻夜不眠。卖掉卓越网时的很多夜晚，他就是这样度过的。

最初，雷军很看好卓越，提出自己亲自担任CEO，但包括金山董事长杨元庆在内的董事会都不同意。雷军只好在卓越不设CEO，请王树彤来当总裁，配合自己这个董事长来管理和领导卓越。

当时，卓越网每小时要付给电信宽带租用费，这让雷军在深夜中惊醒，一想起无法止血就心痛，就难受。"什么事情都还没做，每小时就要先付给电信一大笔钱……"这显然和他一贯的商业思维并不符合。"以

2003年夏天，雷军带领金山团队转战网游

前，同事开玩笑说我是金山最会理财的人，贵的东西我不喜欢，便宜的东西我先买它一打。"雷军打趣说，更重要的是，他彻底想通了一个问题，就是互联网不仅仅是工具，更是一种全新的商业思维。在他看来，Google（谷歌）的光芒最终掩盖了那些门户网站的原因，在于其深度互联的商业模式。

当研发总监递给雷军一份更大的软件下载计划——这意味着投入巨资在全国租用带宽、购买更多服务器——的时候，他终于坐不住了。他说自己是大梦方觉晓，访问量不一定都是钱，大多数网站最终只有靠电子商务。随后，雷军砍掉了音乐事业部，图书和软件发行计划也相继取消，并最终将卓越网以7500万美金的价格卖给了亚马逊。

2003年夏天，雷军要将金山带入一个全新的世界，那就是网络游戏。对于放弃卓越而进军网游，雷军的逻辑是：亚马逊熬到第八年才开始盈利，而盛大在第一年就赚钱了。他给这次转型起名叫"X-Mission"，来自汤姆·克鲁斯主演的电影《谍中谍》中的"不可能的任务"。当时摆在雷军面前的有三条出路：做编辑彩信的软件；做财务和管理软件，成为另一个用友和金蝶；做网络游戏。

最终雷军选择了风险与转型难度最大的网络游戏，这是他试图改变金山公司命运的殊死一搏。当时，金山账上的钱加上银行贷款还有8000万元左右，他算了算账，"这些钱足够金山打两次'战役'，如果第一仗输了，我们还可以再打一仗。孤注两掷一定能成功"。接下来的半个月，他抽调了150人的精干力量转型做网络游戏。

金山从2000年6月开始做网络游戏的研发，到2003年11月已历时三年半时间，而在这三年半中，金山花了4000多万元，为网络游戏交了2000万元学费，却只是跨出了市场化的第一步，许多公司都建立了自己的江湖地位，而金山网游却成不了气候。

金山进军网络游戏为什么这么艰难？雷军表示："事实上，金山在这三年遇到了非常多的问题，我可以把这个问题总结一下，我觉得最重要的是我们网络游戏战略不明确。在2012年年初的时候，我们启动了几款游戏的研发，最后只完成了这一款网络游戏。因为那时，我们都没有意识到网络游戏对公司发展的重要性。今天我们只能算是市场的跟随者，我觉得最主要的原因，就在于负责公司游戏业务的西山居当初没有把网络游戏列成公司重点。"

为了做好网络游戏，雷军每天都只能睡4个小时。他自我调侃称已经变成了"网络游戏的奴隶"。

2003年，《剑侠情缘》公测前，雷军动员全公司每个人都要玩游戏并且过30级。他率先从自己做起，每天上班就打开游戏。为了《剑侠情缘》，雷军还必须去找人、求人。"我本来是一个非常傲气的人，这时候要我向一些人去低头，那个感觉真是不好受。"雷军事后说。2003年9月10日，耗资3000万元的《剑侠情缘Online1》出炉，业界曾流传着网易创始人丁磊跟雷军打赌的故事。丁磊认为，给雷军两年时间，游戏在线人数都过不了5万，如果到2004年年底能过5万，丁磊就给雷军10万美元。结果，《剑侠情缘Online1》公测5天在线人数就超过了5万，而一年后推出的《封神榜》更是在3天内就打破了这个赌注的底线，半年后开始收费。

从WPS到网络游戏，在国产软件步履维艰的现实条件下，金山走出了一条曲线救国之路，网游很快成为金山的摇钱树。

2007年10月9日，金山正式在香港联交所上市，开盘价3.9港元，受到众多投资者热捧，股价迅速走高。9日上午10点开盘后，股价一路震荡上涨，最后收盘至5.00港元，最高见5.47港元。10月10日，上市第二天以4.95港元开盘，报收5.66港元，上涨13.2%，超过发行价57.2%，最高到6.15港元，走势良好。这无疑证明了金山转型网络游戏的成功，却也不由得让人对本土通用软件，特别是中文软件产业的未来产生了担心。有人认为，在中国，网络游戏多了金山不算多，中文软件少了金山却等于失去了民族的脊梁。但雷军却说，金山转型做网络游戏其实是被逼之举，尽管目前真正赚钱的业务是《金山毒霸》和网络游戏，但WPS也一定会坚持做下去。

多年来，雷军一直在逆境中苦苦寻求金山的突破式发展道路，金山也曾因业务触角过多而饱受诟病。但事实证明，雷军转战网游的一系列决策，是前瞻而明智的。

2007年10月9日，金山在香港上市，金山高层在香港联交所门口合影

从1992年加盟金山，到2007年金山上市，雷军在金山十六年如一日，身上洋溢着的，始终是最初的梦想与激情。金山，也成为民族软件产业的一面旗帜。

金山软件上市那天，雷军给全体员工发了一封信："一起哭过笑过的兄弟们，让我们一起举起庆功的酒杯，一起为我们自己大声欢呼——我们上市了！"陈飞舟看过非常激动，打电话说，只要是热爱金山的同事们都会被"一起哭过笑过"这几个字打动。陈飞舟1998年大学毕业就加入了金山，也加入金山十年多了。他现任金山副总裁，主管游戏部门的研发工作。他的青春，他的热情，也在十年奋斗过程中绽放。

雷军致全体金山人公开信全文：

2007年10月9日上午十点整，金山软件成功在香港主板挂牌上市，这一刻将永久地铭刻在每个金山人的心里！

"宝剑锋从磨砺出，腊梅香自苦寒来"。经过了长达八年的上市准备，我们终于迎来了这一刻的幸福时光。这一刻属于每个金山人，没有大家的拼搏和奋斗就没有今天的灿烂笑容；这一刻属于敬爱的用户以及社会各界的朋友们，没有大家的支持和关心就没有今天的举杯相庆！

从1988年创办至今，金山经历了十九年的风风雨雨。创业初始，我们憧憬"让我们的软件运行在每台电脑上"；事业低谷，我们依然渴望把金山办成世界一流的软件技术公司。在残酷的产业生存环境和浮躁的商业氛围里，我们始终坚持技术立业，我们始终坚持用户至上，在每个十字路口，我们选择了胜利的方向。面临跨国公司和盗版的双重挤压，金山人不畏艰难险阻，从WPS到金山词霸，从金山毒霸再到网络游戏，越战越勇，在一个又一个战场上大获成功，甚至在日本、越南也获得了足以令国人骄傲的成绩！

十九年的春去秋来，时间没有在我们的脸上留下印记，我们依然像刚创业一样，充满了激情和活力！八月，金山毒霸成功通过了世界顶级的VB100的测试，成为唯一一款通过VB100的国产杀毒软件；九月，WPS Office 2007顺利发布；前不久，研发了三年半的《春秋Q传》正式公测。我们的各项业务都在快速前进，我深深地为我们的公司感到自豪！

历史已经充分证明了我们金山是一支有理想有抱负、能打硬仗的团队。"一路上有你，苦一点也愿意"，一起哭过笑过的兄弟们，让我们一起举起庆功的酒杯，一起为我们自己大声欢呼：我们上市了！

041

从此刻起，金山翻开了新的一页，我们将以快乐、轻盈的步伐开始乘风破浪、大展宏图的新征程！

雷　军

2007年10月9日于香港

对雷军而言，最初的激情到现在也没有改变。"把金山办成世界一流的技术公司，办成一家受人尊重的软件企业"的梦想将雷军和他的管理团队紧紧凝聚在一起。作为民族软件产业的一面旗帜，金山"让自己的软件运行在世界每一台电脑上"的梦想，将不只是写在所有员工记事本封面上的一句口号。

金山软件成功上市之后，雷军终于松了一口气，他给自己放了一个月的长假，这在之前的十六年是从来没有过的。长假过后，雷军仍然感到疲惫，这种累不是身体上的，而是精神上的，他说，这些年是戴着镣铐在跳舞的过程。"回来后，我仍然感觉身心疲惫，这种状态下，我怕辜负了刚刚取得重大进展的金山"，雷军觉得自己对金山有着放不下的责任，这些年，他怕辜负金山，一直在拼杀，都忘记停下来，想想自己想要什么。

雷军曾发表了他的四十岁的人生感言："四十岁的时候，我领悟到，人是不能推着石头往山上走的，这样会很累，而且随时会被山上滚落的石头给打下去，要做的是，先爬到山顶，随便踢块石头下去。"成功不是你拥有多少钱，多少荣誉，而是能够自由自在做自己想做的事，并把它做到最好。那时的雷军，似乎一夜之间想通了许多事，他意识到只有放下手中的一切，才能够获得更多的机会。

功成身退，卸任CEO

2007年12月20日，雷军宣布辞去金山CEO职务，CEO由董事长求伯君兼任。

求伯君对雷军给予了高度评价："雷军自从1992年加入金山到现在16个年头，尤其是在1998年，开始担任公司日常管理一把手之后的9年来，雷军一直是在任劳任怨、呕心沥血地满负荷在工作，把金山软件从一个勉强维持生计的小作坊，带入了具有国际影响力的上市公司，这期间付出的艰辛实在是无法用语言来表达。这期间雷军不但要带领公司全体员工努力地工作，同时还要面对社会的各种压力，历时8年历经了5次上市的过程。最近几年，雷军不仅带领管理团队完成了上市这一艰巨的任务，还为金山网络游戏做了完善的布局，实现了软件业务特别是杀毒业务的全面互联网转型。为金山下面的腾飞奠定了坚实的基础。因此董事会对雷军16年来的辛勤努力，给予了高度的评价：鞠躬尽瘁，功在金山。"

雷军在致员工的公开信中说："目前，公司进入了一个前所未有的稳定持续成长的新阶段。经过一段时间的冷静思考，我认为目前到了可以从日常工作中脱身的时候。作为金山的创业者，也作为金山的主要股东，我身上深深刻上了金山的烙印。未来我将以一种新的工作方式为公司服务，继续担任副董事长，专注在公司长期战略管理上，我还会和大家一起工作！十六年的春去秋来，我和大家一起书写了金山辉煌的历史。雄心不改，壮志犹在，让我们在不同的岗位上一起努力把金山建设成世界一流的软件技术公司！"

少年成名，急流勇退，在很多人看来，这样的人生很完美，雷军大可以自由淡定，想干什么就干什么。但是，此时的雷军身为一个成功者，却有着深刻的挫败感。

雷军是一个脚踏实地、志存高远的人。为了让梦想照进现实，雷军勤奋努力，脚踏实地拼命工作。根据原金山高级副总裁王峰的回忆，当年雷军每每在下班之后约他在办公室谈工作，一谈就到半夜。15年来，对于雷军来讲，这种劳模式的生活实在不稀奇。

回顾过去，所有的"旧金山"都承认这是一段"激情燃烧的岁月"。这家公司的执行作战能力和行政组织能力都非常强，号称"成则举杯相庆，败则奔走相救"。

不过，这样一家勤奋团结的公司却花了8年时间才上市。2007年10月16日，金山在香港联交所挂牌的时候，雷军发现，他投注了15年心血的公司市值不过6.261亿港币。这个数字，当时远远不及同年在香港上市的阿里巴巴（市值15亿美元），更别提2005年在纳斯达克上市的百度了（市值39.58亿美元），就连跟盛大网络、第九城市和巨人游戏这些游戏界同行相比，金山的市值也被远远抛在了后面。

为什么金山没有像其他同行那样成功？一位金山前高管向记者道出了其中的原因："从本质上讲，金山是一个没有真正意义上的创始人的公司。从张旋龙到求伯君再到雷军，都不是创始人。金山是个'傍大款'的公司，总是当别人的配角，跟四通合作是看重它的资源，跟联想合作是看重它的品牌。金山从WPS到词霸，从词霸到毒霸，从毒霸到游戏，一个个打过来，因为上市的财务报表压力，每个新业务坚持一年多就放弃。到了后期，大家都很彷徨，领导们说的理想主义竟然有了机会主义的意思。但是，金山是一家有技术追求的公司，活得又够久，培养了一大批高级软件人才，大家对金山都很有感情。但问题是，当企业发展的速度跟不上人才发展的速度，就必然造成人才流失。"

金山公司的一位老员工曾讲过这样一个感人的故事。在金山进军网络游戏的时期，雷军在一次拓展训练中发表讲话，说自己不容易，大家不容易，活得太窝囊，说到动情处潸然泪下。当时，20多个副总裁和部门经理都拥上去，把雷军团团围住，大家抱头痛哭。

从2006年年底开始，金山经历了频繁的人事变动和人才流失。但是雷军以他的中关村"劳模精神"继续待在金山，一直到金山上市。

在离开金山的一年里，雷军经历了深刻的反思。他不止一次对媒体提到他对于金山生涯的"五点反思"：人欲即天理、顺势而为、广结善缘、少即是多和颠覆创新。而且他慢慢确认了一件事情：在一家改良导向的公司里，他是成不了革命者的，就像康有为永远成不了孙中山一样。

金山公司的一位老员工评价雷军是个"守正出奇的人"，最大的优点是善于生存，善于合作，善于发现和创造，但不善于抢夺和征服，内心瞻前顾后，太过谨慎。和当年的周鸿祎相比，雷军比他成功何止数倍，但就少了那一丁点不管三七二十一的赌性。

雷军也尝试着去改变，他做电商做网游，学习新的玩法，每个行业都做到细分领域前几名，却永远不是老大。雷军反思15年来做的很多产品都离成功只有一步之遥，却总是失之交臂。这是时代使然，公司基因使然，回天乏力。

既然如此，雷军为什么没有早点离开金山公司？观察者不难找到理由，无非责任感、英雄情怀与既得利益。雷军坦露自己的心迹，他曾以为金山可以承载他的远大梦想，于是一件事情艰辛万苦争取了15年。"当你发现大哥不对，你不敢说，不愿意承认，很纠结。你也大可逆天，破釜沉舟，但是却会失去人和。"

由此可见，当年的雷军的确少了抛弃一切、重建一切的勇气。他的内心一直有《硅谷之火》的梦，但缺的只是那一点火星。

意识到这一点，雷军若有所失。他不缺钱，但他缺一样东西：再一次成功的机会。他说："金山就像是在盐碱地里种草，为什么不在台风口放风筝呢？站在台风口，猪都能飞上天！"

黎万强说："2008年年底，雷军答应出任UCWeb（优视科技）董事长。这是一个转折点。他已经慢慢从离开金山的迷失里走出来，整个人的状态也缓过来了。"

那天晚上，几个人约好了要聚在一起喝酒。雷军说，他看到一个百亿美元的成功机会，他不会放过。那不仅是他成就梦想的机会，也是他治愈心结的良药。

雷军离开金山后做起了天使投资人。有人问过他这样一个问题："从创业者到投资人的心态变化很明显吗？"雷军说："投资人是追求回报的，这意味着你总有一天会退出企业，而创业者和创始人却偏向于永远拥有一家公司。心态变化当然是很明显的，工作状态也是，变成投资人以后，我现在不再排工作时间表了，现在的情况是，工作随性但目标明确。"

在离开金山之前，雷军身上的东西太满，金山并不能由他完全掌控，但他又觉得弃之可惜，于是为了金山他放弃了太多机会。现在他彻底放下了，也让自己彻底转身。从金山CEO到天使投资人，雷军选择了和以往不同的路，他不再做掌舵者，坐在副驾驶的位置上他也能自由发挥。

第三章

离开，是为了更好的回归

2011年，雷军临危受命，重返金山担任董事长，带领金山成功转型。如果说是求伯君把WPS带入程序员的时代，那么雷军则把金山带入了商业时代。

重回金山，执掌帅印

在雷军离开之后，赋闲多年的金山创始人求伯君重返一线，对公司做了诸多调整，包括将旗下的游戏、办公软件和安全软件三大业务分拆成为三大独立公司。2010年初公司又宣布一系列重要人事任命：原盛大游戏吴裔敏出任金山网游总裁，金山安全副总裁王欣被任命金山安全软件CEO，贾琳被任命为金山词霸业务总经理。

但分拆后的三块业务都面临不同的困境。在最为关键性的网游业务上，金山软件第一季度网游营收为1.617亿元，较上一季度下降19.3%。同时，金山网游还遭遇了很严重的人才流失之困，研发与市场推广人员一度遭竞争对手挖角，甚至市场部门被对手整个搬空。另外2009年12月底，金山和盛大游戏宣布成立合资公司，吴裔敏、毕振华等盛大系团队加盟金山游戏。随之而来的，是这个遥遥无期的"盛金联合"的各种传言，以及金山游戏运营与产品之间问题的调整。空降兵与公司原有人员的不调和，也令公司内部关系颇为微妙。

第二条主线，金山安全方面也遭遇了严重挑战。2010年金山成立了金山安全子公司，并准备在创业板上市。不过金山毒霸在过去一年中受

图为金山软件公司新办公楼

到360安全卫士等新兴网络安全厂商免费策略的冲击，业务也出现萎缩。同时，金山安全与360卷入了一场时间漫长的口水战，随后，360安全卫士和金山网盾之间通过微博爆发的大规模公关摩擦更使得金山一度陷入被动，股价也曾大跌。

金山软件只能一味地被动防守的局面，金山在办公软件领域的业务已经萎缩到公司收入的10%。求伯君面临的压力可想而知。

在业绩不佳的情况下，求伯君邀请雷军重回金山的愿望是相当强烈的。据金山公司的一位高管透露，在雷军辞去CEO之后，求伯君当时很有热情，想大干一场，并对公司进行了改革，但业绩却没有明显变化，这令投资方感到不满，因为求伯君对市场的判断不太准确。

另一方面，求伯君的性格又不可能长期坚守在CEO那么辛苦的岗位上。放眼看去，业内没有人比雷军更合适执掌金山。而且他又有非常丰富的互联网经验，他投资的互联网企业对金山也有很大的帮助。

2008年到2011年，雷军离开金山期间，做了3年天使投资人，从电商到移动互联网投资了20多个公司，最为重要的是，2010年4月雷军创办了小米。

2010年也是求伯君管理金山压力最大的时期。雷军创办小米没多久，求伯君就开始千方百计劝说雷军回金山，基本上两三天就会联合张旋龙找雷军谈一次。

张旋龙知道，雷军做小米是他这辈子做的最后一家公司，不成功就退出江湖，所以压力很大，接手金山很困难。但求伯君则认为，雷军已经投资了20多家公司，做了很多董事长，再加一家金山没有问题。

在求伯君、张旋龙长达半年的"情感"轰炸下，雷军最终同意接下了这个重担，他给出的理由是：第一是与求伯君、张旋龙二人20多年的感情；第二是很多金山同事之前跟着他干了十几年，有一种信任存在其间；第三就是作为一个老金山人，希望金山能够成为一家一流的公司。

2011年7月5日，金山软件公司董事会对外宣布，公司董事长求伯君辞任董事长职务，并在6个月后辞任公司CEO。董事会一致通过求伯君推荐雷军出任公司董事长一职。

有人问雷军，你投了那么多好公司，还亲手创办了小米，为什么接手金山？雷军回答说："原因很简单，因为我爱金山，假如金山需要，我没有选择，我会全力以赴！"其实雷军重回金山的真正原因有两个：一是因为兴趣；二是他有产业报国的梦想。

雷军那代人是受硅谷创业精神影响很深的一代，他最喜欢的名言是"人因梦想而伟大"，在金山创业过程中，雷军及其追随者的梦想就是把金山办成世界一流的软件公司。雷军觉得，为这样的目标付出十年、二十年甚至一辈子都值得。在公司陷入困境之际，正是这一梦想及其带来的坚定信念让金山重现生机。

雷军在公司董事会上对自己约法三章：第一，自己在任职第一年内，不能以任何方式直接或间接出售所持股票。第二，在第二和第三年内，不能以任何方式直接或间接出售超过50%以上的所持股票。第三，带领金山向互联网转型，提高经营业绩。雷军此举表明了他对公司前景的信心。

雷军的回归，对于金山旧部来讲是众望所归。因为在过去的三年里，金山并没有因为上市而一路高歌，相反却逐渐走入了低谷，业绩徘徊不前。

　　雷军担任金山董事长后，腾讯与金山结盟也逐渐浮出水面。在"3Q大战"期间，腾讯公司董事会主席马化腾曾表态，希望通过与金山的合作，在免费安全软件行业中创造新的商业模式。

　　2011年10月24日，雷军聘请时任微软亚洲研发集团CTO兼微软亚洲工程院院长的张宏江空降金山软件，担任CEO。

　　雷军担任董事长两年时间，就让金山摆脱了困境，金山软件股价涨到9.37元，股值比2011年上涨130%，金山股价创历史新高，市值突破110亿港元。

　　金山软件CEO张宏江表示："雷军回归金山后制定的一系列计划和战略已经开花结果，相信我们3+1的业务未来将会更快的成长！"

让边缘化金山重回主流

　　作为一家主打"民族软件"悲情诉求的中国软件企业，金山公司成立于20年前，现在，其WPS办公软件、互联网安全和网络游戏三大主营业务均遭遇强敌。雷军毫无掩饰地说："金山已经到了转型的关键时期。"

　　提到金山的转型，不得不提及两个人，那就是雷军和张宏江，甚至有人评价这两位极具影响力的人物走到一起，将会让金山"涅槃重生"。

　　雷军作为金山软件的创始人之一，他的理想是把金山做成互联网公司，而求伯君心中的发展方向则是微软，这也成为外界猜测雷军在2007年金山上市后选择离开的原因之一。2011年7月，雷军再度回归金山，此时的他，或许能够为自己的理想展开实质性的战略调整和部署。

　　而空降金山的张宏江虽然最初对金山文化没有深入的了解，但同出身于技术的他，似乎能够将一些精神传承下去。张宏江加盟金山怀抱创业激情，他一直在寻找一种能够创造"不同"的地方，喜欢将一件事情从无到有、从小到大地做出来。

　　张宏江本身在技术方面有着丰富的经验，同时具备较好的领导力和协调能力，他希望金山云能成为以后集团的支柱型业务，未来所有金山业务都将和云领域的需求整合起来，甚至将所有业务都移到云端，如云安全、云办公平台等。

张宏江还希望，让金山创造出新的品牌。另外，他表示当金山业务有一定用户之后，将用户中的一部分发展成为游戏玩家，这是过去所没做的。

而金山游戏集中更多精力发展页游和移动游戏方面，不得不提到的是雷军的小米手机。目前，小米平台已建立游戏中心，并借鉴苹果发展社交功能，金山云与小米的合作将会有很好的切入点，未来游戏都可能帮助推广金山云。在雷军主导下的金山及小米，势必会在推广资源和用户共享上进行整合。金山手游配套小米智能手机，能弥补市场最紧缺的环节。拥有自身的游戏发行平台，无疑具备了竞争的一大优势。

回顾金山这三年的发展，会发现其转型移动互联网的每一步都有迹可循，绝非一时之举，目前这种布局已初露端倪。

2011年7月7日，雷军执掌金山公司帅印后的第二天，就重申了金山的转型目标，用"加速布局移动互联网，鼓励子业务团队MBO"来解读未来方向，并提出要继续坚持金山的改革道路不动摇。而他所说的改革道路，实际上就是指金山从2009年开始实施的公司体制改革。

2009年2月，金山公司分拆计划出炉，正式宣布实行公司集团化管理的"一三二模式"，即一个集团（金山软件集团）、两个事业部（词霸事业部、海外事业部）、三个子公司（金山网络游戏、金山互联网安全、金山办公软件）。

2011年7月，求伯君正式宣布退休，由雷军接任金山软件董事长一职。此后，雷军邀请到原微软亚太研发集团首席技术官兼微软亚洲工程院院长张宏江出任金山软件CEO；10月底前金山游戏总裁吴裔敏离职，邹涛接任成为金山游戏CEO。至此，新的领导格局成型，在新领导班子的带领下，金山软件的新发展战略日渐清晰，改革开始大刀阔斧地实施，公司逐步向移动互联网全面转型。

2011年10月，西山居调派部分人员入驻北京，成立西山居北京移动团队，专注于移动游戏的研发，几个月后首款产品《宠物城堡》曝光，目前该作已登录各大电子市场。据移动团队负责人刘希透露，目前团队规模已达60多人，除了现主推产品《宠物城堡》之外，春节期间还将上线新产品《酷酷厨房》，计划登录iOS平台，而明年将会有更多的产品面世。

2012年2月，金山软件成立金山云独立子公司，金山快盘正式分拆为金山云的核心业务，张宏江兼任金山云CEO；5月，珠海西山居成立运营公司世游科技，旗下产品将脱离金山独立运营，宣告产品研运一体化的全面推进，同月，金山软件还发布金山办公软件MBO计划。

与此同时，珠海西山居低调地研发起了网页游戏，2014年7月份对外公布首款试水作《格斗灌篮王》，随后进行了小规模的封测，目前已开启新一轮测试。

另外，珠海西山居内部还成立了红月手游工作室，并于9月推出新品《糖果忍者猫2》。西山居向移动互联网转型的步伐似乎在不断加快。

随后的11月，金山七尘斋事业部正式宣布布局移动互联网的发展战略，发布首款手游《兔小强》，同时多款手游产品已进入研发阶段，预计明年年初会有新品面市；未来，事业部还将不断加大移动互联网的投入，扩充手游团队规模。而11月底，北京金山网游运营中心则推出了代理页游《惊天战神》。

在上述这段时间里，我们还需注意到一点，金山旗下端游产品有了一些新的起色，多元化的产品线布局显现，旗舰新作《剑网3》在用户数、PCU和收入方面都达到历史水平，呈现100%增长。

金山此次转型被雷军视为二次创业，这样才会富有激情。雷军承认，金山确实错过了互联网时代，所以移动互联网已不容再次错过。相对来说，页游更轻松，手机游戏也有更多碎片时间，更符合未来游戏的发展，金山游戏肯定会加大投入。因而能够看到，2012这一年金山游戏在非端游领域的投入已全面增加。

2014年9月28日，金山软件收于18.94港元，市值为224亿港元，比最低位时上涨超过400%。此时距离雷军履任金山软件董事长以来，已过去了三年。

2011年至2014年这三年，是老牌巨头陨落、后起之辈云涌的三年，是金山软件从二十年的传统软件企业向新兴移动互联领域断臂转型的三年，也是金山在庞杂业务中去芜存菁、重回创业状态的三年。在雷军回归、张宏江加盟、和策略性股东腾讯共同扛旗的"新金山时代"，金山大船转身，从边缘重回主流。

向移动互联转型

在小米的光芒之外，雷军掌舵下的金山软件也开始一路狂飙：股价已经从一年多前的不到4港元，一路狂涨至23港元。金山的各项业务屡创历史新高：WPS移动版在全球42个国家排名第一，金山网络系列移动产品的月度活跃用户数已超过1.23亿，剑网3连续两年保持了100%的增长速度，成为行业奇迹。这些"神奇的力量"都来自于雷军主导的"互联网转型"。

2011年7月，雷军回归金山公司担任董事长后，发现互联网的发展如此迅猛，金山的市值并不大但业务却相当庞杂。于是，他从商业模式、文化、组织架构等方面入手，制定了全面向移动互联网转型的策略。

雷军制定的金山转型分为六个步骤：包产到户、关停并转、子公司化、筑巢引凤、业务调整、扭转文化。

一、包产到户。分拆办公、安全（KIS）和游戏三大核心业务，独立运营。因为各个业务的模式、状态不尽相同，人为地拧在一起未必有好的发展，独立专攻会是更好的选择。

二、关停并转。金山将零散的子业务进行关停并转，将前几年扩张过程中的零散业务进行处理，以便使核心业务更聚焦、产品更极致。同时将非核心业务聚焦，与核心业务合并到一起，并把在策略范围之外的小业务卖掉、关掉。把金山词霸并入到WPS当中，便是这一策略的体现。

三、子公司化。当时金山的三大主要业务是游戏开发、WPS和毒霸，三个业务的相关性并不大，而且每个业务所处的发展阶段也不同，覆盖的用户群体也不一样。于是雷军决定将旗下业务拆分成子公司，并借此机会完成管理层收购，将20%的股份给核心团队，这样使他们变得更灵敏，以激励团队重新回到创业的状态。

雷军认为，金山业务线比较长，最适合的解决方法是实施子公司MBO，将指挥权下放一线，通过利益绑定增加团队发展动力。金山未来要走的路就是集团公司的子公司模式。

四、筑巢引凤。引入一些经验丰富、有战斗力的管理人才。金山在这方面除了把毒霸和可牛并在一块去做，并任命傅盛为金山KIS的CEO，在WPS、游戏方面也引入不少人才帮忙转型。同时用股权激励，吸引更多的人才加盟。

五、业务调整。金山在两年前就开始做WPS的安卓版，以及电池医生、清理大师之类的泛安全软件，并且组建云团队。雷军认为，创业主要有两个趋势，一是移动互联网，另一个是云服务。金山在2007年就有一个云存储的技术实验室，这次把快盘从WPS分拆出来，专门成立一个云团队。

六、扭转文化。在雷军看来，模式有了，架构对了，文化就比较好转。并且他认为金山有很好的工程师文化，热爱做技术的人不在少数。大家也很实在，愿意做事。

金山公司在实施向互联网转型过程中并非一帆风顺，因为人的本性是抗拒变革的，金山在实施转型的过程中遇到了一些阻碍。主要原因是旧模式瓦解的同时需要建立新的模式，但新的模式处于未知。比方说具体要如何盈利，不仅是金山，整个行业到目前都没有清晰的模式。当前中国的环境，还没有走到能凭借一个服务有百亿市值的阶段。

金山转型的一个表现是将包括杀毒软件在内的服务免费，对此以傅盛领导的金山网络收入受到很大的冲击。很多老员工刚开始对这次转型不理解，认为没必要做出这样的变动。因为杀毒软件的免费不仅意味着收入的暂时减少，更意味着之前的商业模式彻底重新锻造。

雷军对于未来的移动办公有着很多畅想。他认为，4G时代的人们或许不再仅仅局限于Office、E-mail等传统工具，可能会通过类似微信、米聊等社交产品来办公，如何面对这种社交化的办公趋势，会是金山WPS的一个挑战。但是针对未来的这些挑战，WPS已经开始在做相关调整，打算逐步加入协同、分享等功能。但是金山软件不会再把PC上的体验移植到手机上，这是一个完全不同的、全新的体验。

在云服务方面，金山也遇到了免费模式的问题，云的竞争对手现在也都免费。但是雷军似乎对此没有太大的担心，因为在他看来，最艰难的战役已经过去了。大家已经从两年前对互联网模式的怀疑、犹豫，完全变成拥抱互联网。更多的人是学怎么做，而不是思考要不要做，能不能做成。但是，通过大刀阔斧地实施内部改革，精心布局移动互联网，金山公司实现了成功转型。

2013年年底，WPS的月活跃用户数在PC端达到6000多万，移动端3000多万。并且，通过流量、模版下载、广告等互联网的方式，WPS已经创造了可观的收入。这一不俗的业绩对金山软件公司来说是非常令人鼓舞的一件事。尤其是在"云服务"方面，金山从一年前只有一个快盘，到目前的云存储、虚拟主页、数据库等，逐渐完善着整个云的架构。小米的后端支持，都是金山云提供的。

金山在KIS（互联网安全）方面更是硕果累累——仅在一年之内，猎豹清理大师的月活跃用户数就冲破了一亿，并在整个谷歌下载量中名列第四。

此外，金山软件全年来自网络游戏的收入同比增长14%。金山软件正在研发的移动游戏超过10款，其中部分将于2015年上市。

对此，雷军总结道："经历了转型的金山现在的发展后劲很强劲，除了收入、利润之外，大家更看好的是，我们未来在移动互联网上的进步和布局。金山向移动互联网的进军一路通畅，已经拿下了一座不小的城池。"如果说是求伯君把WPS带入程序员的时代，那么雷军则把金山带入了全新的商业时代。

10亿美元托起金山云

云存储市场近年来成为竞争热点，包括亚马逊、微软、阿里巴巴、金山等国内外互联网企业均有所布局。

2014年8月份，雷军提出"All in"云服务战略，即未来3～5年时间，投资10亿美元，豪拼云服务，这步棋显然更多是为小米发展铺路，未来几年内，基于小米平台的数据将会出现激增。

通过小米的运营，雷军认为数据爆炸时代来临了，这是一个新的台风口。2014年12月3日，小米总参大楼B1会议室里，站在主席台上的雷军没有穿着标志性的小米工作服，而是身穿印有金山云图案的外套。雷军向记者介绍说，金山云将是金山今后几年的战略重点，在未来3~5年间向云业务投入10亿美元。而雷军和张宏江相信，10亿美元投入云计算，绝不是一次单纯的"豪赌"，金山云有一定胜算。

雷军表示，金山云将在巩固原有市场优势基础上重点发力三大领域：第一，为创新型智能硬件公司提供云服务，借助手环、智能电视、

057

2014年12月，雷军召开媒体沟通会，宣布投资10亿美元打造金山云

智能摄像头等入口布局移动互联网+；第二，为客户提供更大规模的存储、图片和视频服务；第三，在"互联网+"浪潮下，利用云计算优势，帮助传统行业和企业拥抱互联网，实现业务转型。

2014年12月2日，金山、小米投入2.22亿美元入股世纪互联，其中金山软件投资1.72亿美元，持有世纪互联11.6%的股份；小米投资5000万美元，持有世纪互联股份的3.4%。三者随后宣布携手共建金山云，预期投入将在10亿美元。

这一笔投资被看作是"雷军系"的金山和小米为云计算业务打基础。雷军表示："我们必须要全面进攻，不要防守，今天的互联网行业是守不住的，只能往前冲。要想不被巨头挤掉，就是比狠，敢烧钱才能活下去，不敢烧钱就不要去做，云服务比视频服务更惨烈，如果没有10亿美元的准备和决心，是活不了的。"

雷军曾经说过，金山云是小米云服务的一个合作伙伴，但并不是唯一一个。未来，云服务不仅要成为小米存储方面的后盾，更重要的是为小米打造智能家居生态圈提供足够存储支撑，所有家庭设备都会联网，这些数据并不是存在终端，而是在云端，这也是小米斥巨资布局云服务的根本原因，雷军曾经把云的重要性比喻为"小米的命根子"。

在雷军44岁的生日这天，金山软件同事送给他一个很特别的生日蛋糕：小米手机外形，里面"装"着的应用软件正是金山的"3+1"业务——金山游戏、金山安全、金山办公和金山云。

目前，金山云已与国内多数游戏厂商达成合作，成为近期多款"爆款"游戏的云服务提供商。同时，依托小米用户量增长，其云存储业务亦增长迅速，日均上传数量超过258TB。此外，金山云通过其母公司与金蝶软件、中国电信等签署战略协议，拓展企业级用户市场。

2015年2月10日，金山云与中国电信集团举办战略签约仪式，宣布将整合各自的优势资源，在深度和规模上共同深耕云计算市场，打造共赢的云服务产业链和生态系统。

2015年3月31日，金山软件发布公告宣布，金山云已经完成新一轮6666万美元融资。此轮融资包含两个部分，分别是与金山软件和IDG签署

B轮融资协议以及金山软件和小米公司行使A系列优先股认股权证。交易完成后，金山软件、小米公司和IDG将分别持有约52.3%、24.5%和3.98%的金山云股份权益。

　　未来，金山软件将加大对金山云的投入，而投资将确保其继续扩大手机游戏平台的市场份额，并向其他非游戏行业扩展。

送猎豹"出海"

　　2014年5月8日，猎豹移动正式在纽交所挂牌上市，按照14.10美元的收盘价计算，猎豹移动目前市值约为19.5亿美元。

　　猎豹移动董事长雷军、CEO傅盛及其他公司高管一同敲响纽交所开市钟。开市后猎豹股价迅速突破了16美元，众人在庆祝股价走高的同时，也纷纷拿出相机记录这激动人心的时刻。一个有趣的对比是，雷军照相使用的是索尼A7微单和白色小米，而傅盛则紧跟潮流地用上了Google Glass。

2014年5月8日，猎豹移动在纽交所挂牌上市

　　猎豹移动成功上市，可以说，历经磨难的金山毒霸终于找到了自己突围的缝隙，并成功成长为移动互联网时代的一股新生势力，雷军也成为继金山软件、欢聚时代之后，第三家上市公司的董事长。

　　猎豹移动的前身为金山网络，主营产品包括信息安全软件、网页浏览器以及各类移动应用。2010年11月，金山安全和可牛合并成为金山网络，2014年3月底更名为"猎豹移动"。

　　"金山网络"为何要更名为"猎豹移动"？雷军解释说："我们公司以前叫'金山网络'，金山是非常著名的品牌，我们有深刻的感情，但金山旗下子公司很多，大家经常搞不清楚区别。因为我们是进军全球市场的公司，我们希望有更清晰的品牌定位。经过反复讨论，我们觉得猎豹有快速、热情、奔放的特性，它是陆地上移动最快的动物，加上我们猎豹浏览器获得了比较好的反响，所以我们打算在'猎豹'这个新的品牌下重新构建我们的产品体系。"

　　其实，猎豹移动上市暗藏深意。因为猎豹移动是金山向互联网公司转型的重要一步，也将在一定程度上抑制360等同类企业的进一步壮大。除了这些以外，或许还有着雷军不甘于金山只做巨头的工具、要让它和小米合力成为BAT之后中国互联网第一梯队新成员的野心。

　　猎豹移动主要以安全和优化为特色的产品为主，包括清理大师、电池医生、金山毒霸、猎豹浏览器这些。看上去并不怎么起眼，但猎豹移动CEO傅盛是360董事长周鸿祎的旧部，金山网络2010年从母公司分离出来时是"一穷二白"。

　　正是傅盛带有的强烈的周鸿祎色彩，才让猎豹与360思路相近，也从一定程度上抑制了后者的进一步壮大。

　　猎豹移动上市的不少底气还来自于猎豹浏览器。这个在春运时提供"抢票软件"的产品，一直努力抓住用户的功能需求点做推广。据了解，其早已与淘宝形成了深度合作，也在百度的流量供应商中名列前茅，更重要的是，猎豹浏览器由此可以与多种互联网和移动互联网业务进行嫁接，不光是电商，还有网游、视频等等，发展空间十分之大，这将让猎豹移动更加融入互联网的生态环境。

　　收购图片应用，这可能源于傅盛当初在可牛时的爱好。他曾经说过："既然对大公司中心地带的攻击很难取胜，那么小公司就更容易崛起在那些看上去技术粗糙、回报不明朗、用户还很少的边缘地带。如果有一天，边缘地带开始变成中心地带的时候，小公司就实现了对大公司的颠覆。"

　　2015年3月16日，猎豹移动宣布100%全资收购全球移动营销公司MobPartner，对价为5800万美元。

　　眼下小米正做得风生水起，"雷军系"的公司又个个不敢让对手小视，这些都会直接影响着金山各个业务的整体走向，未来小米和金山虽然一个"硬"，一个"软"，但都有着强烈的互联网色彩，金山的游戏、安全、浏览器、云存储、图片应用等业务都会为小米生态链添砖加瓦，因此会形成协同效应，正如之前有人分析说，未来小米和金山可能形成一个拥有互联网终端及应用的、有竞争实力的经济实体。

　　雷军的高明之处在于，寻找突破点而不是一定要正面竞争，然后把产品做到极致不可替代，抢占一个短期内很难被超越的制高点，再带动其他产品矩阵，形成合力。所以说，此次猎豹移动的上市，只是雷军互联网大计中的一个组成部分。

061

第四章

最初的梦想，最后的创业

我有过几次创业的经历，所以我创办小米公司的时候，很多同事们都担心我干一段时间又干别的事情去了，因此我跟他们保证说小米是自己的最后一家公司……

——雷军

组建强大的"梦之队"

　　创办一家一流公司，几乎成为雷军的心结。为了实现自己的这一梦想，2010年4月，做了两年半投资人的雷军终于按捺不住"企业家的心"，悄然成立了小米科技公司，追寻移动互联网和智能手机的发展机遇。但是，要实现这一梦想，首先就是寻找一个做移动互联网的强势团队。

　　通过天使投资，雷军建成了一张很好的人脉网，为小米的成立奠定了基础：在创办小米之前，雷军花了半年的时间来找人，一旦遇上合适的人，他就穷追不舍，直到把人说服为止。

　　创业者不打无准备之战。在2008年和2009年的两年时间内，雷军一直在耐心地筹备。在出任UCWeb董事长期间，雷军对移动互联网有了更深入的了解，并认识了创办小米的重要合作伙伴：时任谷歌中国工程研究院副院长的林斌。

　　后来，雷军在盘古大观酒店咖啡厅会见林斌。他们俩相对而坐，像比赛般地从自己的包里掏出自己的手机，排在桌子上，林斌排出七部，雷军却掏出十部。

林斌回忆："我关注手机很自然。当时我们做的谷歌地图支持诺基亚的所有机型，支持Android手机，支持Windows Mobile手机，当然，也支持iPhone。谷歌办公室有三个大柜子，里头有500多款手机，我经常可以拿到还没上市的新鲜样机。不过，我发现，雷军比我还狂热。"

当时，谷歌开始跟UCWeb公司合作，帮它做移动搜索业务。林斌称："一开始，我们谈的都是谷歌和UCWeb的商业性合作……后来，我们经常约出去，往往从晚上八点聊到凌晨两三点，聊的都是对移动互联网产业和手机产品的看法。"

"移动互联网讲究的是软硬一体化的体验，我观察移动互联网有5年的时间，琢磨完了，开始研究终端，国内所有的厂商都考察过，结果发现所有的终端都不够好。"雷军这样说，所以他准备做手机。

2009年10月，雷军正式邀请林斌合伙创业。对于一名外企高级职业经理人来说，原来的生活优渥，而现在创业的机会成本很高。当时林斌回去跟他夫人说，雷军找他一起创业。他夫人问林斌："雷军钱也有，名也有，为什么要做创业这么苦的事情？这兄弟图什么？"再次见到雷军，林斌问他："你有没有雄厚资金支持？"雷军说："拿不到钱我自己出，我就有这么多。"林斌打消疑虑，决定加盟。

2009年11月的一个晚上，雷军和晨兴资本合伙人刘芹通了近12个小时的电话，从晚上9点到第二天早上9点，其间，雷军换了三块手机电池。这个电话之后，他们做了投资的决定。

刘芹说，他和雷军很熟悉，一直觉得雷军会自己做一摊大事。整个过程，刘芹只问了一个问题："你已经功成名就了，还需要跳下来拼一把吗？"雷军回答："我对创业仍有敬畏之心，不会因为我叫雷军，就不会死。"最后刘芹被雷军的这份"敬畏之心"打动了，同意投资。

第二天，雷军带着林斌、黄江吉去上海见刘芹。见面后，刘芹给他们每人倒了一杯菊花茶，便简单提了两个问题。第一个问题是："你们三个人，一个来自微软，一个来自谷歌，一个来自金山，整个土洋结合，怎么合作？"第二个问题是："你们怎么看待创业？"一个半小时之后，刘芹就敲定了投资，整个过程并没有聊小米具体要做什么。

　　2010年年底，小米完成首轮融资，金额4100万美元，投资方为晨兴创投、启明和IDG，小米公司的估值为2.5亿美元。

　　小米公司另一家早期投资者是启明创投。启明创投的合伙人童士豪回忆说，当时雷军跟他讲解小米的发展规划时有一种以往少有的激情，但他也承认，"启明之所以决定投资小米，还在于我们与雷军在凡客这个案子上有过愉快的合作经历"。他认为雷军自己创业应该比较靠谱。

　　除了从谷歌请来林斌，小米还需要一个出色的创业团队。雷军开始四处寻觅和游说人才，"失败了没关系，被拒绝了再找"，"有一个百亿美元的梦想，才能有决心说服出色的人才，才能有机会成功"，最终他从谷歌、微软、摩托罗拉等世界著名公司里拉来了一流的技术人才，完成了由7位创业者组建的创业团队。

　　小米的这个由7人组成的创始人团队堪称豪华，除雷军外，林斌是谷歌研究院的副院长，洪锋是谷歌高级工程师，黄江吉是微软工程院首席工程师，黎万强是金山软件人机交互设计总监、金山词霸总经理，周光平是摩托罗拉北京研发中心总工程师，而刘德是一位自世界上顶级设计院校ArtCenter毕业的工业设计师。

　　他们个个都是业界的精英，黎万强擅长用户界面和人机交互，黄江吉擅长软件工程，周光平擅长硬件设计，刘德擅长工业设计，林斌擅长

小米科技7名联合创始人团队

于管理运营，洪锋擅长产品创意设计。这是小米团队最初的管理层，可以说雷军搭建了一个融合谷歌、微软、摩托罗拉和金山的专业团队。

雷军认为在小米的创始人之中，最难请的是洪锋，因为他是曾参与过谷歌3D街景的高级产品经理。见面时，洪锋问雷军："你要做手机，那你有运营商关系吗？"雷军老老实实地回答说没有。洪锋又问："那你认识郭台铭吗？"雷军略作调侃地回答："我认识他，他不认识我。"而洪峰从始至终都没什么表情，弄得雷军都不知道有没有说服他。

小米这个神秘的创始人团队——在公司成立一年之后的2011年7月12日正式亮相，同时宣布进军手机市场。

最初，小米公司的员工平均年龄30岁，其中有一半人来自谷歌、微软和金山。雷军说："小米是全中国进入门槛最高的公司。"

初始阶段，小米公司位于卷石天地大厦的办公室，密密匝匝挤满了人，搬到望京后不久，公司又紧急在798租下新的办公室。雷军感叹，那一两个月增加了50个人，扩张太快了。小米公司最初56个员工，总共投资1100万美元，绝对算是财大气粗。

小米公司悄然成立

2010年4月6日，雷军和他的6名联合创始人团队聚焦在北京海淀区中关村保福寺桥边的银谷大厦807室，宣布北京小米科技有限责任公司正式成立。雷军担任小米公司的创始人、董事长兼CEO。

公司注册成立当日，黎万强的父亲一大早起来给他们熬了一锅小米粥，十点送到办公室。他们没有举行公司成立庆典仪式，大家一起喝了碗小米粥，然后他们就开始了艰难的创业之旅。这恐怕是中国互联网行业最简朴的公司成立仪式了。

小米公司为何没有举行成立庆典仪式？雷军说："我投资了20多家公司，天天指导别人创业，自己创业要是失败了会很没面子。"因此，

小米科技公司成立当日，雷军和大家一起喝了碗小米粥，就开始创业

他心理压力很大，只能低调一点，先对外保密，偷偷摸摸干，干得差不多了再说这个公司是他干的。所以，小米在刚成立的一年半里，是极其低调，不做任何广告，也没有任何公关活动，甚至没有人知道小米要做什么。

创办小米公司时，雷军已经步入不惑之年，在互联网领域，堪称老兵。雷军当时想：柳传志是40岁创业的，任正非是43岁。创业如跳悬崖，自己今年40岁，还可以为18岁的梦想再赌一回。既然抱着必输的信念来创业，那就做一个完完全全创新的东西。他还对创业团队表示："小米是自己的最后一家公司，认认真真地把小米做好。"

小米公司早期的员工中有一个女研究生，"她把自家的股票全卖了，给同事群发了一封邮件，说把嫁妆钱都拿出来了，从此就嫁给小米了。"雷军说。

公司为什么叫小米？起名时，有人提议叫"大米"，刘芹说："现在用户不喜欢高大全，就叫'小米'吧！"

雷军后来阐释小米名字的由来，小米拼音是mi，Mobile Internet，小米要做移动互联网公司；其次是Mission impossible，小米要完成不能完成的任务。当然，雷军希望用"小米加步枪"开始新一轮的创业并来征服世界。

另外，小米全新的LOGO倒过来是一个心字，少一个点，意味着让用户省一点心。小米的名字最早很奇葩，比如红星、千奇、安童、玄德、灵犀等。比如灵犀，想取"心有灵犀"的意头，有人甚至在纸上画过犀牛吉祥物的草图。差一点被定名字为"红星"，因为它有很好的识别度，但不好注册。最后选了"小米"，就是因为易记易传播。

雷军说："我在创办小米之前借鉴了三个公司的做法：第一个是学习同仁堂，就是在中国怎么做一个百年企业。同仁堂340年前创办的，始终如一地强调品质。所以我认为，中国的产品将来要想走向世界，一定要做好品质。过去的三十年，中国的产品给世界的感觉就是便宜、很差。我觉得小米的崛起，是高品质但很便宜，就跟日本和韩国的崛起是一样的。我们一定得坚守做高品质的产品。"

"第二个，参考了海底捞。海底捞对我们最大的启发，就是海底捞的口碑非常好。在中国的餐馆里，他们从来不做任何广告，他们最最重要的模式就是让每一个客人都超出预期地高兴，就觉得这个东西好，超预期。"

"第三个，我们参考了Wal-Mart（沃尔玛），就是高效率的运作。因为低价是容易的，我觉得高品质低价不容易。难点在什么地方？你的成本比别人高很多，你还要做得很便宜，在于你的整个运作效率。这个我在创办之前参考了Wal-Mart，后来我发现Costco比Wal-Mart更狠，做得更好，所以Wal-Mart跟Costco都是高效率运作的经典案例。不过我觉得小米的运作效率也非常高，所以只有高效率才有机会把产品卖便宜，否则你就是巨额亏损，亏损股东就不happy，员工也不happy。"

2010年6月1日，小米科技启动了第一个真正战略意义上的项目：MIUI操作系统。这是一个基于Andriod的主程序操作系统。和传统研发不同，MIUI被雷军要求是个"活的系统"，它的开发和发布走互联网路线，与第三方民间团队合作，每周快速更新版本，积累大量的论坛粉

069

丝。2010年8月16日，MIUI在开发两个月之后迅速发布。

黎万强负责MIUI的产品界面和人机交互设计。他说："我第一次感受到互联网开发模式的魔力。以前在金山都是封闭开发，关起门来追求高精尖，动不动一两年。我们以为做到最好了，可是发布之后用户未必喜欢，而且两年里市场可能发生很多变化，要改也来不及，就这么错过了市场机会。这一次，我们从各个论坛里筛选出100个用户，产品上线的第二天早上就得到用户反馈。你看到很多真实的身份，有的是水果店店长，有的是香港内衣设计师，哇，你第一次这么近距离地接触用户。你会发现，如果你善待用户，他带给你的好处是超出想象的，他对你的宽容度也是超出想象的。"

截至2011年7月底，MIUI拥有大约50万论坛粉丝，其中活跃用户超过30万，总共有24个国家的粉丝自发地把NIUI升级为当地语言版本，自主刷机量达到100万。

MIUI的使命无非是两个：一个是做一个自主的OS（操作系统），一个是积累粉丝，塑造口碑和品牌形象，为后面推手机硬件做铺垫。

MIUI的初步成功增强了小米团队的信心。这时候，雷军和林斌开始着手寻找硬件团队。一开始，雷军本着"敬畏之心"，希望控制团队规模，做精品公司，拉一个"手机应用—操作系统—手机硬件"的长战线。按照原计划，至少一年之后再开始准备做手机。不过，MIUI给了雷军新的启发。那句话是从周星驰的《功夫》里来的：天下武功，唯快不破。当雷军决定把这款即将上市的手机命名为"小米"时，他注定成为舆论的焦点。

其实，雷军下定决心创办小米公司时并不容易，有很多问题令他焦虑过。比如说他以前从来没有做过手机，谁相信他可以成功？有谁愿意跟他一起去创业？谁又愿意投钱给他？这些问题，或许是所有互联网公司的创业者们都必须面对、必须反复考虑很多遍的。

是的，雷军创业时的环境与中国互联网启蒙时代不同，这个时期已经有了大批的风投可以出钱，甚至不需要写绚丽的商业计划书，因为雷军自己就是投资人，他个人的从业经历可以给小米的一切梦想做很好的背书。

小米公司新办公搂

其实，对于风险投资家来说，他们投的不是项目，而是人。但是，即便如此，雷军甚至没有勇气去跟张颖说"我打算自己做手机"。就雷军自己猜测，外界可能都低估了他的这个心理压力。由于他本身也是一个投资者，在他看来，再创业的投资者失败概率和第一次创业是一样的。而很多人认为他比别人有更多的经验，往往做不好都是陷阱。

"我创办小米，有那么多的业界的精英加盟，又有人投资，我觉得我比很多创业者幸运，因为我曾经有过几次成功的创业，可能有一点点起步的钱，这是我的优势。我自己也是投资者，我在想，我愿不愿意投资我自己？如果自己都没有勇气，我怎么说服张颖，说服所有潜在的投资者。我们刚创业时，汇聚了业内非常牛的一群人，包括像林斌——当时是谷歌研究院的副院长，我真的很幸运！"雷军感动地说。

小米手机横空出世

2011年8月16日，是雷军离梦想最近的一天：在798艺术中心北京会所的舞台上，身穿黑色T恤和深蓝色牛仔裤的小米科技公司董事长兼CEO

071

雷军发布了小米代号为"米格机"的第一代小米手机。

这是国内首款双核1.5G 手机，4英寸屏幕，通话时间 900分钟，待机时间 450小时，800万像素镜头，也是全球主频最快，它内置基于Android的小米MIUI 系统，号称顶级配置，售价只有1999 元人民币，通过互联网平台售销。

值得一提的是，小米发布的首款智能手机开创了以互联网模式开发手机操作系统的先河，其独有的操作系统MIUI（米柚，是基于Android原生系统和针对中国用户使用习惯开发的Android Rom）每周进行迭代升级，50万粉丝在线上共同参与开发。

这一天，正好是MIUI发布一周年，台下除了供应商和记者之外，都是小米粉丝。雷军穿着凡客的黑色T恤和牛仔裤，搭配乐淘的小鸟布鞋，站在台上，对着台下300 多名听众讲述了小米首款"顶级智能手机"的诞生史。背后幻灯屏幕在醒目的数字和极简主义的图表之间切换，每公布一个技术参数，台下的拥趸们都报以持久的欢呼和掌声。

一些场外的人试图冲进会场，有的与保安起了冲突。更多人席地而坐，仰望露天液晶屏幕观看现场直播，与场内一起欢呼尖叫。另一侧，"小米限量版工程机"的预售队伍，排到了100米开外。

2011年8月16日，雷军在小米手机发布会上演讲

这多少有些像"设计"出来的场景。那一刻,798北京会所变成了旧金山莫斯康尼会议中心,粉丝在向"偶像"和"先知"致敬。这个昔日的中关村程序员一直载着硅谷英雄的梦。

会场内终于有人喊出"雷布斯"的称呼。雷军的演讲停了下来,他的目光在声音的方向停留数秒,旋即移开。

这场新闻发布会,更像是雷军的一场脱口秀,现场之所以有人喊出了"雷布斯"——这感觉和乔布斯在莫斯康尼会议中心的表演有相当神似的地方。因为雷军希望自己能够成为像乔布斯一样的人物。

一直刻意低调的雷军以一种最为高调的方式发布了小米手机,这也是小米迈出的最重要一步。虽然他强调自己依然低调,也没有请电视媒体报道,但小米手机却在网络媒体的报道中引起了轰动。在那个炎热的下午,大部分关注科技新闻的网民都知道了一款叫小米手机的新产品,也知道了雷军的新外号"雷布斯"。

当天,凡客诚品董事长陈年、UCWeb董事长兼首席执行官俞永福、乐淘网CEO毕胜、多玩网总裁李学凌、金山网络CEO傅盛等人,把自己手中的iPhone扔在地上,他们信誓旦旦地说:从今天开始要用小米取代iPhone。

虽然这些IT大佬都曾经接受过雷军的投资,但雷军仍没有预料发布会会有如此场景。这足以显示雷军在互联网业内的影响力。

当舆论不自觉地将雷军和乔布斯相提并论时,他对记者说:"乔布斯是不可超越的。"但是雷军很享受这种向乔布斯致敬式的模仿秀表演。他当年42岁,尽管他早已成为雷军,但他还没有成为他最想成为的那个人。

记者捕捉到这样一个细节,当雷军站在台上,享受米粉欢呼和幻觉的时候,他脑子里其实也很清醒。在雷军发表演讲的时候,中间有那么几秒钟,他身后的PPT屏幕整块黑掉了,他甚至没有回头看一眼。后来他说:"其实汗一下就下来了,但是我想,就算没有PPT,我也要把这个发布做完。"

在这个100页的PPT里,有一个被雷军故意忽略的细节。在讲到小米

073

手机的软件应用的时候，屏幕上出现巨大的两个橘黄字体：米聊。雷军并未多谈，只是一语带过。

米聊，是一款基于移动互联网的跨平台即时通信应用工具，与腾讯QQ相似。在很多人看来，米聊也许才是小米未来的秘密武器。

雷军喜欢下围棋，做规划、画蓝图一向是他的强项。这一次，他玩的是宇宙流布局，大开大合，一往无前。但日本著名围棋棋手小林光一说过，围棋乃命运之技。这话意思是说，棋手思虑再周全，难免百密一疏，最后输掉的那一半可能就在你从未注意过的细节中。

雷军懂得这个道理，所以他说，"小米是我不能输的一件事，也无数次想过怎么输，但要真是输了，我这辈子就踏实了。"所谓踏实，就是认输的意思。现在布局刚刚开始，雷军要下好他的中盘。有人说了，他这手机起码头三个月要卖出50万台，他才有戏呢。

2011年9月5日，小米官网在下午1点开始第一轮预订购，半天时间，13万人预订。按照每台手机1999元的售价，等于半天时间就有2亿多的销售额，这个数字足以HOLD住不少米粉。

56名员工带着1100万美元，A轮融资引入4100万美金风险投资，当年公司估值2.5亿美元——小米就这样火了。

一个有技术、有钱、有人脉，还有理想的创业家，画下了一幅和草根创业者截然不同的图景。

接下来的市场反应验证了这个趋势。在中国，从来没有一款国产手机像小米一样，在短短2个月时间，就成为万众瞩目、引爆舆论的现象级产品。

实施"铁人三项"战略

雷军说："创业就是跳悬崖，我40岁，还可以再次为我18岁梦想再赌一回。既然抱着必输的信念来创业，那就做一个与众不同、完完全全创新的东西。"

2010年4月，小米科技公司成立后，雷军构架出了一个"铁人三项"式的商业模式（硬件+软件+互联网服务），同时涉足硬件、操作系统、互联网应用三方面。

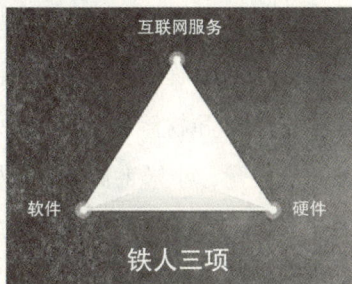

小米"铁人三项"模式图

最初，小米是一家软件企业，推出了深度定制的Android移动系统MIUI。凭借MIUI系统，它培养了一批忠实粉丝。

MIUI是小米科技旗下基于Android操作系统所开发的Android ROM，专为中国人习惯设计，全面改进原生体验，能够带给国内用户更为贴心的Android智能手机体验。从2010年8月16日首个内测版发布至今，MIUI目前已经拥有国内外1亿的发烧友用户，享誉中国、英国、德国、西班牙、意大利、澳大利亚、美国、俄罗斯、荷兰、瑞士、巴西、印度等近20个国家。

随后，小米在移动互联网推出了米聊，以手机通讯簿为起点，手机社交平台初具雏形。

米聊是小米出品的一款支持跨手机操作系统平台，通过手机网络（WiFi、3G、4G、GPRS），可以跟你的米聊联系人进行实时的语音对讲，信息沟通和收发图片。这个模仿国外模式的跨通信运营商的手机端免费即时通讯工具，很快获得了巨大成功。据雷军透露，虽然遭到腾讯微信的强力竞争，2012年8月，米聊同时在线用户数量突破100万，米聊累计用户超过1700万。

当在操作系统、互联网应用都崭露头角之后，雷军的"铁人三项"战略就剩下了最为关键的一步：智能手机硬件。

不过，当苹果iPhone、谷歌Android阵营牢牢把控着市场份额之时，小米手机怎样才能获得自己的生存空间？雷军定下的策略是：面向发烧友打造一款高性价比的优秀手机，在不亏本的前提下尽量不靠硬件挣钱。

2011年8月，以往一直低调的雷军以一种最为高调的方式发布了小米手机，这也是小米迈出的最重要一步。

雷军之前的战略布局也开始发挥作用。小米手机承诺每周更新操作系统MIUI；米聊成为小米手机的主打通讯产品；而雷军投资的凡客诚品承担了销售和物流的重任。一年来培养的MIUI用户如今成为小米手机的铁杆粉丝，小米手机的工程机很快被抢购一空，网络预订量两天就突破了50万部。即便是正式发售之后，小米手机仍然面临着一机难求的局面，甚至被外界指责为"饥饿营销"。

在MIUI系统以及小米手机获得成功后，雷军终于把触角伸向了备受业界期待的智能电视领域。按照既定的逻辑，互联网企业要想纵深切入硬件领域，要么选择和已经领先市场的硬件厂商合作推定制机，要么自己独立做，但是得先从周边配件做起。显然，小米选择了后者，做自己的机顶盒。

在国内竞争激烈的硬件市场，只要能够提供产品好而价格又便宜的产品，就能获得成功，历来都是如此。小米盒子以高配低价的姿态推出，并且很快迫使整个市场的盒子价格降低。

在中国IT领域有个很奇怪的现象，那就是大部分的IT厂商推出新品后难以被消费者和市场所熟知，而小米往往一个仅仅处于"据传"的产品，就能轻易占据各大媒体的要闻板块，并且被消费群体热议，这样的现象即使放眼美国也只有苹果公司有这样的殊荣。就像一个小小的小米盒子一样，还没上市就引起大家广泛的关注。这为小米节省了很多广告费。

2012年11月14日，在雷军宣布发布小米盒子之际，第三方数据机构艾瑞也发布了一个数据，数据显示中国网络视频用户达到了4.9亿，已经超过搜索引擎成为国人的第一大网络应用。无独有偶，据国外的调查机构发布的报告也显示，全球互联网电视产业将在近几年快速发展，其中中国作为最大的电视机存量市场，互联网电视用户数发展速度将全球领先，有望在2016年突破一亿。如此庞大的市场容量，再加上"三网融合"政策的进一步推荐，与此同时市场由青涩到成熟的速度超乎人的想象，这一切利好的消息鼓舞着小米，也鼓舞着其他进入该领域的先辈们。

至此，小米完成了"铁人三项"布局，结合操作系统、手机终端，将智能手机的软件和硬件合为一体。小米手机是终端，MIUI作为小米手机的操作系统，米聊是小米手机最具人气的应用，迷人浏览器、小米分享等一系列小米产品都集成进小米手机之中。这三大业务一方面相互独立，MIUI、米聊、智能电视并不依赖小米手机生存，而是面向全平台提供服务，另一方面这三大业务又分别在用户端入口、信息分发平台、服务内容上精准落子，形成了一个完整的智能手机产业链。

对小米而言，硬件终端是其软件、互联网服务的载体。以小米3手机为例：硬件上，这款4核、5寸屏的手机在推出时采用高端配置，外观设计简洁大方，性能在国产手机中处于前列；软件上，小米手机的操作系统是基于安卓开发的MIUI，这个操作系统开发完善，有很多贴心的设计，而且还在不断吸收用户的意见，每周更新；服务上，小米用户可以获得WiFi快速登录、小米云服务等一系列互联网服务，用户在小米论坛、微博上面发帖提问或者表达不满，一般能在一小时内得到回复。

小米"铁人三项"已经产生了互补效应。小米的"铁人三项"中，软件是小米的最强项，其MIUI系统是目前国内业界公认最好的应用层操作系统；硬件是重要的得分项，高配低价的策略为小米聚集了大量粉丝，是小米抢占互联网入口的重要工具，也是小米现金流的重要来源；小米的成功很大程度上得益于"铁人三项"模式的互补效应：用户被小米的软件、硬件吸引，因此也包容了小米互联网服务中等的表现。

具体而言，小米的"铁人三项"战略有如下几个要点：

追求互联网入口价值。小米定位于移动互联网公司，意味着小米最终的目标是成为移动互联网流量的入口。当下实现利润并不是小米最主要的目标。只要小米掌握用户群体，未来就可以借此产生利润。因此，小米硬件产品的定价始终低于同类产品，软件、互联网服务都免费提供。这与众多互联网企业的免费模式异曲同工。

用户参与。雷军经常在微博上征集网友意见，小米产品也像游戏一样推出公测版，小米论坛上用户的帖子会得到快速回复。小米尊重用户意见，也借此改进了自己的产品，增强了竞争力。国内很多公司都强调希望用户参与，然而小米是在这方面做得最好的。在这背后，小米投入了大量的人力和资金，来响应用户意见、组织用户互动、免费赠送产品等。

互联网营销。小米不走传统的3C卖场、专卖店渠道，只走线上渠道和运营商渠道，且广告投入极低。当然，这是以小米成熟的互联网营销手法为支撑的。

少就是多。与传统的硬件公司相比，小米的产品型号很少，这使得小米能够集中力量开发和完善单品，最终赢得更多的用户。

广交朋友。小米与众多原材料供应商、代工商、配件生产商、应用开发商、素材开发商进行业务合作，还对一些产业链相关企业进行投资。雷军表示，将在未来5年内投资100家类似于小米的公司。

在雷军看来，小米追求的是三者从战略层到业务层的交互效应；而一个拿着小米产品的用户，体验的也是三者的综合效应。小米公司正是顺应了手机行业手机电脑化、行业互联网化、高速研发与口碑传播和用户体验一体化的三种发展趋势，才快速发展壮大起来的。

目前，手机已经成为人们唯一不可或缺随身携带的电子设备，未来所有的信息服务和电子商务服务都要通过这个设备传递到用户手上，谁能成为这一入口的统治者谁就是新一代的王者。而王者必须集硬件、系统软件、云服务三位于一体，雷军反复说的"铁人三项"指的就是这个。而小米正是朝着这个方向发展，这就不难想象为何出道只有4年的小米可以引起业界如此关注，并取得这样成绩的原因了。

精准的品牌定位

短短5年时间，从一家名不见经传的初创公司，发展成为年销售额达700多亿元的知名大公司，小米的成功也被称为传奇。小米奇迹的背后就是小米精准的品牌定位。

好的产品，定位是关键。中国人口众多，手机的使用群体数量大，手机的品牌众多，如何在这样的一个竞争激烈的领域脱颖而出？雷军的做法就是"细分市场，找准消费人群"。

雷军说："小米的创新第一个是没工厂，第二个是品牌定位。"小米手机在细分市场方面做得非常精准，通过对市场的调研，把品牌定位在两类消费群体：年轻人、发烧友。

雷军认为，小米把品牌定位主要是面向"80后""90后"这群年轻人，是因为这个年龄段的人群正处于事业的发展期，易于接受新事物，具有时尚和超前性的消费观，愿意接受新事物，喜欢尝试，这个群体数量庞大，是消费电子的主力。而小米作为一个创业公司，做年轻人喜欢的产品也能够给公司带来充满活力的企业印象。从小米的很多宣传上就能够窥见小米的产品定位。

另一类是找到对手机作为工具使用偏爱的群体，那就是手机的发烧友。之所以选择这个群体，是因为他们代表消费的最前沿，对其他消费群体有示范作用，随之带来的是群体的跟风。目标群体的精准定位为小米找到了市场上的空白点。

小米手机青春版宣传画

雷军表天，在"发烧友"这样的产品定位下，需要一种"为发烧而生"的极客精神，从最早的小米手机到现在的小米路由器，这些产品都提倡"简单、极致、快，为发烧而生"的极客精神。

小米手机从一开始就是宣传着"为发烧而生""发烧友的手机"这样的口号，达到了话不离嘴的程度。雷军一直是以苹果和乔布斯为标杆，也常在公开场合谈及：小米最开始拿出手机的时候，有过类似"2000元得到iPhone的体验"的宣传。

小米的每代手机在硬件上都会做到接近当时顶尖的配置，并且售价在1000~2000元，性价比颇高。但是配合一机难求的情况和发烧友定位的宣传，一台小米拿在手里并没有过多的因价格和性价比而产生的廉价感，甚至用小米在一些人群中是时尚。

在小米成立初期，雷军有意模仿苹果的战略，通过打造"软件+硬件+互联网服务"的模式，促使小米快速发展。很多人对MIUI的定位是"披着iOS外衣的Android系统"。小米发布会上的PPT风格，雷军的穿着、手势、演讲，都被认为是模仿乔布斯。当然，雷军在接受媒体采访时，也从不掩饰自己对乔布斯的敬仰。学习苹果，可以使大家对苹果的品牌定位也移植到小米身上。通过这种模仿成功企业的"跟随战略"，可以快速在消费者心智中打上某个成功品牌的烙印。在企业初期，这种方法无疑降低了小米的营销成本与经营风险。

例如，小米1定位为"发烧友手机"。发烧友手机预示着手机的主要特点在性能方面：高性能、高配置、高可适配性。通过发烧友手机的定位，迅速拉近和发烧友粉丝的距离，做出了小米手机的爆款。

作为当时的"最高配置"的小米2，价格依然是亲民的1999元的中档价位。高端的配置，只是"外在"硬件的一个表现，更好用的MIUI系统便是小米的"内在修为"，小米做到了内外兼修。

红米手机定位在"千元机"。通过定位品类，切入千万机这个手机新品类。而红米手机是目前小米手机中出货量最大的机型。

从小米3开始，小米完全摒弃了黑白熊猫的"没有设计的设计"，提供了多彩的配色。小米的周边产品电视及路由器在宣传上更是凸显针对年轻人的定位。

小米电视定位为"年轻人的第一台电视机"。小米将小米电视定位在刚刚结婚、置办家电的年轻人,这也和小米整体的年轻化的用户群定位相符。

人们对于年轻的追求在任何年龄都是不会停止的,作为主要人群的年轻人会首先被这句话击中,对不再年轻而在追求年轻的人也会产生效果,这也与罗永浩用过的一句宣传语"有思想的年轻人在哪里都不太合群……直到他们来到老罗英语培训"颇有异曲同工之妙。而小米路由器在宣传上更是直接称其为玩具,使用前要自己动手组装路由器,更显活泼的感觉。

小米4定位在"一块钢板的艺术之旅",这时的小米已经经过发展初期,开始关注工业设计、外观等要素。也表明产品的定位不是一成不变的,是会根据公司战略调整演进的。

从"为发烧而生"到"让用户尖叫",以至于后来的红米、小米4、小米机顶盒、小米电视等一个个新品,经常出现供不应求的局面。

081

"为发烧而生",不仅体现在产品上。米粉文化,类似车友会的性质,因小米手机结缘。小米的用户不是用手机,而是玩手机。线上的"爆米花奖"、米粉节,线下的同城会等将米粉紧密地联系在一起,可称为"米粉经济学"。

我是谁?这个是做品牌要解决的第一个问题,关乎定位。我和谁在一起?这个是做品牌要解决的第二个问题,关乎传播。

经典定位理论是指开创一个新品类,如何在潜在用户的心智中与众不同。小米品牌的胜利,首先是新品类的胜利。小米做手机,开创了一个全新的品类:互联网手机。小米做电视,也是开创了一个新品类:年轻人的第一台电视。

黎万强在小米口碑营销内部手册《参与感》中讲:以前是劈开脑海,现在是潜入大脑。劈开脑海的典型做法是试图洗脑式教育用户,长期狠砸广告;潜入脑海则是口碑推荐,让用户参与进来。这便是特劳特定位理论中讲到的:现在的商业竞争,是抢占顾客的心智资源,寻求差异化的品牌定位，来避开同质化的竞争，在广阔蓝海里收获丰厚的利润。

品牌想要获得成功，须带着精准的"定位"出场，小米的成功也验证了这一点。

保持归零的心态

自2011年8月16日小米第一款手机发布以来，小米手机能否成功就成为业界一大热点话题。小米手机的关键词一度成为百度十大热门关键词。然而业界绝大部分人士并不看好小米，特别是手机界专业人士，而形成反差的是，在市场上小米手机的预订却是异常火爆。

小米手机面市四年来，在一片质疑和赞誉中，从零起步，手机销量从2011年的100万台飙升到2014年的6112万台，销售额达到743亿元，成为全球第五大手机生产商，国内市场占有率名列第一。

2014年年底，小米宣布完成新一轮总额达11亿美元的融资，小米公司估值高达450亿美元，成为全球商业史上成长最快、价值最高的未上市科技公司。

更重要的是，在几乎被巨头垄断的智能机市场，小米获得了新的话语权。2015年3月，微软全球硬件工程创新峰会上，微软全球副总裁特里·梅尔森说："感谢小米给Win10机会，搭载Win10的小米4手机将于2015年7月26日发布。"这被认为是昔日科技巨头与新秀小米的对话，可姿态却已发生转变。

实际上，以小米为代表的中国品牌，踏浪移动互联大潮，重新塑造了产业话语权，往往更具国际视野。

小米创立之初就带有十足"国际范"。创始人林斌曾任职微软、谷歌，周光平有着摩托罗拉研发背景，洪锋曾在美国谷歌任职，黄江吉任职微软……

谷歌安卓系统代表人物雨果·巴拉加入小米，新浪网总编辑陈彤携手小米，这些更是给小米国际化步伐以充足动力。目前，小米手机已经强势进入中国香港、中国台湾、新加坡、马来西亚、印度尼西亚、印度、巴西、俄罗斯等10多个国家和地区。

有人说，小米手机算不上严格意义上的手机公司，但也不算严格意义上的互联网企业。但是雷军却成功地运用了互联网把手机做成了传奇。

有人说，小米的胜利首先是一个品类的胜利，就是开创一个新的品类——互联网手机。虽然好多人在追随，可能好多人其实并没有理解这个品类的真正意义。

雷军认为："小米用互联网的方式做手机、卖手机、推广产品，也用互联网的方式做售后服务，可以说每一个环节都互联网化了。"别人说小米是手机企业，雷军认为小米的本质是互联网企业，所有环节都互联网化。

比如，小米从最初的研发环节就放在互联网上，敞开门请用户一起参与研发。每周更新四五十个，甚至上百个功能，其中有三分之一是由"米粉"提供的。虽然每周要花费两天规划、两天写代码、两天做测试，难度系数很高，但他坚信这是一场"软件工程的革命"。雷军认为，创新并不一定都是山呼海啸式的创新，有很多创新虽然很小，但却有着极其强大的意义。在雷军手机通讯录里，有1000多名小米粉丝的电话。在他们的参与下，200余项符合国人使用习惯的创新在系统上陆续诞生，上百种主题风格的解锁方式、HOME键开启手电筒功能、群发短信前自动添加名称、在用户不接电话前提下友好提醒来电方的开车模式……

再比如，小米也用电商模式做销售，但小米绝不像其他电商那样烧钱，而是采用互联网的社交媒体进行口碑营销。"粉丝经济"的创新改变了电商狂砸广告的固有模式。小米科技走的是网民最能接受的电子商务路线，不同的是，营销渠道移到了微博、社区论坛、微信、QQ空间上，不仅省下了大量广告费，还赚足了关注的目光。

小米成功了，但雷军却保持着归零的心态，忘掉了过去的成绩，重新出发。

雷军2015年元旦写给职工的公开信中说：

过去的一年里，我们取得了足以让我们骄傲的成绩：2014年销售手机6112万台，较2013年增长227%；含税销售额743亿元，较2013年增长135%。在智能手机行业里，我们已经成功登顶中国市场份额第一。

正因为每一位同事的全情投入，小米才获得了这样辉煌的业绩，也得到了资本市场的广泛认同。我们刚刚完成了新一轮融资，450亿美元的估值，已经让小米成为目前全球价值最高的未上市科技公司。

2014年，势必成为小米发展历史上的一个重要里程碑：我们从行业的追赶者，变成了被全行业追赶的对象。甚至在年末，我们还遭遇了国际巨头的专利诉讼，迎来了小米的成人礼。

目前，同行们对小米模式的研究、学习、模仿已达到"像素级"。2015年，智能设备领域将进入竞争最激烈的一年，尤其在国内智能手机行业增长收窄时，同业角逐更是到了比拼持久力和整体生态系统能力的大淘汰阶段。

所以，从2015年开始，我们决心以归零的心态，重新出发，继续怀抱血战到底的决心，迎接属于每一个小米人的美好未来！

南隐是日本的一位禅师。一天，一位当地的名人特地来向他问禅，名人喋喋不休，南隐则默默无语，只是以茶相待。他将茶水注入这位来宾的杯子，满了也不停下来，而是继续往里面倒。眼睁睁看着茶水不停地溢出杯外，名人着急地说："已经满出来了，不要再倒了！"南隐说："你就像这只杯子一样，里面装满了自己的看法和想法。如果你不先把杯子空掉，叫我如何对你说禅呢？"这位名人恍然大悟。

这个具有禅意的故事让众多企业家感触颇深，奉为案头圭臬，视其所阐释的"空杯心态"为个人修身、员工教育与企业发展的精神导向。

"空杯心态"就是"归零心态"。雷军还告诫高管和员工：一个企业的失败，往往是因为他曾经的成功，过去成功的理由是今天失败的原因。任何事物发展的客观规律都是波浪式前进，螺旋式上升，周期性变化。所以我们要有"归零心态"，不能沉迷过去的业绩，要调整自己去适应新的变化。

雷军说，"归零的心态"就是空杯、谦虚的心态，就是重新开始。第一次成功相对比较容易，第二次却不容易了，原因是不能归零。要想做到世界第一，小米人必须要有"归零心态"，就像大海一样把自己放在最低点，才能吸纳百川。虚心使人进步，骄傲使人落后。俗话说：谦虚是人类最大的成就。谦虚让你得到尊重。越饱满的麦穗越弯腰。

雷军的这些话掷地有声，不仅道出了他这个在中国商界已经堪称是"成功满杯"的优秀企业家所具有的"归零心态"，也道出了他所领导的小米公司的"空杯精神"和"空杯理念"。

一个成功的人，一个已经辉煌的企业如果不敢和不能"空杯归零"，都极有可能陷入失败的境地。如果将自己放小，那么世界就会变大。当心中装满了自己，就不会有别人的地方，世界当然就会很小。而将自己放小，所有的人和事都能容下，世界自然就会变大。要做到这一点，就需要"倒空"自我，只有这样，才能实现更好的自我，超越自我。

085

第五章

因为『米粉』，所以小米

小米是个浩瀚的工程……但我从来没有担心过。因为我不是一个人在战斗，我的背后还有百万米粉！

——雷军

"雷布斯"的粉丝经济学

雷军是中国商界"粉丝经济"的开创者，他把"粉丝经济"玩得风生水起。

随着小米的成功，网友们称雷军为"雷布斯"。对雷军身上光环的迷恋，造就了第一批"米粉"，正是这样一批粉丝，成为小米手机的起点。而后，"高性价比"的口碑和宣传让小米手机滚雪球般迅速崛起。

雷军说，做生意最终是要做一个人群的生意。这个生意就是"粉丝经济"。从目前小米的消费群体，以及小米的宣传导向来看，大概"青春、潮流"可以成为其标签。

在短短四年的时间里，小米手机成就了一个神话。2012 年夏天，小米以一场估值达 40 亿美元的融资，创下了当年全年中国企业的融资之最。小米手机2014年出货量为6112万台，销售额达743亿元，这样的成绩在全球创业公司中绝无仅有。

曾有很多人把小米的成功解读为"饥饿营销"的成果；有人则更直接地将其称为变相的"期货模式"，即锁定用户的预付款而推迟发货，然而产品发布之际的超高性价比，随着时间的流逝逐渐成就了产品销售的超高利润。小米不过是用一个相对于现在的低价赚取了未来几个月以后的实际利润。

但实际上，低价高配还难以让小米迅速成为神话。比6000多万台手机销售成绩更为传奇的，是1000多万忠诚的小米粉丝——"米粉"。

可以说，小米手机的奇迹归功于"粉丝经济学"的胜利，雷军曾表示，"90%的小米用户都在使用米聊"。可见"米粉"对小米手机是多么狂热。

雷军坦承，小米手机成功的要诀有三：创业团队、创新和粉丝经济，而粉丝经济是其中最为重要的因素。小米手机创办伊始，雷军就描绘了一张宏大的蓝图：通过互联网培养粉丝；通过手机顶级配置并强调性价比的方式吸引用户；手机销售只通过互联网销售；在商业模式上，不以手机硬件盈利为目的，以互联网的商业模式，先积累口碑建立品牌，继而把手机变成通道，并与智能家居链接。

网络是培育米粉的平台，微博是小米聚合米粉的利器。小米几乎把微博玩到了极致：因为新浪微博的Alexa流量周二到周四最大，所以转发有奖的活动设置在工作日；晚上10点结束抽奖是因为10点是每天流量的最后一个高峰；2小时发布一次奖品是因为微博传播转发的半衰期约为3小时。截至2014年12月31日，"小米公司"官方新浪微博粉丝415万，"小米手机"粉丝也有1085万，雷军微博粉丝1150万，对拥有上千万粉丝的雷军而言，在微博平台上，他既是小米手机掌门，又是一个随时防止小米品牌受破坏的看守，更是一个为"米粉"排忧解难的客服人员。而在微博上，米粉对于小米的反馈也是热烈的，这无疑最大限度地强化了小米的宣传效应，减少了营销成本。小米手机发布青春版时，几个合伙人花了一下午的时间拍了一组与青春有关的照片，在微博上短短两天达到了转发200多万次，评论90多万条的成绩。

小米借鉴苹果的"天才吧"，在全国设立了18家小米之家，成为新媒体营销很好的线下延伸。在小米之家，用户可以自取手机，可以完成手机的售后维修，并且不定期地为当地米粉举办一些活动。小米借鉴了车友会的模式，把米粉的消费方式变成聚会娱乐方式，使米粉变得很抱团。在创业初期，小米手机不被认可，米粉有压力，但"打压"使得他们更加抱团来捍卫这个品牌。

小米在做手机前操作系统 MIUI就已经有 3000 多万用户，还包括几百万海外用户，小米首先赢在系统的口碑，积累了大量粉丝，这是技术优势。成本优势更大，千万级的单品销售能找到最低成本的代工厂，这是生产原理。小米4手机累计销量达1000多万部，一个单品手机的销量能突破1000万，米粉功不可没！

从本质上来说，雷军卖手机的方式和明星开演唱会并没有什么不同，找准目标市场，努力包装自己，开演唱会之前放出一些八卦传闻来炒作预热，吊足了粉丝的胃口之后，定好时间，发出邀请，粉丝们长久积累的热情终于有了释放的通道，于是票房大卖，所有人皆大欢喜，都期待着下一个循环。

以某个人、某件事或某种爱好的圈子形成之后，情绪就可以在这个有共同特质的圈子里飞快传播。粉丝团的特征在于，圈外人看得云里雾里，常常表示无法理解，而圈内人则乐在其中，享受着与同好们分享感受的认同感和亲密感，他们的标的物可能是某个明星、某种产品、某种旅行方式，这些将人们连缀起来，使大家有了聚在一起的理由。很多时候，他们一起做的事情已经超出爱好的范围，比如小米粉丝团的活动就延伸到了同城交友之类，跟手机本身已经没太大关系了。表面上看，粉丝们是在追捧偶像，实际上他们是借此来寻找同类，缓解现代社会中无处不在的孤独感。

此外，互联网产生了一个强大的信息推手，那就是自媒体，而自媒体经济玩的就是粉丝经济，通过自媒体的思维带动粉丝经济，才能真正将那些潜在的用户激活为有效粉丝。通过和有效粉丝产生互动，就能将其变为活跃粉丝，再从其中孵化出一批核心粉丝。最后，这些核心粉丝便是真正具有价值的粉丝经济。

对于小米来说，一大批数量可观的核心粉丝就是传播力，他们会通过他们喜欢的各种方式来宣传小米，以此来吸引不同朋友圈的关注。这种自媒体自带的"自传播"形式，让小米以几何级的趋势发展壮大，最终完美地嫁接到了各条信息传播渠道。小米灵活运用了自媒体思维，让企业、产品和用户的交互更显自由和开放。

互联网的一个商业逻辑是，当你拥有足够多的粉丝之后，想用什么样的盈利模式都很简单。雷军正是深谙互联网强大的粉丝力量，所以才让他的产品研发，从互联网的广泛征集起步，让MIUI系统的升级也遵从用户的心声。当用户体验得到一个极大的提升之后，小米就成功地生产出互联网经济下适应市场需求的产品；接着，再通过互联网发布预售信息，让小米的口碑无限扩张；最终，当庞大的"米粉"抢购新上市的小米产品之际，这种造粉的力量就闪电式地显现出来，让其他手机厂商望尘莫及。

小米能有今天的业绩和影响力，就在于雷军玩转了互联网时代的粉丝经济学，营建出活跃的用户社区，从研发到营销，始终同用户和粉丝在一起。

小米"为发烧而生"

雷军给小米制定的品牌宣言是"为发烧而生"。一群爱玩的人，做了一些自己喜欢的产品，和米粉一起玩。爱玩是以一种极客精神的追求，把自己爱好的事情做到极致。

产品定位是指企业对用什么样的产品来满足目标消费者或目标消费市场的需求，是对目标消费群体的选择与企业产品结合的过程。小米先前通过MIUI积聚起数量庞大的手机发烧友，他们对于理想手机的标准也就成为小米手机"为发烧而生"的核心定位。

小米初创的时候，几个创始人谁也没有想到会做到这么大的规模。创始人雷军是个手机控，在他的办公室里有一个保险柜，里面放着60多部手机。作为手机控，他对自己用过的手机，总是有着或多或少的不满意。最原始的初衷就是做一款真正好用的手机。而在后来，这个初衷慢慢演变为做一款"让用户尖叫的产品"。小米的创业者、员工，很多都是跟雷军一样的骨灰级玩家。

在产品初期，只关心销售量会给企业带来致命的后果，品牌必须确保第一批用户对产品非常满意才能形成口碑，从而为实用主义者在选择产品时提供参考。此后进入主流市场时，则继续影响实用主义者和保守消费者形成购买，成为科技产品在互联网时代取胜的方程式。

雷军说："'米粉'评价小米就两个字——厚道。小米公司坚持做厚道的公司，以坚持超越米粉的预期为目标。"

2011年8月16日，雷军站上798舞台，发布了这台代号为"米格机"的第一代小米手机。这台外观朴素的手机，定价1999元人民币，号称顶级配置：高通双核1.5G，4英寸夏普屏幕，通话时间900分钟，待机时间450小时，800万像素镜头。这是小米手机带着顶级配置的标签初次登场，这个标签则会伴随着小米每一次全新的亮相。

"人还是会希望有一些永恒的东西。永恒的是真善美。乔布斯崇尚的是美。他把工业品和IT产品做成了美的东西，这是永恒的。美的东西能永恒，这至少是乔布斯在追求整个工业设计极致的过程中告诉我们的。"雷军是乔布斯的忠实粉丝。他感动于乔布斯对于极致的执着，也将这执着转化为小米手机不倦的追求。

小米"为发烧而生"

"'让用户尖叫'是小米的产品逻辑。"雷军认为，"口碑的真谛是超预期，只有超预期的东西大家才会形成口碑。"让用户尖叫的方法就是"高配置、低价格"。比如，小米到现在为止发布了四代手机，每一代在当时都是业界最高配置，即"抢首发"的策略。

因为首发，消费者会为拥有这样一部手机而满足，甚至是可以炫耀的。米1采用的是国内首家双核1.5G芯片，而定价只有1999元的中档价位段，性价比超出消费者的预期。小米手机一炮打响，制造了"用户尖叫"，且供不应求。

此后，作为当时的"最高配置"，小米2的价格依然是1999元的中档价位段。这种"尖叫"慢慢形成一种惯性，以至于后来的红米、小米3、小米机顶盒、小米电视等一个个新品，都形成供不应求的局面。小米很清楚一点，"为发烧而生"是产品定义，而不是市场定义，即用发烧友的品质来要求产品，但做出来的产品要让所有的消费者尖叫，而不是只卖给发烧友。

同时，因为周围聚拢着一批发烧友，小米手机的生态圈不断扩大，小米品牌顺利过渡到其他产品，小米盒子、小米活塞耳机等周边产品不断丰富起来。

雷军认为，小米拥有20万核心用户，用户需要的、喜欢的就是小米要做的。若能让这20万核心用户超级喜欢小米，小米就成功了。

"服务核心用户"就体现了小米的抬头看路。为了服务好这20万核心用户，上至小米高管雷军、林斌、黎万强，下至王铮这样的小米"新丁"，都千方百计让粉丝参与及见证小米的成长。

小米成立了一个专门挖掘20万核心用户数据的挖掘团队，为的是更精准地定义核心用户群。这个团队每天的工作就是通过社交及其他互联网手段，精准了解这20万人到底是谁，购买过什么产品，访问过小米几趟。

雷军的希望是："小米要给这20万核心用户建详细档案，调查他们需要什么样的产品，要让这20万用户来小米就像回自己家一样。"数据挖掘团队发现，核心"米粉"重复购买2至4台手机的用户占42%。

小米绝不是简简单单就能成功的，雷军在决定做手机及操作系统前，就在各大手机论坛中寻找手机极客和"发烧友"，了解他们的喜好，并邀请他们参与MIUI操作系统及手机的设计。

这些"发烧友"和极客就是小米所指的"核心用户"。雷军认为，参与感不仅仅只是互动，参与感是塑造一种友爱的互动，让员工和用户发自内心地热爱你的产品，发自内心地来推荐你的产品。

让用户或者说"米粉"加入到产品的设计和研发，"米粉"的意见和建议被采纳，被重视，就会更为关注这个品牌，这是一条聪明的需求循环链。

如果说数据挖掘在幕后为小米和用户架起了桥梁，那么与粉丝直接沟通的小米客服在小米的用户服务系统中的作用更为关键。在雷军看来："客服是连接小米和用户的关键，决定了小米在'米粉'心中的品牌形象。"目前，小米呼叫中心拥有1000坐席，其中有400个是在线客服坐席，实现7×24小时的在线咨询服务。小米呼叫中心是中国手机行业最大的呼叫中心，接通率同行业内领先。

此外，在线下小米已在全国18个城市成立了"小米之家"直营客户服务中心，为"米粉"提供小米手机及其配件的自提、小米手机的售后维修及技术支持等服务，也是小米粉丝的交流场所。

小米手机销量的快速增长很大程度上得益于雷军对用户需求的准确把握。在产品设计过程中，小米创新性地引入了用户，小米就是要给予发烧友参与产品改进的机会。

在小米手机论坛上，每周都可以看到两三千篇用户反馈的帖子，其中不乏一些深度体验报告。在一些重要功能的确定上，小米工程师通过在论坛上发起投票等方式收集用户反馈，最终确定产品功能形态。同时，小米在各种媒体论坛上都保持零距离贴近用户。包括雷军在内的小米合伙人每天都在做一系列的客服工作，亲自解答用户的一些提问。

"米粉"成为小米研发的外援团，数据挖掘团队把每天搜集的用户需求、建议信息汇总，成为小米内部讨论会的主题，所以这才会有MIUI每周一次的更新，才会有小米手机"开车模式"等。MIUI每周更新四五十个，甚至上百个功能中，每次更新的功能中有三分之一由"米粉"提供的。

苹果的更新是一年一次，谷歌是一个季度发布一个版本，而小米则是一个星期发布一个版本，风雨无阻。根据数百万用户意见进行软件更新，与米粉一起做好的手机，这才是小米最大的创新。

雷军自信地说，小米手机之所以深受手机发烧友喜爱，是因为每一代小米手机都集齐全球顶尖科技，让发烧友率先体验新一代手机技术。

社会化营销四两拨千斤

随着移动互联网技术和以Web2.0技术为代表的新一代互联网技术的迅速发展，改变了传统的信息传播方式，社会化媒体作为一种新型媒体得以迅猛发展。同时，基于社会化媒体的网络营销受到了越来越多企业的青睐，小米公司就是其中的佼佼者。

目前在中国最具代表性的两种社会化媒体，一是微博，二是微信。截至2013年底，我国微博用户规模为2.8亿，微信用户数则突破了5亿。社会化媒体正深刻地影响和改变着人们的生活。在这样的社会化媒体时代下，企业营销面临了新的机遇，社会化媒体营销快速崛起，很多企业纷纷投身社会化媒体营销，小米公司也不例外。

2013年，小米手机销售量为1870万台，销售额316亿元，这是成立仅有三年的公司交出的成绩单。小米的成功与其出色的互联网营销是密不可分的，而社会化媒体营销便是小米营销的法宝，造就了属于小米的奇迹。

小米很少做广告，社会化媒体是小米品牌传播的主战场。小米社会化营销有四个通道：论坛、微博、微信和QQ空间。微博和QQ空间都有很强的媒体属性，很适合做口碑传播。微信很火，但更适合做客服平台。最新版本的微信加强了微信群的功能，口口相传的能力又提高了一些。最早做的论坛，更多是用它来沉淀老客户。

论坛、微博、微信和QQ空间与传统的电视、报刊比起来，最大的好处是具有互动的特性，查看雷军和小米手机的官方微博，点赞、转发、评论数量上千条（次）的比比皆是，这是小米"和用户做朋友"的基础。当然，这四个通道都是免费的，这让小米的营销成本与传统手机厂商比少得可以忽略不计。

在雷军看来，不同营销渠道有功能区别：微博拉新、论坛沉淀、微信客服。社会化营销的核心是参与感，反对高大全，要有娱乐化表述，找到四两拨千斤的巧劲儿。

在论坛成功之后，雷军又向微博、微信等社交媒体发力。通过摸索，微博慢慢成为事件营销的主场，为小米赢得新用户，而论坛则沉淀下资源用户，微信则慢慢地开始发挥客服的作用。"论坛+微博+微信+QQ空间"成为小米营销的组合武器，小米几乎完全放弃了传统的广告营销形式。

据雷军介绍："目前，小米论坛的注册用户有1000多万，日发帖量10万。新浪微博和腾讯微博的粉丝都超过了400万，微信的粉丝则达到300万，每天在微信上用户跟我们互动的信息在3万多条。黎万强带领一百多人的小米营销团队，支撑着小米论坛、微博、微信、百度、QQ 空间这些主要的社交平台的互动。"

社交平台可以"黏"住用户的核心是参与感，而制造参与感的两大利器则是"话题+活动"。小米的论坛、微博一直就是话题不断、活动频频，一次又一次的小高潮，将用户带入小米的语境当中。

黎万强介绍说，小米在微博上开展的第一个活动是"我是手机控"，让大家都来秀一个自己玩过的手机。雷军在微博里率先炫耀自己的"藏品"，随后激发出用户的怀旧情绪和炫耀心理，瞬间就有100多万用户参与，而小米并没有支付一分钱的广告费。活动的本质满足了人性里炫耀的根本心理。小米做活动无外乎两极分化，要么有很大的利益诱惑，要么极大地娱乐化。

另一个不花钱的经典案例是"盒子兄弟"。小米为了显示手机包装盒的质量，找了两个胖胖的内部员工站在一个小小的盒子上，这张照片极具喜感。随后被网友恶搞，把这照片搭配到各种背景里，"盒子兄弟"一夜走红互联网。黎万强总结道："互联网反对高大全，要用娱乐的方式去做营销，四两拨千斤。小米做事的特点是没有明星和美女，只有产品、用户和自己这群屌丝。"

最为经典的是小米手机青春版上市前，黎万强策划了"我的150克青春"话题。在话题启动的初期，抛出一个悬念："传说人的灵魂是21克，那为什么是150克呢？"小米迟迟不给结果，引起用户的大讨论。接下来，是一系列的青春插画，内容大致是大学时代的经典场景，一系列海报上有男生版女生版的各种象征青春的东西（比如男生的游戏机、照相机，女生的体重计和粉红内衣）。活动的高潮是小米的7个联合创始人合拍的微视频，这7个老男人回到大学宿舍，模仿《那些年，我们一起追的女孩》，拍了一系列的海报、视频。没有花钱请青春靓丽的明星演员，几个老男人集体卖萌，话题感十足。同时，在活动中有奖转发送小米手机，3天送出36台小米手机。在青春版手机发布时，答案正式揭晓，原来"150克的青春"是青春版的小米手机重量。话题的趣味性加上奖品的诱惑，微博转发量达到203万次，有1000多万人阅读，粉丝增加41万人。

雷军认为："企业以前的营销都是一种强制性的教育式的营销，都是说单向通道，我要给你改变观念，去给你洗脑。但是今天时代变了，应该用一种更娱乐化的方式来讲述你的产品，进行体验式的营销。让用户走近你，让他感到原来你是这样的品质、你是这样做事的态度。"

在用户注意力极其分散的互联网时代，所有品牌隔不了多久就要做个活动出来刷存在感、刷情怀，不然很有可能被忘记。为了借势传播，那些传统节日、西方节日，还有娱乐、时事热点等，都会被拿来作为营销的切入点，活动形式更是层出不穷，眼花缭乱。如何将营销活动和产品更加无缝地结合，如何通过活动、通过社会化传播来调动新老用户购买的积极性，如何提高活动留存率和用户的二次传播，不同的活动侧重点也不一样。小米用社会化营销的方式，用玩的方法颠覆了传统的营销理论，达到了四两拨千斤的效果。

097

精美讨巧的周边产品

近两年来，随着小米手机的持续热销，雷军进一步加大了小米周边产品尤其是其他细分数码产品的研发。而这恰恰是小米手机这一号称"高性价比"手机背后的真正赢利点所在。

举个简单的例子，在小米商城就挂上了让人眼花缭乱的小米手机周边产品，在小米官网上，小米T恤、米兔徽章、移动电源、插线板、蓝牙音箱、米兔、U盘、活塞耳机、无线自拍杆、米兔透明糖罐、钱包、后盖保护套、智能插座、血压计等小米配件和周边的产品50多个。这些产品样式繁多，非常夺眼球，但价格却颇高，一款手机配件或周边产品，售价少则几十元，多则几百元。一个小米活塞耳机99元，一个米兔徽章39元，一个蓝牙音箱129元……而且这些产品的利润相当可观，小米有时卖一部手机的利润还没有一个蓝牙音箱的利润高。

小米配件和周边产品的利润，是小米手机万万不能企及的，相较之下，小米发布的手机产品只是虾兵蟹将，真正的大鱼是这些讨巧的周边产品。

熟悉小米的朋友一定知道"米兔"。这个带着雷锋帽的兔子形象萌翻了众多"米粉"。就是这个小"米兔"仅2014"米粉节"的销量就突破10万只。有"米粉"感慨道："真是厉害，不但小米手机卖得好，米

可爱的玩偶"米兔"

兔卖得也好！"

　　米兔的畅销，表明小米收获了很多铁杆用户。一个做手机厂商的品牌，最后会有200多万用户愿意掏钱买一个玩偶的时候，表明这个品牌认可度是非常高的，而且为小米带来滚滚的财富。

　　在小米手机青春版发布之前，小米的联合创始人就集体拍摄了一部视频。视频中林斌在看《金瓶梅》，另一位创始人KK穿着印有"adiaos"字样的T恤。无数看过视频的"米粉"提出，想要《金瓶梅》封皮的笔记本及"adiaos"字样的T恤。小米立即制作成商品在小米网出售，事实证明，这两样商品的销量非常好，至今都是小米网的畅销单品。

　　雷军的理念是，只要能给用户带来惊喜的"点子"，小米都欢迎。所以，除了小米手机、小米盒子及小米电视、空气净化器等主要产品，小米网上的周边产品越来越多，小米文化衫、小米帆布鞋、小米遥控飞车、小米钱包、小米背包等层出不穷。

　　雷军把手机配件等周边产品带来的收入称为"米粉给小米的小费"。不过，这些"小费"数目非常可观。

　　前文说过，雷军是个数码控，热爱手机，办公室里放着60多部手机；黎万强是个摄影"发烧友"，爱好摆弄单反相机；洪锋则酷爱玩机器人，曾自制了一个机器人代替他参加公司例会。如今，又多了一个会玩的巴拉，可预见小米的产品将会有更多惊喜。可以说，小米的基因及几位联合创始人的兴趣爱好，决定了小米遥控飞车等周边产品出现在小米网。

　　雷军表示："只要是用户，是米粉提出的，我们都会尽力去满足。我们办小米的目的就是聚集一帮人的智慧做大家能够参与的一款手机，你注意啊，我们在网上发动过百万人参与，当你真的参与完了以后，你提的这个建议被我采纳了，我手机有这个功能，再有人抱怨晚上被谁吵醒的时候你说改用小米，这个功能我设计的，你看我自己多牛，你看小米按我这个改了吧，就是我设计的，这种荣誉感是他们推销小米很重要的动力。说得直白一点，小米销售的是参与感。"

　　雷军把小米未来发展方向定义在"以客户的需求为导向"。对于未来，他乐观中带有一丝隐忧，小米在其第四代手机产品发布后可能会遇到瓶颈，就如iPhone4之后所遇到的。

雷军认为："过去4年，小米就是补课，在把乔布斯定义的智能手机，按照互联网的方式呈现出来，我们的确很辛苦。不过，可以说，到了今天，小米已经做了80%，未来会怎样？MIUI如何超越自己？只有做到100分，但这个真的很难。"

在2013年，小米发布了小米3、红米；小米电视、小米盒子、小米路由器等产品，进入了更多领域，给米粉带来了更有趣、更便捷的数码生活体验。小米的配件生态表现出色：小米配件及周边产品全年营收超过了10亿元，而且这个比例还在不断增长。2014年，米兔玩偶销量突破200万个，这其中都凝结着米粉沉甸甸的爱。

在"米粉节"现场，小米公司播放了一个关于青春和梦想、感恩励志的微电影《100个梦想的赞助商》。这部影片时长仅几分钟，但煽情的剧情让在场的很多"米粉"及小米员工流下了眼泪。隐约中，透过聚光灯，也能看到雷军眼中泛起的点点泪光。这点点泪光就是雷军对粉丝们流露出的感激之情！

2014年7月，小米开始梳理未来的产品方向，雷军做了未来十年小米的定义，希望小米能"让更多的人享受到科技的乐趣"。

雷军说："米兔的热卖是一个意外的惊喜。目前小米的业务主要分为两个：一个是手机、盒子、路由器、智能电视，第二个是为了烘托品牌的周边产品。针对第二个业务，有人说小米不务正业。但事实上，周边产品就是小米文化的核心元素，是为了让小米品牌更生动。"

雷军鼓励年轻的小米员工们做点儿好玩的事情，用80%的精力做主业，20%的精力想干什么就干什么。有不少"米粉"提议，给小米设计一个吉祥物吧，于是这只可爱的"米兔"就诞生了。后来又有人提议，给"米兔"设计几套衣服吧、给他找个女朋友吧，等等。

不仅仅是手机配件，为了刺激米粉的新鲜感，小米公司推出的T恤、钱包、手套、帽子等，漂亮的外观博得了米粉的追捧，即使价格偏高也在所不惜，普通的物件因为冠上了"小米"的名号而"乌鸦变凤凰"，这样丰厚的利润回报让小米公司更快地成长，也为功能开发提供了更明确的方向。

功能开发出的市场也是基于消费者的需求，既然小米手机定位于"为发烧而生"，那么，他就将所有的用户需求都加入MIUI系统，例如，使用MIUI小米手机可与小米电视互联，用户选择小米手机的同时也会考虑小米电视，选择小米电视的同时也会想买一部小米手机。

不可否认的是，小米的营销方式非常符合当今消费者的口味，具有"快、准、狠"的三大特点，产品线放长，不局限于手机配件，更渗透到米粉的生活之中，一个杯子、一件T恤、一顶帽子、一台机顶盒等，将小米手机的附带产品多元化，廉价的成本便能获取很高的利益，还有众多粉丝追捧，何乐而不为呢？这些都要归功于小米米粉文化和小米的品牌魅力。

由此不难看出，小米的营销策略绝不仅是单一的"饥饿营销"；而同时尤其引人思考的是，小米手机之外，强大的、讨巧而精美的小米周边产品才是小米获得丰厚利润所在。

101

塑造独有的"粉丝文化"

如果说小米公司是成功的，那么它最成功的一点就是塑造了自己独有的"粉丝文化"。让粉丝成为产品的代言人，去口口相传小米的优点，去维护小米的品牌荣誉，所以雷军说是"米粉成就了小米"。而且显然，作为小米公司的灵魂人物雷军也非常重视米粉文化的塑造。"因为米粉，所以小米"绝不是一句简单的口号，更是小米公司"和米粉交朋友"、用户至上的企业文化的真实写照。

自成立之日起，小米的发展便离不开"米粉"们的支持和陪伴。发布小米1时，就有1000多名"米粉"到场助阵。

这是一个崇拜英雄的时代，这个年代也造就了一个又一个商界英雄。企业的英雄人物是塑造企业文化的关键要素之一。企业的英雄人物是企业文化的核心人物或企业文化的人格化，其作用在于作为一个活的样板，给企业中其他员工提供可供仿效的榜样，对企业文化的形成和强化起着极为重要的作用。就像乔布斯对于苹果公司一样，雷军就是小米公司的英雄人物。

我们都知道，苹果的用户对苹果的忠诚度很高。那么用户为何如此忠诚于苹果呢？这主要得益于苹果的灵魂人物乔布斯所拥有的独特的人格魅力。而小米的联合创始人雷军同样具备不错的人格魅力，乔布斯被称作全世界企业家中最会讲故事的人，一直声称乔布斯是自己偶像的雷军，自然也从乔布斯那里学到了不少。以2011年8月召开的小米1发布会为例，在介绍小米1达到极致的硬件配置之后，才迟迟公布最终的价格，熟悉苹果的人都知道，这是乔布斯惯用的手法，乔布斯懂得如何将顾客的胃口吊到极致，而雷军看来也将乔布斯的精髓学习得很到位。

在产品发布会上，雷军身着黑色T恤和蓝色牛仔裤，显得格外休闲，而这正是乔布斯在苹果产品发布会的"标配服装"，两者可谓是极其相似。虽然雷军本人拒绝这种比较，而且表示只是在为自己投资的凡客打广告，不过雷军还是很坦然地承认乔布斯是鼓舞他不断前进的动力和榜样。

当雷军在发布会上宣布小米1的升级版1S时，很多人立马就联想到了iPhone 4S。连命名都如此相似，不得不说乔布斯对雷军的影响真的不一般。

从以上几点来看，雷军已经被深深烙上了乔布斯的影子，不管雷军本人愿不愿意被拿来和乔布斯进行对比，他的粉丝一定会，或许给雷军冠以"雷布斯"的绰号是对他效仿苹果和乔布斯最好的诠释了。而且，这对小米公司企业文化的塑造非常有帮助。

对于一家想打造客户忠诚度的公司来说，小米需要给用户传递一个积极的信号。不管苹果还是谷歌，他们都有让追随者产生共鸣的地方，小米也不例外。就拿小米公司的名字来说，"小米"的名字能让很多人联想到"小米加步枪"，能够唤起很多爱国人士的民族情结。另外，小米公司吉祥物米兔，脖系红领巾和头戴雷锋帽的可爱形象能够激发很多中国人的民族自豪感。

通过具有很强识别性的T恤产品的营销，能够培养用户的品牌忠诚度。苹果在这方面可谓是做得相当成功。苹果商店的员工穿着印有苹果Logo的蓝色T恤已经是一种标志，中国的很多苹果山寨店为了让自己看起来不是山寨的，员工也会穿着苹果特色的蓝色T恤，这也从一个侧面反映出了苹果T恤文化的成功。

作为苹果和乔布斯的忠实拥趸，雷军不可能不知道T恤能够带来的强大宣传力。小米2发布会的时候，小米公司就专门给每个与会人员发了一件小米专门制作的T恤，整个发布会现场瞬间变成了橙色的海洋。

另外，在小米的官网也在卖各种与"MI"主题相关的T恤，目的就是为了给米粉们一种归属感。而且很多T恤印有非常卡通的图像，非常符合年轻一族的爱好和品味。除此之外，小米同时也在卖其他的配件来进一步推广"粉丝文化"。

小米和米粉们积极在线上互动，小米社区论坛、米聊、微博共同结成了一个庞大的团体，而通过线下活动，他们通过面对面交流沟通成为真正的朋友。

小米让粉丝参与MIUI设计改进的成分不断加强、定时会给米粉们发一些赠品来回馈他们的支持，这些举措都表明小米公司在为用户打造有用的产品。另外，小米公司还开通了Twitter（推特）账号，但是粉丝数量不是很多，主要原因是Twitter在中国是被限制使用的，如果小米最终打算走向国际市场，Twitter会是一个很好的与国外米粉互动的平台。

小米社区论坛、米聊、微博给了米粉们"归属感"。他们在这个平台上可以找到志同道合的知音，可以展现自己平时生活中不能或不敢表现出来的一面，可以得到众多人的敬仰和爱慕，而这些，谁人不享受呢？另外，小米论坛还会通过徽章一类的东西来标明身份；就是这种心理上的满足和归属，让很多人都心甘情愿地成为米粉，成为这个阵营中的一员。

说到小米的线下活动，通过小米的会员杂志《爆米花》，便可了解到原来米粉的线下活动这么精彩。从最初的"100个梦想的赞助商"，到如今的无数米粉，大家每一个期许的鼓励和善意的批评都令"小米人"感动不已。

小米的同城会是一个纽带，它让众多的米粉在现实生活中聚集，聚餐、郊游、摘水果，甚至一起去献血……这都是属于年轻人的生活方式，以一种时尚的方式集合在一起。于是，很多米粉爱上这样的生活，因为在这里，他们可以结交更多的朋友，拥有不同以往的社交圈。

在2014年4月8日举办的米粉节上，小米没有举行线下发布会，却成就了小米公司史上最大的一次销售活动。4月8日晚间，小米官方公布了销售数据：在历时12小时的活动中，小米官网共接受订单226万单，售出130万部手机(含港台及新加坡10万台)，销售额超过15亿元，配件销售额超1亿元，当天发货订单20万单，共1500万人参与米粉节活动。

米粉给小米带来的除了销量再就是品牌影响力，小米一直以来都是各大搜索网站的热门关键词，包括微博上也一直是"话题王"，我们相信这里面绝对少不了米粉的贡献。互联网时代，人气代表着关注度，意味着品牌的知名度，米粉的热情和忠诚让更多的人知道小米。

雷军做小米品牌的路径就是一开始只专注忠诚度，通过口碑传播不断强化这一过程，到了足够的量级后，才投入去做知名度。比如MIUI用户就是从最初的100人开始积累，并通过口碑传播不断扩散，如今已超过了一亿人。在用户积累早期，雷军特别注重忠诚度的积累和初期用户的纯粹度。当时曾有人向黎万强建议做一款MIUI专用的刷机软件，黎万强否定了这一想法：还不适合尝试更大规模的推广，应当专注于发烧友用户的召集，保持早期种子用户的纯粹性，如果一般的小白用户过早大量涌入，MIUI初期的核心群体口碑积攒能力就可能受损。

与其他电子商务企业不同的是小米从未做过广告。雷军说，保持产品的透明度和良好的口碑，是小米初步取胜的秘诀。从MIUI开始，小米就牢牢扎根于公众，让公众（尤其是发烧友）参与开发，每周五发布新版本供用户使用，开发团队根据反馈意见不断改进，此后的米聊和小米手机皆如此，而且还鼓励用户、媒体拆解手机。

雷军给小米手机的定位是"为发烧友而生"，有人说"发烧友"只是一个特定的用户群,不一定能代表广大用户,但这些人其实是最苛刻的用户,他们的反馈意见将推动小米手机不断地改进用户体验。而且数十万人的"发烧友"队伍将成为口碑营销的主要力量。小米的成功,在于依靠 MIUI 和米聊用户,以及一批批用户的口口相传。大数量粉丝们的推荐、称赞都是口碑的最好营销。

在营销上,小米利用微博、微信、论坛、贴吧、空间等互联网资源全方位进行品牌宣传,把节省的成本投入到产品中去。据雷军透露,小米有50万发烧友,这50万人凭借强大的口碑传播,每个人又能影响到100个人。与竞争对手的产品相比,小米手机的生命周期长,小米手机到手后,生命才刚开始。在小米论坛中,记者发现很多小米手机用户在上面反映问题,骂小米的多如牛毛,黑小米的也不计其数,但小米从不去删负面信息。

对于一个品牌,知名度意味着能让用户听见,美誉度意味着走到了用户身边,而忠诚度则代表已在用户心里。所谓的"粉丝文化"就是看你的品牌有多少忠诚的用户。

小米公司塑造"粉丝文化"的意义不在于对内的管理,而在于对外的感召。让公司的追随者,也就是"粉丝"们产生强烈共鸣,打造高客户忠诚度,这也是小米公司最终实现盈利的必然选择。

雷军表示:"无论何时何地,'米粉'是我们前进路上最大的动力,米粉的口碑是我们最大的目标,小米的经营哲学始终是'米粉'哲学!"

"因为'米粉',所以小米"是雷军常挂在嘴边的一句话,因为有"米粉"的期待,小米才会不断进步,因为有了"米粉"的支持,小米才有今天这样的成绩。

得粉丝者得天下

古往今来,人群中的佼佼者,往往有"粉丝"追随。人类进入商品经济社会以来,不论从事什么行业的名人,只要拥有足够多的拥趸,都

105

能轻松地赚钱变现。最近十几年网络的发展，更是使得粉丝经济变得格外引人注目。到了当下自媒体时代，粉丝经济已呈现出繁荣至顶峰的景象。

　　雷军在一次发布会上说："小米是个浩瀚的工程……但我从来没有担心过。因为我不是一个人在战斗，我的背后还有百万米粉！"

　　毋庸置疑，互联网时代的到来，使得名人的形象变得更加鲜活，也拉近了明星和粉丝之间的距离。歌星、影星、体育明星、作家等名人通过互联网能够轻易实现和粉丝的互动，赚钱也变得更加简单。同时，互联网的飞速发展本身也造就了一批互联网明星，这些人借助新的手段，最大限度地发挥了粉丝经济的能量和作用，在互联网时代赚得盆满钵满。可以说，谁掌握了粉丝，谁就找到了致富的金矿。

　　互联网从来就是粉丝的天下，没有粉丝，就不能成就今天的互联网，这里我们来看看网络游戏的玩法：以红遍千万用户的《征途》为例，该款游戏是知名企业家史玉柱带领团队精心打造的一款大型多人在线游戏，游戏同时在线最高达到过百万人的规模，收入规模也早早过亿。但实际上，该款游戏真正的付费渗透率其实只有百分之几，绝大多数粉丝用户一起陪着高富帅南征北战，为付费用户打工，而且建立起虚拟的社会关系，在游戏内以家族、帮派、国家的形式来进行管理，游戏

小米粉丝文化的核心——"因为米粉，所以小米"

之外又成立等级分明的游戏公会来进行管理，而正是这种虚拟的结构，形成了最稳定的虚拟社会关系。

引来粉丝不是简单的一盘散沙，而是有效地让粉丝之间互动，形成稳定的结构和管理，然后引入高付费的高富帅进行深度挖掘，这样市场的想象空间就无限扩大，这也是为什么在《征途》中产生了付费几千万的游戏玩家。

让多数人都用起来，一向是互联网产品的要素之一，免费与低价，只是打开这扇门的钥匙，只要保持了用户黏性，就让后面的市场充满遐想，因为互联网产品从来都不是一锤子买卖，后续源源不断的内容和服务，才是真正的可持续盈利之道。

《100个梦想的赞助商》是2013年小米推出的年度微电影。它讲述了一个小镇年轻人坚持赛车梦想的故事，故事原型来自于小米成立之初的真实经历。这部微电影，更是小米对几年来陪伴他们一起走过的米粉们最真诚的感谢。

小米MIUI发布第一个内测版本时，第一批用户只有100人。当时小米籍籍无名，也没任何推广，这最初的100名用户成了小米最珍贵的种子用户。雷军把他们称为"100个梦想的赞助商"，在MIUI的第一个正式版本里，为了表达谢意，小米把这100名用户的论坛ID写在了开机页面上。

这最初100个梦想的赞助商的口口相传，为小米后续每一周的更新都迎来了倍增的新用户。他们最早证明了小米的设想：口碑对于好产品的强大推力。

小米几乎"零投入"的营销模式，通过论坛、微博、微信等社会化营销模式，凝聚起粉丝的力量，把小米快速打造为"知名品牌"，小米成就了一个神话。

用互联网模式做手机，若没有粉丝基础是行不通的。

或者你要问，"米粉"能为小米带来什么？显然就是销量。每一个米粉都会向他身边的所有人描述小米有多好，都会讲述小米论坛有多热闹，米粉的活动有多有趣，所以每一个米粉都会为小米带来很多潜在的购买者，然后这些人又会成为小米的"传教士"，就像滚雪球一样，

107

越来越多的人加入到米粉的阵营中，作为米粉怎会不买部小米手机呢？销量意味着什么？当然是利润。我们都知道，当订单量达到规模的时候，供应商会降低元器件的价格，那么整机的成本自然就下来了，利润当然增加了。

米粉的狂热，从以下可见一斑：2012年4月6日，小米成立两周年，上千米粉从各地赶到北京疯狂在一起，雷军在台上一呼百应。现场公开发售，10万台小米手机，仅用了6分5秒就全部被抢空。而在广州、武汉等地，小米之家本来是上午9点上班，可很多粉丝在8点就到门口排队。每一家小米之家成立时都会有人送花、送礼、合影，满一个月的时候还有人来庆祝"满月"，甚至还有人专门为小米手机作词作曲写歌。这些米粉，成为购买小米的主力军。

2013年9月5日，小米在国家会议中心发布了两款年度新品：小米3（售价1999元）和小米电视（售价2999元）。会场外，"黄牛党"在向"米粉"倒卖门票，能容纳2000人的发布会现场被围得水泄不通，"米粉"们身着统一橙色T恤文化衫不停地呼喊和尖叫，过道、大门都围满了人。

新品发布会的现场，无数的掌声、疯狂的尖叫、光怪陆离的声光效果、有节奏的呼喊此起彼伏，所有这一切都直接点燃了现场热情。

这些看似冰冷、毫无生命力的产品，却聚集了一群为之疯狂的"粉丝"。他们毫不吝啬对小米产品的喜爱之情，乐于分享自己的感受，愿意体验新产品，通过各种渠道不断扩散自己的使用心得，并且更加重要的是，他们的行为潜移默化地影响着周围的人。

年轻的小米，以专业的手机论坛为突破口，寻找智能手机"发烧友"，邀请他们参与MIUI智能手机操作系统的设计研发，建立了自己独有的"部落"，并迅速聚拢了最早一批小米粉丝。也正是有了这一批最早的MIUI粉丝，小米手机才能在推出短短两年多时间内销量高达2000万部，并拥有了千万数量的"米粉"。

第六章
丈母娘也觉得
好用的手机

互联网思维就是口碑为王。小米的成功之道就是利用社会化媒体进行口碑传播，而小米口碑的核心就是"把用户当朋友，让用户有参与感"，同时注重用户体验，把产品做到极致。

▶▶

口碑营销

　　互联网思维就是口碑为王。小米的成功之道就是口碑传播。从一些传统行业的角度来看，口碑，特别是用户对企业、对产品的口碑是非常重要的，好的口碑可以快速引发产品销售、企业盈利等。

　　雷军在中国IT领袖峰会上演讲时说："口碑是什么？很多人觉得好产品有口碑，也有人觉得便宜产品有口碑，我想跟大家说不是这样的，这个世界好产品很多，便宜产品很多，又好又便宜的产品也很多，口碑的传播是超预期。如果你在一个咖啡厅用苹果手机打开浏览器，在那么小的屏幕上输账号密码，你不痛苦吗？当你跟服务员要密码的时候，第一次要的不对，第二次要的时候你掏出了小米手机，它自动问你是不是链接，你说是，自然就连上去了。"相信大家都有体验，尤其是在酒店的时候很痛苦，而小米就是靠这么一个细节打动了你。

　　正如雷军所言："购买小米手机用户是一窝一窝的，往往一个人用了小米手机，很快就有十来个人用了。只要你下工夫真的把产品做好，用户是愿意帮你跟朋友推荐的。"

　　在营销推广上，小米也完全摒弃传统的营销方式，倒逼自己采用口碑传播。事实证明，这种口口相传模式，成就了雷军，也成就了小米传奇。

在创办小米的初期，雷军就一直坚持同时做硬件、软件和互联网服务。当时，小米的"铁人三项"做起来对企业的压力是非常大的，全球最成功的"铁人三项"的公司就是苹果。如果雷军当时不下决心做"铁人三项"，很难做好真正的智能手机。

黎万强认为，做口碑需要培养种子用户。第一版MIUI于2010年8月16日发布时，小米只有100个用户，这100个用户是小米口碑传播最早的核心用户，也就是小米口碑传播的种子用户。从最初的100人开始积累，并通过口碑传播不断扩散，MIUI如今已超过了8000万用户。这些用户来自于雷军总结的互联网思维的核心——口碑。小米在大众口碑传播领域中积蓄了足够的初始势能。

小米手机为发烧友而生。真正的发烧友关注什么？一言蔽之：新奇特、高精尖。产品在某一方面做到极致，就自然能得到发烧友追捧。这就是小米手机从诞生起就一直追求高性能的原因。只要性能突出，个性鲜明，就一定会有人爱。

发烧友意见领袖发挥的是口碑营销的张力，现代社交化媒体的崛起又给它无限加强。以前的发烧友是小众的，能影响的多是周边人群的圈子，而现在即便你不打电话，不上专业论坛去询问，在微博、微信上都能非常容易得到推荐。今天小米打动消费者的路径变得非常短且扁平化了。

所以围绕发烧友做产品、做营销的方式才能得到空前的成功。更何况，小米要做的手机、电视等产品，都是标准化大众市场产品，小米要做的是国民品牌，在社交化媒体领域话题更普及。

黎万强向我们道出了口碑传播的诀窍。他说，在传播中，要懂得把好产品输出成精彩的故事和话题。MIUI口碑最初建立时，有三个节点十分重要，这些节点是口碑传播的"故事和话题"。

"快"是第一个口碑节点，使用更流畅了。小米从深度定制安卓手机系统开始入手，当时MIUI主要是做刷机ROM。表面看，用户是在使用

111

手机硬件，但实际上绝大部分的操控体验，本质上还是来自软件。当时很多刷机软件都是个人和一些小团队做的，他们没有足够的实力或持续的精力来真正做好底层的优化。雷军一上来就在"快"字上下工夫，优化整个桌面的动画帧速，从每秒30帧到40帧、60帧，让指尖在屏幕滑动非常流畅；逐个优化主要用户痛点，把打电话、发短信的模块优化得更好、速度更快，比如给常用联系人发短信，一般系统要三至五步，小米只需两步。

"好看"是第二个口碑节点。那个时候，相比苹果，安卓系统的原生界面算是难看了。小米先优化程序让系统更快，大概三四个月后开始做"好看"。一年后，MIUI的主题已经到了可编程的地步，如果你有一定的编程能力，主题可以做得千姿百态。MIUI在手机主题这个点的产品设计上，论开放性和深度，整个安卓体系小米是做得最出色的。

"开放"是第三个口碑节点，小米允许用户重新编译定制MIUI系统。这带来了什么样的发展？开放性就让很多国外的用户参与进来，他们自己发布了MIUI的英语版本、西班牙语版本、葡萄牙语版本等。这种开放策略吸引了国外很多发烧友用户去深度传播MIUI，国外的口碑又反过来影响了国内的市场传播，类似出口转内销。

在赢得三个口碑节点后，雷军选择了高效的传播渠道——把"社会化媒体"作为口碑传播的"加速器"；MIUI的前50万用户基本都是在论坛发酵，50万到100万则是由微博这样的社会化媒体推动而成。

用户和企业之间，到底是一种什么关系才是最理想的？千千万万的用户，有千千万万的想法，他们为什么要认可你的产品？认可了你的产品之后，为什么要主动帮你传播？

社交网络的建立是基于人与人之间的信任关系，信息的流动是信任的传递。企业建立的用户关系信任度越高，口碑传播越广。

从传统营销方式来看，企业和用户之间的关系，要么是企业"给用户下跪"，用户是上帝，只要用户肯掏钱买我的东西，怎样都好！要么是企业高高在上，"让用户下跪"。

　　雷军觉得无论哪种方式，都是弱用户关系，都难以让用户对品牌和产品发自内心地热爱。传统方法下用户和产品之间，就是赤裸裸的买卖关系。当消费行为发生之后，企业和用户之间的关系基本上也就断掉了。甚至有的企业还会希望用户购买了产品之后，就最好不要再和企业发生任何联系了，因为这可能意味着售后、投诉、纠纷、成本、公关危机。

　　在雷军看来，用户不是上帝，而是朋友。小米的用户关系指导思想就是——和用户做朋友！只有朋友才会真心为你传播、维护你的口碑，朋友是信任度最强的用户关系。

　　小米在产品的设计和运营上全部对用户开放，让用户最大限度地参与到小米的经营过程中来，同广大小米工作人员一起思考、一起玩、讨论产品、一起坚守，打造具有黏度极高的小米社区。

　　和用户做朋友这个观念转变，是因为今天不是单纯卖产品的时代，而是卖参与感。围绕口碑的核心理念，小米MIUI的研发构建了"橙色星期五"的互联网开发模式，核心是MIUI团队在论坛和用户互动，系统每周更新，每周五集成开发版，用户升级体验，并在MIUI论坛进行投票，生成"四格体验报告"，这是来自用户对产品的最直接的评价。

113

　　口碑的传播得益于好的产品。现在的用户了解信息的渠道非常广泛，你在哪个方面做得不够精细或者没有特别新鲜奇特的东西，用户是不会买你的账的。小米要求营销部的同事对产品的了解程度不亚于工程师，也就是要真正读懂产品的设计和理念，并翻译成用户能听懂的大白话来跟用户互动和沟通，所以要具备产品经理的思维做营销。

　　雷军如此介绍小米手机模式：第一是小米将手机硬件完全拆解，让用户彻底了解小米手机是如何产生的；第二是全球首个互联网手机品牌，成功把电商的模式用来做手机运作；第三是小米最早引入了互联网的开发模式，在绝大多数厂商关注机海战术模式、漠视用户体验的时候，小米把手机易用性提升到重要层次上来。以上三点促成小米手机现在的成就，也是小米手机模式。

心理学中有一种策略和方法叫情感共鸣，通过此方法，可以快速拉近与陌生人之间的距离，从而影响别人。而在实施口碑营销的过程中，小米能够引起用户的内心共鸣，自然就会形成口碑效应。

"传统的商业营销逻辑是因为信息不对称，传播就是砸广告做公关，总之凡事就是比嗓门大。但是，新的社会化媒体推平了一切，传播速度大爆发，信息的扩散半径得以百倍、千倍地增长，频繁出现了一夜成名的案例。"雷军总结道："信息对称让用户用脚投票的能力大大增强。一个产品或一个服务好不好，企业自己吹牛不算数了，大家说了算；好消息或坏消息，大家很快就可以通过社交网络分享。信息的公平对等特性，也使网络公共空间具备了极强的舆论自净能力，假的真不了，真的也假不了。"

2015年3月8日，国家统计局中国统计信息服务中心大数据研究室联合新华网、中国质量新闻网发布的《2014年中国手机品牌口碑报告》显示，2014年国内手机市场网络口碑排名前三的厂商分别是小米、苹果和三星。该报告数据是在采集293个品牌中，筛选出29个比较活跃的品牌作为监测研究对象而产生的。

报告显示，在网络口碑指数、知名度指数、质量认可度指数、产品好评度指数等方面，小米均遥遥领先，也是前三名中唯一的国产品牌。此外，口碑指数第4位的是老牌品牌华为，得分不到小米的1/4。质量认可度指数方面，小米仅次于苹果屈居第二，得分1.29，国产老牌联想和华为分列第4和第6名，得分分别是0.67和0.57；在产品好评度指数方面，小米以高达1.96的得分位列第一，其次为得分1.11的酷派，然后是得分0.93的华为，前两名大幅领先于其他品牌。

小米手机凭什么在4年内市场占有率做到国内第一？雷军的回答是：小米靠的是品质、口碑和用户体验！小米的成功，在于依靠MIUI和米聊用户，以及一批批用户的口口相传。

打造让用户尖叫的产品

创立小米时，雷军要把未来的智能手机当电脑来做：第一，就是通过互联网的形式，做一个可以装不同的操作系统的手机，而且是好用易用的MIUI系统。第二，做一款高品质、高效能的手机，然后通过互联网的形式零售，把价格控制在同类产品一半不到的价格，来完成这个商业闭环。

雷军表示，移动互联网的机会可能比大家想象的多太多，关键是思路转变。"因为它是移动的，所以跟生活越来越接近，关键看你做出来的东西是否适合手机使用。很多人把移动互联网应用理解成入口，我觉得关键是要解决用户需求。"

"移动互联网是软硬一体化的体验，我观察移动互联网有五年时间，琢磨完了，开始研究终端，国内所有的厂商都去看过了。发现所有的终端都不够好。"雷军出山时就决定做手机了。在产品思维上，雷军确定的方向是"做让用户尖叫的产品"。他找了一个很直接的单点切入口：把手机当电脑做。他认为本质上iPhone跟传统的手机最大的差别是，iPhone实际上是电脑。

雷军知道，当前手机行业竞争激烈，小米最大挑战是如何不断做出让用户尖叫的产品。如果小米能做出比苹果和三星好的手机，那才能成功。

雷军表示："我们不追求某一方面比它们好，我们努力做到每一个方面都要比它们好，超越用户的期望，我的成就感肯定也是来自于做出让用户尖叫的产品，做出了用户愿意推荐给朋友的产品。"

为了打造让用户尖叫的产品，雷军在高配低价上下工夫。小米每推出一款新产品，一定是当时速度最快、配置最高、价格最低的。小米第一款手机推出的时候，按当时的配置应该定价3000元左右，而最后的定价是1999元，这个价格后来也成为很多智能手机的参考线。

雷军说："就电脑硬件制造而言，我们认为够用、适用是远远不够的。在别人的高端手机只有512兆内存的时候，我们小米一上来就是1G内存，在别人1G内存的时候，我们小米一上来就是2G内存。你要是两年前

小米要做让用户尖叫的产品

的512兆手机今天用不了，太慢，这就是电脑业游戏规则。"

小米盒子、小米电视推出的理念也是如此。如何做到这一点，就是把自己逼得狠一点，首先选择最好的供应链厂商并且花大力气去整合，其次是在生产阶段做出最好的产品。

小米内部对产品的规划有三个标准：某个设计，如果有存在的意义"加正值"，存在与否无所谓即"不加不减"，产生负面效果"加负值"。小米的设计非常谨慎，不仅"负值"的设计会去掉，而且"不加不减"的设计也会被抹去，以求把每个工具调到最优的方式。小米手机看似没有特色，但是还原了产品的本源——紧紧追逐并满足着米粉的需求。极致而非极端。小米的设计团队有着比消费者要求更高的设计标准。当一个产品做到极致的时候，还会担心销售吗？还会担心赚不赚钱吗？显然，回归产品比死盯销售数据来得更实在。

如果你仔细分析小米所有的新产品发布会，其中有三个关键词是必不可少的，一是"顶配"，二是"首发"，三是高性价比。这三个关键词就像一个楔子，在小米发布新品时，可以深深植入用户的脑海当中。

2010年，小米团队面临的最大难关是供应链的信任和支持，找不到好的配件供应商，当时正赶上智能手机的换机潮，好的配件是稀缺品，求着供货商才能拿到一点。尽管雷军在互联网界颇有名气，负责小米硬件的周光平曾经是摩托罗拉的高管，人脉颇广，但对于做硬件的人来说，大家都觉得小米的硬件不够强。从2010年9月底到12月底，小米跟芯片商高通的谈判才初战告捷。高通选小米的一个重要原因，也是赌一下互联网手机这种新的模式。为了拿到夏普液晶屏的供给，雷军花了很多时间沟通，小米是日本东北地区地震之后，第一个去拜访供应商的中国公司，小米去了三个创始人，雷军带队，总裁林斌加上负责工业设计和供应链的副总裁。最终打动夏普的是雷军那种无论如何都想把手机做好的信念和魄力。

过了供应链这一道关，第二道坎是生产关和品质关。小米手机的加工线是给苹果组装iPad的英华达，生产供应链都要有爬坡的过程，工人需要熟悉新流程的过程，如何能从一开始就保证小米手机的良品率成了小米最关心的问题，十万台卖出去，品质不出大问题，你就可以生产一百万台了。到现在，英华达南京工厂将近80%的业务都是小米的。郭台铭曾经说过，他最大的遗憾就是错失了小米。

另外一个尖叫型产品是小米2，主打发烧级四核高性能，是一个在四核时代里真正把内存标配、主流机器拉到2G内存的手机。那个时候主流机器的内存都是1G，价格还是1999元。

第三个尖叫型产品是小米盒子。在同类产品售价高达800元左右，而小米盒子的售价只有299元。

在雷军看来：只有用最好的供应商、最好的原材料、最好的加工厂，才有机会做出最好的手机。

还有一个让用户尖叫的产品点是MIUI。MIUI在安卓阵营奠定地位靠的是两个经典版本，一是MIUI2.3，在早期安卓操作系统界面很差劲的时候，小米的设计团队做了大量改进工作，对安卓系统做了相应的修改、优化、美化等，符合国人使用。另一个版本是V5，从5个主要的核心应用，18个小工具，8个主要的生态系统，包括浏览器、应用商店、主题商店、在线音乐、在线视频、读书等，进行了用户体验的全面优化。

但对用户而言，他们的尖叫点更多来自视觉化元素，比如个性主题、百变锁屏和自由桌面。MIUI的下一个尖叫点瞄向了NFC（近距离无线通信技术），小米发现的一个痛点是用户随身带太多的卡，能否通过手机把钱包里的这些卡整合是一个努力的方向。

MIUI负责人洪锋认为："尖叫很重要，但是一年让你尖叫一两次就够了，长久以来让你会心微笑更主要。说得俗一些，因为MIUI产品是和手机一起，没有自己独特的生存压力，你的心态更平和一些，就是让用户用得舒服。你的心态就是博妃子一笑的心态，而不是去炫耀。"

有人说，MIUI已经变成了移动互联网的另一个入口。这个入口已经成为小米新的营收来源，目前MIUI的月营收已经突破1000万元。

在雷军看来，一个企业想拥有好口碑，就要有好产品，它是口碑的发动机，是所有基础的基础。产品品质是1，品牌营销都是它身后的0，没有前者全无意义。而如果产品给力，哪怕营销做得差一点，也不会太难看。小米营销是口碑传播，口碑本源是产品。所以基于产品的卖点和如何表达卖点的基本素材是传播的生命线。

雷军认为，小米的用户从来没有像今天这样聪明，因为一句精美的广告词就购买产品的时代一去不复返。在小米社区就可以看到，用户购买前会仔细阅读产品特性，搜索对比和评测，甚至连产品拆解都会阅读。每个用户都是专家，甚至比我们还了解产品特点。

很多人都称雷军是个"会炒作的人"，但很少有人知道，他最会的其实是对产品的严苛追求。为了找到一张满意的壁纸，雷军不惜花10万元征集壁纸，一张一万元，征集了四万五千张。接着小米的员工花了一个通宵时间看完，给他挑了10张，说这10张"挺好"。

谁都没想到，雷军看完这10张壁纸，都给"枪毙"掉了。对于雷军来说，找到好的壁纸，就跟投到好项目一样困难。雷军要求，壁纸放到锁屏里面要好看，放到壁纸里跟图表不打架，还要有意义，有细节，要90%的人喜欢，没有人反对、反感。最后，雷军逼着小米所有的设计师画壁纸，几乎把所有的设计师都逼疯了。

财经作家金错刀这样评价小米："小米作为互联网手机这一品类的开创者，最大的敌人不是对手，而是能否持续生产让用户尖叫的产品。这对所有擅长以用户体验取胜的公司而言，都是一个魔咒，即便是苹果公司都难逃这一魔咒。"

把用户当朋友

如今在国内，只要一提到小米，人们就会想到"火爆"这个词。对此，外界往往都会总结为小米特别擅长互联网营销，然而在雷军看来，成功哪里会有这么简单？在移动互联网时代，创业公司不能推崇"木板理论"，一定要有所聚焦。对于小米来说，这就是产品和服务。

雷军把小米的经营理念定为"把用户当朋友"，他认为："只有把用户当朋友，才能成为一个伟大的公司！"

小米手机火爆的原因有很多，因为它有过硬的品质，因为它有很高的性价比，因为它有MIUI，因为它具有话题性的营销以及拥有上千万的忠诚粉丝……但即使如此，雷军依然认为还远远不够，他认为用户的购买行为只是小米服务的开始。"我们希望把小米打造成与用户心贴心的品牌。"在说到这一点的时候，雷军提及了他经常提到的"参与感"三个字。他说小米手机的制造过程中，用户的积极参与起到了至关重要的作用。无论是MIUI的迭代升级，还是小米硬件配置的选择，很大程度上都听取了用户的意见。然而这还不够，在服务领域，雷军也希望用户有更多的机会参与进来。于是一向在线下渠道"不甚用心"的雷军在小米之家的建设上却空前热情，出手大方，各地的小米之家建得一个比一个豪华气派。

据介绍，目前小米公司在全国设立了18个全资的小米之家，小米之家不仅仅是客户服务中心，还为米粉提供配件销售、网购自提服务，更会成为小米粉丝沟通、交流的胜地。

小米在服务上投入很大，仅客服团队就有2500多人。雷军经常参与

119

客服团队管理层讨论，研究制定服务改善计划，他希望服务成为小米的核心竞争力，小米客服成为国内最好的服务团队，未来还会着眼于服务能力的提升。

雷军在小米的工号是"001"，他常常把自己称为小米的"一号客服"。这个"一号客服"服务的方式和渠道就是他的微博。雷军新浪微博的粉丝数量超过1000万。

雷军说："只要有空我就刷微博。米粉在微博上向我提的问题，只要被我看到，我都会回复并要求马上解决。小米鼓励所有员工开论坛、开微博发表意见，和用户直接接触。所以在与用户的接触中，小米员工与用户成了朋友，这样也更容易把产品做好。"

雷军表示："对于粉丝最为关心的物流配送服务，小米也已经在全国范围内建立起了5个中央仓储。这样一来，小米每天的配送能力就能够超过20万个包裹。这在业界是领先的水平。正是因为公司内部将用户当朋友视为宗旨，所以未来在服务方面将会做到更加扎实，也更加贴心。"

为了解决手机维修的问题，小米从2014年开始推出"一小时快修"服务。雷军强调："对于用户的手机售后问题会要求在一小时以内完成维修，订单则是七天无论多远都送达。"雷军称，这也还是一个开始，

120

雷军亲自为用户签发免单奖品

在"一小时快修"的基础上，小米内部已经开始酝酿先行赔付的机制，也就是如果一小时修不好手机的话，或者七天内包裹没有送到的话，小米将会向用户做出经济补偿。

2014年11月27日，正值感恩节，小米之家的小伙伴们精心策划了一场感恩节活动，以回馈用户对小米的支持。

这一天，米家小伙伴们幸福地忙碌着。除了为到店用户提供手机大保健、保外维修免手工费等福利，他们还准备了包括米兔玩偶、贺卡、千纸鹤、糖果红包等小礼物，送给喜爱小米的用户。

跟用户交朋友，创造参与感，已经成为每一个小米之家员工在潜移默化中都会遵循的企业文化。在每一次感恩节活动中，用户才是真正的明星：他们有些人在便签贴上写下自己的祝福，将米家的感恩墙贴满；有些人还专程带来代表祝福的康乃馨，送给米家的小伙伴们；还有一些用户则面对着拍摄镜头，倾诉着自己与米家的故事，为小米之家的未来提出更多的建议。

在2014年"感恩节"这一天里，全国18个小米之家总共接待了2600多位用户，它们在各自的官方微博上晒起了跟用户互动的开心场景，也获得了总计超过4.6万次的转发和评论。

121

在雷军看来，千万不能把用户当数字看，要把用户当"人"看。"我觉得互联网公司的量化管理带来的恶习是，一上来就是日活跃多少人，月活跃多少人，增长多少，没有任何一个鲜活的。当你真的去走访和了解一个用户的时候，你会发现，那个数字跟实情不一样，一个高度满意的用户，能给你带来十个用户，一个无比忠诚的用户，最少能给你带来一百个用户。"

在小米的粉丝文化中有这么一条规定："让员工成为粉丝，让粉丝成为员工"。雷军强调，首先让员工成为产品品牌的粉丝。每一位小米员工入职时，都可以领到一台工程机，要当作日常主机使用；其次，让员工的朋友也成为用户，每位小米员工每月可以申领几个F码（Friend Code，朋友邀请码，在小米网上有优先购买资格），送给亲朋好友，让他们也使用起来；最后，要和用户做朋友。

对于使用自己的产品，很多传统企业是兔子不吃窝边草。小米的男员工甚至开玩笑说，"让丈母娘也要用小米的产品"。

小米公司的新媒体运营团队，很多都是从粉丝中招聘过来的。不少用户在现场体验过小米之家的服务后，会选择申请来小米工作。他们说小米的服务和别人不一样，像对待朋友一样，用心而且氛围轻松。小米之家杭州站的店长本来就是一名资深米粉，论坛ID是著名的"白板啸西风"，后来加入小米，并做到了店长的岗位。

对于很多用户来说，小米是属于他们的，拥有小米就拥有了另一个世界。小米创建的全新体验，让用户中的年轻群体，借助"雷布斯"的登坛布道找到了表达个性的机会，由此满足了他们在精神价值层面的需求。难怪雷军曾说："小米其实在大家面前演示了一个硅谷式的创业，一个巨大的商业机会，一组很彪悍的人，再拿钱堆，一登场就是世界级的玩法。"

小米的"为发烧而生"，将"极客"消费文化推向高潮，让更多的用户找到了失去已久的信仰，更让他们实现了身为米粉和小米品牌一起成长的心愿！

如今，小米手机用户不仅可以尽情操纵着符合中国人习惯的MIUI系统，参与着系统中各个细节的改进和完善。经过深度开发的MIUI，如同一位久别重逢的亲人，操着浓重的乡音款款走到用户面前，还给人们一个"我就是造物者"的体验快感。

资深传媒人冷湖在《小米制胜之道》中写道："当整个手机市场被小米的'发烧'而燃起熊熊烈火之际，这意味着苏醒的用户终于书写了一个品牌的进化史。小米的演进历程恰恰证明一条真理：在充满变革的时代，唯一不变的就是变化，只有找到用户的痛点，才能成就用户的快感。"

小米产品的持续热销，证明雷军把用户当朋友这个思路是正确的，把每个用户当朋友，用心去为用户服务，用户不是高高在上的上帝，而是在你身边的朋友。朋友遇到困难或者有什么需求，拿出你真诚为朋友服务的态度来，你的朋友就越来越多，自然而然事情就做成了。正如俗话所说，朋友多了路好走，好人缘成就大事业！

"未来的市场竞争将日益激烈，原来的国际同行实力在不断增强，新的对手在不断涌入，这注定了未来五年将是惨烈的五年。"雷军说，小米应保持初心，坚持做高品质、高性价比的产品，也要永远和用户做朋友。

注重用户体验

雷军强调，小米人要"讲人话，要走心"。在小米产品的表达上，雷军要求"需要的是自己真实的产品体验，内容不必追求多、成体系，但要讲自己的痛点，挠自己的痒处"。

雷军不论走到哪里，他总喜欢观察一下身边有没有人使用小米手机，如果发现身边有人在用小米手机，他就问"您觉得小米手机怎么样？"同时还虚心征求他人对产品的意见和建议。

曾经有人问雷军小米手机好在什么地方，雷军回答："其实小米在设计理念上是'集大成设计'，里面有非常多细微设计很实用。"他举了一个小例子，当你来了一个陌生电话，系统会告诉你这个电话是送货员还是中介机构，是推销还是骚扰电话，或是骗子，这样你就可以选择接还是不接。如果是送货员，甚至会显示送货员的名字、照片，这个功能最早是在小米手机上出现的。

雷军说："我有一次给领导汇报，谈到手机他说最麻烦的是他得7×24小时开机，晚上来一个骚扰电话就经常睡不好。我说这个简单，我们加一个功能，晚上睡觉的时候只接VIP电话，指定几个人可以打进来，其他的人不接通就行了。这个功能他觉得非常好。"

雷军有一次见作家韩寒，韩寒对他说："您能不能开发一个新功能，只接我通讯录里的电话？"雷军说这个好，回去后给小米手机加了一个功能，只接通讯录里的电话。小米就是这样一点点把各种功能做进去，让你使用时的体验远超你想象。

123

雷军还举了一些小例子，你去星巴克掏出手机，它弹出提示你一键连接星巴克免费WiFi，不用输密码。不仅在星巴克，在高铁、机场餐厅我们都支持。你平时用 2G、3G、4G 时，运营方流量很贵，用我们的压缩传输基本能省20%流量。所以小米不停和用户沟通怎么可以改得更好用，怎么让你使用手机变得更轻松、更愉快。

比如有人觉得去医院看病挂号很麻烦，小米就做了一个"超级黄页"，在手机里你直接就可以指定医院挂号，包括买高铁票、充值。通过互联网把大量的电话号码和服务直接整合到手机里。

雷军做小米的核心思想是用互联网思维在各个行业里进行产业升级，而又不放弃精品和质优，同时价格还好。这种"多快好省"是行业的一种颠覆性的玩法。

小米卖的每一款手机雷军的包里都有，他几乎每天都拿出来用一用，看看它好在哪里，还有哪些方面需要改进，想看看以前的手机现在用起来感觉如何。雷军说："事实证明不论是新产品还是老产品，用起来感觉还是非常好。当一个手机厂家每年做几十到一百款手机的时候，是不可能用心做好每一款产品的，如果你自己的产品都没有用过，你卖给消费者的时候，就不知道他们的感受是什么样的。所以，小米每年只做一到两款产品，而且把每一款产品做成精品和爆品。

雷军认为："好品质是花钱花精力找最好的人才做出来的。我们中国产品便宜，为什么感觉质量很差？就是没有竭尽全力做好产品。我在做小米手机的时候全部用的是最贵的原材料、最贵的供应商、最贵的组装厂。哪怕像现在卖699元的红米也都是富士康生产的，可能大家不知道富士康生产意味着什么，至少对我来说加工成本贵了一倍。为什么？其实规律是，贵的东西绝大部分的可能性是它的质量要好很多。"

雷军要求工厂和供应链，从品质管理、加工细节、做工都遥遥领先。小米刚开始做手机的时候，处理器全部买的高通最贵的处理器，包括所有配置都选的最高端的。当时绝大部分国产手机公司都是做几百块钱的手机，很多人是谁便宜就买谁。雷军在进入这个市场的时候，因为每一个手机都是给他自己做的，他一定要它好用。所以他在想，"我们只有向苹果学习，用全球最好的供应链、最好的原材料、最好的工厂，才有机会做出最好的手机。"

很多人对雷军说，你小米都用最好的，但是小米手机比iPhone差得很远。雷军坦诚地说：小米手机与iPhone相比的确还有很大的差距。他2014年在一个会上做过调查，有多少人用过小米手机，现场只有三四个人举手，多少人用过苹果手机？结果大多数人用过。这个问题在什么地方？雷军表示："我们和苹果的差距的确很远，我们需要一代一代的进步。从小米1手机到小米4手机，我觉得小米4手机已经接近国际顶级水平，并且我有足够的自信告诉大家，相信小米的下一代还会往前走一大步。所以，我觉得，好的品质是花钱花精力找最好的人才有机会做出来的。"其实，小米与苹果、三星相比，最大的不同在于：苹果、三星都是靠卖硬件挣钱，小米手机不靠硬件赚钱，是依靠初期的成本价来定价，然后依靠衍生服务来赚钱。

雷军认为，苹果强在硬件体验，三星强在全产业链的硬件。国内的同行其实还是各有各的优势。在制造大众型的消费品，怎样把价钱做低，国内的厂商都还是有优势的。当然，要想在用户体验上、综合体验上比拼苹果和三星，还要一起努力。

今天的智能手机就是一个高性能的电脑，它的处理能力相当强大，雷军就是把这些东西整合在一起。所以 MIUI 的设计理念是：易上手、很好用、好看、集大成。各种各样的功能小米里面都有，手机客户群非常广泛，它一定要集大成，要让用户有发现的乐趣，用着用着他就觉得有这么好的功能，要有发现的乐趣。

谈到这里雷军还介绍了一个功能："红米和红米 Note 很多人买回去是送给父母用。父母用的时候就会发现屏幕上的字看不清楚，这些看起来很简单的功能他觉得很复杂，于是小米就开发了一个极简模式，特别简单，可以让字号变大，也可以用微信这样的移动互联网应用，老人家用这个的时候就会觉得小米这个好用，很简单。"

小米是一家非常注重用户体验的公司，在这个"用户为王"的时代，必须注重用户体验，只有这样，产品才能受到消费者的青睐，企业

125

才会获得效益，在激烈的竞争中立于不败之地。一个有智慧的企业家，他一定是将用户放在头等重要的位置，他的企业生产的产品是否完美，关键就是看它是不是符合用户需求的产品，归根到底，就是企业是不是注重了用户的体验。小米公司的产品之所以备受消费者喜爱，与小米"用户至上"理念是密不可分的。用户至上，实际上就是注重用户的体验。雷军认为，不管小米的产品创新到什么程度，方便用户使用，永远是不变的追求。在他看来，一个企业不能仅仅停留在满足用户需求的基础上，除此之外，要让消费者有全新的用户体验，才是一个完美的企业应该积极追求的。

消费者每天面对的是成千上万种产品，有好的品牌和产品，也有不好的，有他们喜欢的，也有他们已经厌弃的。而对于企业来说，怎样赢得消费者的喜爱就成了关键。特别是在全球经济发展放缓的大背景下，消费者的选择也会更"挑剔"，只有用户体验过后认为是比较好的产品，才会是消费者的最终选择。事实表明，如今企业要想赚消费者口袋里的钱是越来越不容易了，要想赢得消费者的青睐，企业就要十分注重用户的体验才行。只有一切为了用户，拿出创作极致和完美的产品的态度，让用户得到更多的满足，企业才能谋求更大的利润，做大做强市场。

让用户有参与感

小米快速崛起的背后是因为社会化媒体下的口碑传播，而小米口碑的核心就是让用户参与进来，并让用户有参与感。

外界很多人一直认为小米做的是"饥饿营销"，其实那只看到一个表面，完全忽视了很多内在性的关联和实质性的状况。

翻开小米主管营销的副总裁黎万强写的《参与感：小米口碑营销内部手册》一书，就是翻开一个崭新的商业时代。

当小米开发产品时，数十万消费者热情地出谋划策；当小米新品上线时，几分钟内，数百万消费者涌入网站参与抢购，数亿销售额瞬间完成；当小米要推广产品时，上千万消费者兴奋地奔走相告；当小米产品售出后，几千万消费者又积极地参与到产品的口碑传播和每周更新完善之中……

这是中国商业史上前所未有的奇观。消费者和品牌从未如此相互贴近，互动从未如此广泛深入。通过互联网，消费者扮演着小米的产品经理、测试工程师、口碑推荐人、梦想赞助商等各种角色，他们热情饱满地参与到一个品牌发展的各个细节当中。

从2011年开始，每年到了年终的时候，小米都会组织一个盛大的"爆米花年度盛典"。雷军把这些年来陪伴小米一同成长的米粉们，从全国各地请到北京来。这场"爆米花年度盛典"就好像一场晚会，每年这个时候，小米公司的所有创始人和团队主管都会到场，和米粉们聚在一起拍照、玩游戏，还可以吃到专门为活动定制的香喷喷的爆米花。

在这场欢乐的聚会中，小米为米粉们铺上了红地毯，设计出了T形舞台，并通过社区数百万米粉选出了几十位在各个领域非常有代表性的资深米粉，为他们制作了专门的VCR，请他们走上红地毯，去领取一份属于他们的"金米兔"奖杯。

米粉们发现，在米粉的群体中，开始有了属于米粉自己的大明星。这些大明星平时就和他们一样在小米论坛里，在新浪微博上，在米粉们自己的微信群中。这种参与感在"爆米花"活动中被推向了顶峰。此外，雷军还让米粉明星登上《爆米花》杂志，让米粉成为时尚封面的主角。

实际上，这也是小米和很多传统品牌最大的不同：小米和用户、米粉一起玩，不管是线上还是线下，无论是什么时候，他们都在想，怎样让用户、米粉参与进来，让他们和小米官方团队一起，成为产品改进、品牌传播的"大明星"。

雷军说，参与感的顶点就是让米粉"成为明星"。同时，米粉还给米粉以特权，满足粉丝们的炫耀感和存在感。

127

F码是小米在会员特权上的一个微创新，它的诞生并不是源自营销，而是为了让老用户能够在第一时间体验到我们的产品。

在小米的成长过程中，用户给了小米最重要的支持。小米手机新上市的时候总是一机难求，小米公司用F码帮助这些用户第一时间体验到最新的产品，这是F码设计的本源。要让用户的参与感落到实处，就一定要给用户特权！

据《参与感：小米口碑营销内部手册》一书记载："满足用户炫耀需求和存在感。炫耀与存在感，这是后工业时代和数字时代交融期，在互联网上最显性的群体意识特征。大家会看到在网上做得很好的互动活动大体都同理。比如百度魔图这个手机图片软件，曾经做过一个活动，告诉用户自拍照跟哪个明星最像，让用户把自己的脸和明星的脸放在一起，参与感非常强，满足了用户的炫耀需求和存在感，做得很成功。"

黎万强认为，消费者选择商品的决策心理在这几十年发生了巨大的转变。用户购买一件商品，从最早的功能式消费，到后来的品牌式消费，到近年流行起来的体验式消费，而小米发现和正参与其中的是全新的"参与式消费"。

为了让用户对手机有更深入的体验，小米一开始就让用户参与到产品研发过程中来，包括市场运营。雷军发现"参与式消费"的时代已经到来，并要求小米要满足用户这个全新的消费心态。

让用户参与，能满足年轻人"在场介入"的心理需求，抒发"影响世界"的热情。在此之前，多见于内容型UGC（用户产生内容）模式的产品，比如在动漫文化圈，著名的"B站"（哔哩哔哩）就是典型的例子。爱好动漫和创作的年轻人通过吐槽、转发、戏仿式的再创作等诸多方式进行投稿，营造出独有的亚文化话语体系。

小米有一个参与感"三三法则"，即：三个战略和三个战术。

三个战略：做爆品，做粉丝，做自媒体。

三个战术：开放参与节点，设计互动方式，扩散口碑事件。

"做爆品"是产品战略。产品规划某个阶段要有魄力只做一个，要做就要做到这个品类的市场第一。产品线不聚焦难于形成规模效应，资源太分散会导致参与感难于展开。

"做粉丝"是用户战略。参与感能扩散的背后是"信任背书"，是弱用户关系向更好信任度的强用户关系进化，粉丝文化首先让员工成为产品的粉丝，其次要让用户获益。功能、信息共享是最初步的利益激励，所以雷军常说"吐槽也是一种参与"，其次是荣誉和利益，只有企业和用户双方获益的参与感才可持续！

"做自媒体"是内容战略。互联网的去中心化已消灭了权威，也消灭了信息的不对称，做自媒体是让企业自己成为互联网的信息节点，让信息流速更快，信息传播结构扁平化，内部组织结构也要配套扁平化。鼓励引导每个员工每个用户都成为"产品代言人"。做内容运营建议要遵循"有用、情感和互动"的思路，只发有用的信息，避免信息过载，每个信息都要有个性化的情感输出，要引导用户来进一步互动参与，分享扩散。

"开放参与节点"把做产品做服务做品牌做销售的过程开放，筛选出对企业和用户双方获益的节点，双方获益的参与互动才可持续。开放的节点应该是基于功能需求，越是刚需参与人越多。

"设计互动方式"根据开放的节点进行相应设计，互动建议遵循"简单、获益、有趣和真实"的设计思路，把互动方式像做产品一样持续改进。2014年春节小米爆发的"微信红包"活动就是极好的互动设计案例，大家可以抢红包获益，有趣而且很简单。

"扩散口碑事件"先筛选出第一批对产品最大的认同者，小范围发酵参与感，把基于互动产生的内容做成话题进行传播，让口碑产生裂变，影响十万人百万人更多地参与，同时也放大了已参与用户的成就感，让参与感形成螺旋扩散的风暴效应！

扩散的途径，一般有两种：一是在开放的产品内部植入鼓励用户分享的机制，类似2013年现象级的休闲游戏"疯狂猜图"和"找你妹"就做得非常好，每天都有几十万条信息是从产品里简单就分享到微博微信等社会化媒体里；二是官方从和用户互动的过程中，发现话题来做专题的深度事件传播。

129

为什么相同的打法，不同企业得到的效果差别很大？还有，很多参与感的活动做了几次就无法持续，究其原因主要是只照搬战术而没有从战略上深度思考。战略是坚持做什么或不做什么，战术是执行层面的如何做。对于用户而言，战略如冰山之下看不见，战术如冰山之上可感知。

小米成立五年来，参与感在实践中的深度和广度都在不断提升，它已不是仅局限于产品和营销，而是全公司的经营。小米为了将参与感融入每一个员工和用户的血液，做了很多尝试。

在小米内部完整地建立了一套依靠用户的反馈来改进产品的系统。小米没有KPI（关键绩效指标）和考勤制度，工作的驱动并不来自于业绩考核，也不是基于老板"拍脑袋"，驱动力都是真真切切地来自用户的反馈。

黎万强认为，参与感在我的理解中至关重要，它意味着消费需求发生了一次关键的跃迁，消费需求第一次超出了产品本身，不再囿于产品的物化属性，更多延伸向了社会属性：今天买东西不再简单是能干什么，而是消费者用它能做什么，能让消费者参与到什么样新的体验进程中去。

用户的参与热情最珍贵，应该给他们提供足够便利的工具。所以，雷军选择了做出一个产品，即"我是手机控"的页面生成工具，用户只需要在其中的机型列表进行选择，即可自动生成一张图片和微博文案，用户再点一下按钮就把他使用手机的历史，分享到微博上去了。

小米现象的背后，是互联网时代人类信息组织结构的深层巨变，是小米公司对这一巨变的敏感觉察和精确把握。

现在不少的企业都在学习、复制小米模式。小米的模式最重要的是带给大家一种自下而上的新观念，以及开放、共享的精神。原来B2C的模式里，企业制造产品，用户使用产品，二者的边界很清晰。而在小米的商业模式里，企业和用户模式界限变得模糊起来，无论是产品研发，还是营销和服务，几乎这个产业链的各个环节都有用户参与进来，小米这个品牌也不仅只是雷军的品牌，更是千万个用户的品牌。有了这个千万个用户的支撑，这个品牌可能比某个个人品牌取得的成功更大。

130

构建完善的服务网络

雷军说，小米是个独特的公司，它是硬件、软件、互联网服务"铁人三项"公司，小米坚持向同仁堂学习做产品，向海底捞学习做服务。

为此，小米公司确定了"以用户为中心"的发展战略，不仅拥有强大的互联网营平台，还构建了一个遍布全国的线下服务网。这个完善的线下服务网络成小米制胜的另一张王牌。

小米的线下服务网络由三部分组成——"小米之家"、授权服务商和寄修服务。"小米之家"是由小米公司的直营服务机构，小米之家的工作人员都是小米的正式员工。目前，正在运营的"小米之家"有18个，分布在全国的18座中心城市。"小米之家"最基础的功能就是负责小米手机的售后服务，提供一个集售后、体验、自提服务和用户交流于一身的场所，通常一家小米之家会配备至少20名员工，其中4到5名是工程师，其余都是服务顾问。

自2011年下半年开设第一家服务旗舰店——小米之家以来，小米仅用了三年时间，就铺设了覆盖全国的完善的服务网络，目前除了18个小米之家，还发展了690家授权服务网点。小米服务在全国300座主要城市

豪华大气，宽敞明亮的小米之家

小米之家温馨舒适的用户休息室

的覆盖度从2011年的2.67％，迅速提升到了2014年的94.67％。

与此同时，小米公司的备件仓储面积也从2011年的300平方米，迅速攀升至2015年的2万平方米。此外，随着小米国际化进程的加速，小米的海外售后服务网络已经覆盖到中国台湾、中国香港、新加坡、菲律宾、马来西亚、印度等国家和地区。

能够建立起这样一张庞大的网络，并不是一件轻而易举的事情，尤其对于小米这样一家只有5年历史的公司。

除了提升网点覆盖度，小米公司的服务还在不断创新，颠覆了行业旧规则，使其率先在行业服务领域做到了"三个第一"。

2011年12月，小米就成立了全国手机行业第一个寄修服务中心，以集中解决创业初期购机用户的维修问题。到目前为止，小米要求所有寄修机器在总部寄修中心的停留时间不能超过12个小时。

针对用户吐槽的传统手机服务等待时间漫长的糟糕体验，雷军又率先在业内推出了"1小时快修"服务，从工单录入到维修完成的时间严控在1小时内，完成率为93％。当然，由于特殊原因，有些有故障的手机并不能保证100％在一小时内解决问题，一旦超时，小米会向用户发放代金券等补偿。小米喊出这样的口号，其实是为了提升服务的整体质量。

"小米之家"版本也在不断迭代，目前、"小米之家"均已从原来的1.0版本升级到4.0版本。不仅增加了体验台、配件墙等模块，门店的体验功能大幅提升。比如为了加强工业设计感以及空间感，采用裸顶天花的设计和质朴自然的原木纹体验台，还增加了个性化的电视体验间等。虽然传统零售行业的终端店铺也有升级换代的做法，但是像小米一样在两年内就能升级到4.0版本也并不多见。

每一次小米的更新换代总能在线上掀起一股抢购风潮，如今，小米搭建更多的线下服务站点，线上线下织成一张紧密的网，只为让更多的人喜欢和加入这个大家庭。

小米公司的整个营销和售后服务体系由副总裁黎万强负责。他是个对设计有着偏执追求的人，小米每次发布的海报都会被反复修改，而这个"传统"也被延续到了"小米之家"身上。

位于北京小米总部楼下的"小米之家"是一块不折不扣的试验田。在2014年3月重装开业之前，这家店一度饱受"摧残"，装修期间，在黎万强的要求之下，它经历过一次完工后的彻底推倒重来以及十几次大的改动。原本定在2013年12月的开业时间不得不推迟至2014年3月。

比如，二楼服务台身后的显示屏采用了不锈钢包边，悬挂在墙上，黎万强说显示屏应该完美嵌入到墙体内，没有包边会更加浑然一体。最终米家就把墙拆了，重新来过。年初，北京小米之家做完电视体验间以后，风格只是普通家居的装修样式，黎万强觉得必须要改，他只提了一个要求，"年轻人的客厅就是要个性化"。于是，北京"小米之家"把2个电视体验间又装修了一遍，其中一个借鉴了当时最火美剧《纸牌屋》，设计了一个稳重典雅的美式客厅，另一个则是走时尚化路线，强调红与黑的色彩冲击。最终，全新的电视体验间也确实令人眼前一亮。

"小米之家"的平均面积都在300平方米以上，内部装修风格借鉴了苹果零售店。不过，与苹果店呈现出的科技感不同的是，小米之家给人的感觉更加青春和有活力，这是由于其整体色调采取了"白色+原木色+橙色"的组合，其中，橙色是小米的标志性颜色。

除了承担售后服务的职能，小米之家同时也会销售一些小米配件。

133

"我们会把网上卖得最好的、颜色最鲜艳的配件放到配件墙上去，让用户有种琳琅满目的感觉。"小米售后服务总监张剑慧说。未来，随着产品线的丰富，小米还会将电视体验间升级为智能家居的体验间。

"小米之家"并非一般意义上的售后网点，小米对它的功能定义是服务和体验，而不是销售。张剑慧表示："'小米之家'不是成本中心，而是服务与口碑中心，是一个能够带来口碑的地方，是一个可以跟用户产生交互的场所。"正因如此，"小米之家"一直努力为用户提供更多个性化的服务，只有超越预期的服务才能为企业带来良性的口碑传播。

从一些细节的处理，就能感受到这种思维差异带来的服务上的不同，比如小米会特别强调"在标准化基础上的非标准化服务"。在那些高度标准化的服务场所，消费者到店后，店员会使用统一的开场白与用户打招呼，比如"你好""欢迎光临"，但是小米给了员工更大的弹性空间，在这里，店员可以直接使用"帅哥""美女"之类的称谓，如果发现用户是本地人，他们甚至可以使用当地方言与用户进行交流。

又比如，在用户等待维修的时候，店员经常会邀请他们做一些小游戏，获胜者能够赢得礼品；看到有家长带着小孩来店里，店长也有权力向其赠送米兔玩偶或者其他配件等礼品。这些出人意料的小惊喜往往能够帮助企业赢得好感。

对于传统企业而言，向用户赠送礼品是一件很难长期执行的事情，因为会增加成本，影响管理，但小米公司用互联网的方式就解决了这一难题，小米专门开发了一套"赠予系统"，店长的每一笔赠送记录后台都能查到，而且有一套公式计算赠送总额是否合理，如果数据出现异常就会自动提醒。小米公司售后服务总监只给"小米之家"规定一个大致的上限，给店长留出浮动的空间，然后，每月看一遍记录。"这就是信任成本，给店长越多的信任，他们反而越不会随意。"张剑慧表示。目前一家店每月的赠品价值大约有几千元。

如今的"小米之家"已经成为当地米粉的线下据点，各地米粉不时会在这里举办各种类型的联谊和交流活动。

对于小米这样擅长营销的公司，许多人会怀疑这种服务理念只是噱头而已，很难持续下去，更谈不上大规模复制了，但其实不然。这些看似随意的"非标服务"背后，小米有一套KPI机制来考核。

"小米之家"是服务门店，而非销售门店，所以小米并不会像零售型企业那样考核每家店的销售业绩，它考核的主要指标有两点——用户的活跃度和满意度。

虽然"小米之家"是小米的嫡系部队，但是毕竟数量有限，更多的作战任务其实是由小米的服务合作伙伴们来承担的。

大部分普通用户，对于厂商的售后服务体系并不了解。其实，售后服务也是一门生意。出于成本的考虑，手机厂商不可能完全靠自己建立官方的售后服务网点，因此，就要将这部分业务外包给第三方的承包商，也就是所谓的授权服务商。

此外，在网点布局上也有讲究，小米的授权服务网点大都设在地铁和公交车站附近，方便用户前往，而且彼此之间分布均匀，"两三公里内你是看不到连续两家的，不然他们一定打架。"

前面说过，售后服务也是一门生意。对于厂商的授权服务商来说，它的收入主要来自两部分：一部分是来自厂商的服务费。保修期内的手机，用户在维修时并不需要掏钱，但这部分费用实际上是由厂商承担的。另一部分则是来自用户的维修费用，这主要针对的是不在保修范围内的手机。

按照行业内多年的潜规则，保外的手机向来是服务商的利润自留地，不受厂商的约束。许多人都曾遇到过修手机被漫天要价的情况，很多时候，原因就在于此。

小米在最初两年也一度深受这一问题的困扰。为了减少用户的抱怨，小米决定对服务商进行限价，即制定一套官方的指导价格，要求服务商来执行。而且随着小米产品价格的下调，维修的价格也会相应下调。

显而易见，这种做法会触及服务商的既得利益，想要推行下去，就要想办法将这种影响降到最低，在提高用户体验和维护供应商秩序之间拿捏平衡。

小米采取的做法就是"补贴"服务。由于将售后体系视作营销的一部分，所以小米愿意花这笔钱。

具体来说，小米会在元器件上让利给服务商。服务商维修手机经常需要更换元器件，而这些元器件是需要向厂商来采购的，而小米会主动降价，给服务商又留下了一定的利润空间，从而使其可以更专心做好服务。

为了确保服务商严格执行公司的政策，小米有专门的团队明察暗访，此外，还会通过电话客服及时向用户进行满意度调查，一旦发现违规行为，会给予严格处理。值得一提的是，小米对授权服务网点每个季度还会有5%左右的淘汰率。

除了在元器件上对服务商让利，小米也会开放一些配件产品，比如小米电源、手机壳等，让服务商销售，这也能为服务商增加一部分收入。

不过，最能打动这些服务商的还是小米每年爆炸性增长的出货情况，用户基数的增加也意味着潜在客户的增加。在小米合作服务商大会的现场，一位来自河南，有着十几年从业经验的服务商在发言中说："小米已经变成了一个国民品牌，我们投入再多人力物力都值得，因为它不会打水漂，我们也愿意跟着小米一起往前走。"

为了做好线下服务工作，小米公司设立了年度服务优秀奖、年度服务新锐奖、年度服务卓越奖以及年度服务参与奖等奖项，每年评选表彰一次。

黎万强介绍："传统的售后是坐商行为，等着用户来我的门店，有什么问题我帮你解决。服务商的心态就是我把你服务好，然后从厂家那里拿到报酬，消费者不要投诉我就行。这就造成了流程化、机械化，它可能非常专业，但是也不会多说一句废话。"

小米希望服务人员能够跟用户有更多的交流，比如，通过请求用户点赞的方式，给客服人员一个跟用户交流的机会。从这些细节入手，逐步转变服务商的服务习惯。

雷军在公司内部也多次强调一个理念：“小米的商业模式就是‘小餐馆模式’，老板跟每一个顾客都是朋友，做好服务后才赚些小费。”把服务做好，不仅是雷军内心的一个信条，也是小米商业模式的信条。

想要让服务商接受自己的服务理念，最基本的方式还是经济杠杆。用户的满意度不能低于95%，再结合物料的使用情况等指标，小米会有一套公式来计算，然后确定付给服务商的报酬金额。如果服务商做得好，这个金额可能超过应有的数字；反之，也可能低于。而这次的点赞月，一旦服务商得到用户点赞，那么小米会为这一单额外支付一定数额的补贴。

2014年7月22日下午，位于北京国家会议中心四层的大会议厅内，小米的年度发布会终于落下帷幕，强调工艺和设计的小米4和价格屠夫小米手环如约亮相。同时，小米公司还隆重举行了小米售后服务商表彰大会，来自全国各地的200位小米售后服务商代表，共有50个服务商受到小米公司的表彰。

雷军在小米售后服务商表彰大会上发表了讲话，畅谈了自己对服务的理解，说到动情处，他连续两次向服务商们90度鞠躬。“在中国做服务不容易，但好服务是一定能获得好的回报，我坚信在手机服务行业一定可以催生出像顺丰、海底捞这样的优秀企业，小米愿意跟服务商一起

137

小米之家工作人员在为用户提供热情周到的服务

成长，让中国的服务变得更美好。"

　　雷军之所以对这些服务商如此重视，是因为这些人是小米过去4年迅速崛起的幕后英雄，而且，随着小米出货规模的进一步增长，线下服务网络在整个小米体系内的位置正变得愈发重要。

小米用互联网的方式做手机，用互联网模式开发，互联网销售，商业模式也是互联网化。小米不仅对传统手机行业产生了深远的影响，还激发了其他传统制造企业对于未来发展模式的深度变革与创新。

用互联网的方式做手机

　　小米最大颠覆性创新就是用互联网的方式做手机，并成功地将小米打造成为第一台互联网手机品牌。

　　多玩网总裁李学凌是雷军的朋友，交往很密切。李学凌说："雷军在创办小米之前，我们聊了很久。我告诉他，如果你这辈子还要创业就应该做手机，做手机至少要卖我一股。我相信，未来手机时代一定会来临。"

　　作为中国IT业和北京中关村的劳动模范，雷军经常夜里三点会给李学凌打电话。多玩网是雷军投资的公司之一，目前多玩YY上市后的市值已经达到了10亿美元。

　　事实上，过去5年，雷军一直都在研究移动互联网。他微笑着说："我是中国最早说出手机将真正替代电脑的人，但当时大家听后都不大相信。"

　　在过去几年，雷军基本不用电脑，就是想身体力行地体验手机替代电脑的可能性。他注意到，过去几年，整个手机行业正在摩尔定律的范畴中。"每18个月芯片的基数翻一番，数量翻一倍。而一旦解决了硬件配置、输入输出、电池这三大问题后，手机将一举超越电脑。"

雷军与小米高管深入座谈和交流

"从本质上讲，iPhone跟传统手机最大的差别在于，iPhone实际上是电脑。苹果是做什么？苹果是做电脑的。谷歌是做互联网的公司。就算微软，也是做PC的。你会发现，赢的全是电脑公司，是广义的电脑公司。功能手机是通讯工具，而今天的手机都是电脑。"雷军说，"明白这个道理，就会理解小米为什么一上来就把手机互联网化、手机电脑化，定位在高性价比。PC工业经过30年的竞争下来，谁的性能最好，谁的性价比最高，谁就会最终胜出。今天，智能手机会走同样的道路。这个产业刚转型的时候，品牌、广告可能产生很大的价值，但当这个产业一步一步稳定以后，关键要看这两招。"

其实在做手机之前的几年间，雷军用手机上网的时间，已经超过了电脑。因此，他将小米手机定位为"用互联网的方式来做手机"，这一方式绝对是颠覆性的。

在跑手机供应商的时候，雷军听到了一句话——现在智能手机只分两种，苹果和非苹果。可打败苹果的方式，绝不是做另一只苹果。雷军表示："你看打败微软的是谷歌，打败谷歌的是Facebook（脸书），全是颠覆性的。"

那么，雷军怎么用互联网思想来做手机？他说："我参与创办第一家公司是金山软件，1988年创办，互联网在中国热起来是1999年，我们是被互联网革命掉的第一代。互联网最先吃掉跟他最近的行业——软件行业。

"被革命之后，我们开始想互联网到底是什么？其实互联网我们自己也用，但是为什么软件行业受到这么大打击？后来我一步一步理解，互联网其实是全新的方法论。思考问题的方法完全不一样。通过一步一步的思索，包括实践，有一天我觉得它是一整套的东西，假如我们用这套东西做任何一个产品产业，我觉得都能产生核爆炸。所以2010年我用这套方法做手机。

"很多人问这个方法你是怎么想出来的？整个方法在做小米之前，已经是成熟的。在过去10多年互联网企业实践中，其实摸索了很多方法。这张图最最核心的是什么？是口碑。我记得20世纪80年代的时候，IBM谈用户满意度，90年代微软谈用户体验。其实今天互联网公司全部谈用户口碑。我们认为没有任何一种推广形式比用户口碑更重要。

"小米手机发布的时候，我同事拿了一个3500万广告预算给我看，我拿起来就把这个预算表撕了，我说我们能不能一分钱不花，我能不能相信用户口碑能让我们成为中国乃至世界性公司？我们就是用这种方法克制自己推广。

"刚刚成立的一年半里，小米极其低调，不做任何广告，也没有任何PR，甚至没有人知道我们做什么。我们在2010年做系统的时候，第一个版本发出来，只有100个人用，第二个星期有200个人用，第三个星期有400个人用，不到一年时间，全球30万人用。我说不做广告，只有不做广告才能真的测试清楚你的产品有没有足够口碑。"

雷军认为："小米颠覆性创新还在于，小米手机的研发、销售全部都用互联网模式。当年，谷歌曾经尝试过用网络卖手机，但是失败了。我觉得我能行，是因为我有多年的电商经历。"

早到2000年，雷军创立了卓越网。2004年，该公司以7500万美元的高价卖给了亚马逊。而目前创办凡客诚品的陈年，正是雷军当年的旧部。雷军本人也是凡客诚品的投资人。

"在配送方面，小米也会借力凡客。未来的无线互联网世界注定是'软件+硬件+服务'铁人三项式的竞争，而小米已经做好了准备。前两步已经完成，目前还未有真正对手。下一步的挑战就是服务。"这就是雷军的布局。早在小米手机投产之前，他就已经拥有400万注册的米聊用户，这是一款被认为已经开始在手机上颠覆QQ的工具；而对短信和电话做了速度提升的手机操作系统MIUI，也早已问世。"我们不会靠做硬件赚钱，小米手机未来就是移动互联的一个渠道。"

由此可见雷军先前投资的一系列公司的布局：以优视科技为代表的移动互联网公司，以凡客诚品为代表的电子商务公司，以拉卡拉为代表的第三方支付公司，似乎找到了一个聚合在一起的出口——一个由雷军打造的移动互联网生态圈。

雷军说："在互联网上做自有品牌手机零售，小米是全球第一家做成功的。小米的成功有六个方面的创新。第一个你看到了电子商务的威力，小米用电子商务直销的模式，去掉了渠道成本和销售成本；第二个你看到了社交媒体的威力，小米用新媒体和自媒体营销的方式包括口碑营销的方式，去掉了营销成本；第三个小米是最早把手机当电脑做的；第四个是小米更强大的，小米发动了粉丝群众运动；第五个是独特的市场定位和维护用户群的方式，小米最早规模化，把'粉丝经济'这个模式做成了；第六个是从创业的角度，小米其实在大家面前演示一个硅谷式的创业，一个巨大的商业机会，一组很彪悍的人，再拿钱烧，一登场就是世界级的玩法。"

雷军的顺势而为的互联网思维，看起来不够有情怀，但这是成功的真谛。小米第一个获得了电商自有品牌的成功。其实，小米的成功是一个品类的成功，就是开创了一个全新的品类"互联网手机"。在当时，可能有很多人并不理解这个概念的意思。于是，雷军成为移动互联网和手机行业"第一个吃螃蟹的人"，他准确地预测并把握住了未来手机互联网化、电脑化的发展趋势，并抢占了互联网时代的先机，创造了小米神话。

不靠硬件赚钱

自从雷军创办小米公司以来，关于小米的"颠覆论"不绝于耳，关于小米到底颠覆了什么？有人说小米用低廉的价格颠覆了手机行业。从小米1到米4，小米手机价格低廉，但是硬件性能却丝毫不比同配置、高价位的手机差。小米的价格几乎接近成本价，小米不靠硬件赚钱的商业模式打破了以前手机行业利润过大的潜规则。

目前，国内外所有的手机厂商的商业模式都是靠销售手机赚钱，在商业模式上，雷军却反其道而行之，不靠硬件盈利，而靠衍生服务和周边产品赚钱。

小米想做的就是从硬件领域迂回包抄软件和互联网领域。从表面上看，小米是手机公司，其实它是互联网公司。所以说，雷军想做的是互联网行业的巨头，而不是手机行业的巨头，手机只是用来铺量的手段而已，等到手机的量达到一定的层次，就可以靠手机里面的各种软件和互联网服务赚钱了。雷军想做的，就是在手机的量上。简单地说，是手机内MIUI的量达到一定的数量后，靠软件和互联网服务，比如说电子书、视频、游戏、各种软件、配件和周边产品来赚钱。就像腾讯的QQ，QQ本身不赚钱，但是用QQ的人太多了，于是腾讯靠各种增值服务，比如游戏、QQ秀、Q币、会员等增值服务和广告赚钱。QQ只是获取用户流量的手段而已。

小米想通过接近成本价的硬件，强力介入硬件领域。由于巨大的价格优势，就会有很多人用，而一旦有很多人用小米的硬件，小米在硬件上搭建的各种软件和互联网服务就可以大量赚钱了。所以，接下来，如果小米的手机销量达到一定的量级以后，你会看到小米手机上会有越来越多小米自家的软件，比如小米小说、多看阅读、米聊，以后还有可能会有什么小米黄页软件、小米浏览器、小米视频等软件出现。

作为一家互联网公司，小米更在意的是用户口碑，只要有足够多的用户，盈利自然不是问题。

由于手机用户一换手机，这个用户可能就是别家的，所以大部分手

144

机厂商没有经营用户的认识，特别是国产品牌。所以如果只是低价卖手机，用户又不是自己的，这就没有意义。

而小米手机是自己的品牌，而且自己有系统级产品服务，能让用户不仅是自己的手机用户，而且是自己的系统用户，这样发展起来的用户就有价值了。其实从这点上说小米与苹果已经很类似了，区别是苹果的利润主要来自硬件，而小米却靠软件和周边产品赚钱。

说到小米手机，大家首先想到的一定是它的定价。豪华的硬件配置，却是低廉的价格，让很多人无法抵抗小米的超高性价比。

2011年8月16日，小米发布的首款智能手机售价只有1999元。作为首款全球1.5G双核处理器，搭配1G内存，以及板载4G存储空间，最高支持32G存储卡的扩展，超强的配置，却仅售1999元，让人群为之一震。

另外，小米手机采用网上售卖的方式，直接面对最终消费者，从物流到库存上节约了巨大的成本，使得小米手机敢卖1999元。

"渗透定价"是小米手机的定价策略。即在新产品上市之初将价格定得较低，吸引大量购买者，扩大市场占有率。由低价产生的两个好处是：首先，低价可以使产品尽快为市场所接受，并借助大批量销售来降低成本，获得长期稳定的市场地位；

其次，微利阻止了竞争者的进入，增强了自身的市场竞争力。

1999元就能够买到相当不错的智能手机，这对消费者来讲是一种很大的诱惑，小米手机第一次网上销售被一抢而空更能说明，高性价比对消费者的诱惑，这为小米手机提高市场占有率提供了很大的优势。

2014年3月发布的红米Note，共有三个版本，其中标准版红米Note售价为799元，特别版售价为899元，增强版售价为999元。雷军表示，这三

雷军在亚布力滑雪场测试体验小蚁运动相机

款红米Note几乎是零利润销售。

小米手机的定价，本身是一个具备市场破坏力的价格。但是800～2000元的售价注定了其市场定位还是中低端层面，无法撼动高端手机市场。

2015年1月15日，小米发布了旗舰智能手机小米Note，这款产品的标准版售价为2299元，顶配版3299元。小米Note这么高端的产品和高配置，需要很高的成本，但是雷军依然坚持高性价比，顶配版3299元依然是紧贴成本定价。

小米4上市半年，销售量突破了1000万台大关，它成为继小米2、小米3、红米、红米Note之后，第五款出货量破1000万台的小米手机。

2015年5月29日下午，雷军和小米诸位高层在"Are you ok"欢歌声中出席庆功会，开香槟、切蛋糕、玩自拍，跟众多小米员工一起庆祝了这一历史性时刻。

雷军在庆功会上公布了一些重要数据，同时，雷军还讲述了小米4背后的一些故事。他特别提到小米4金属边框加工的难度非常大，加工成本达到398元，占到手机售价的20%。这次小米4能够降到1499元，也是跟背后的代工厂商（富士康）多次协商，提高生产工艺之后，才实现的。

因为小米手机基本上是成本价销售，严重打击了传统手机制造商，因此小米模式也被视为"扰乱市场的行为"。但雷军却认为，小米手机按成本定价很合理，小米模式也很合理。

"每家公司发产品都拿来跟小米比，尤其国内同行，这是小米的荣幸。我希望由小米的崛起，能够带动国产高端手机的共同进步，这是好事。"雷军表示。

随着智能手机的市场竞争日益激烈，手机厂商靠硬件获得高利润的模式必然难以为继。尤其是在互联网领域，"免费经济学"已经深入人心，其核心理念是：让用户免费使用产品，形成口口相传的口碑，不断扩大用户基础，更多的用户体验反馈又能帮助这个产品更好改进，良性循环就此形成。当然，"免费经济学"的前提是，互联网产品每增加一个用户时，其成本不会有太大抬升，即边际成本比较低。手机行业则不太相同，每发售一部手机，硬件成本均为固定值。雷军把免费模式应用于手机这一边际固定成本很高的领域，显示出他的非凡魄力。

事实上，移动互联网和电子商务正是雷军这几年最关注的领域。而小米手机将雷军在这两个领域的深入思考集合为一体：使用电商方式降低消费者的进入成本，让更多的人能拥有终端，再通过顶级配置、较好的移动互联网应用和服务留住用户，形成口碑。之后，互联网的商业逻辑是，当你拥有足够多的用户之后，想不赚钱都难。

开创"海量微利"模式

雷军生于湖北，身上有着湖北人与生俱来的精明气质，从他在金山公司开启的杀毒软件免费模式（包括现在的WPS），一直到小米手机匪夷所思的价格，雷军的每一步总是让行业的盈利模式变革。从HP放弃PC就可以看出，IT制造行业的模式正在改变，传统的手机制造也在寻找新的突破口。

"海量微利"模式正是互联网的威力所在。从小米的整个盈利方式来讲，实际上就是雷军的互联网那套思路，先要流量，再考虑盈利。从互联网的思路来讲，做产品的思路、商业逻辑就是海量微利。这两个关键词非常关键。

通俗地说，小米实际上是在用一套做互联网软件的思维来做硬件，不论做手机，还是做电视或者是盒子，都要追求单品爆点，每个单品都要卖到海量。比如说移动电源，小米只赚1块钱，同行可能会赚10块钱，但是小米的移动电源有竞争优势，薄利多销，小米能卖到100万部，别人可能只能做10万部，销量上去了，小米赚钱不会比别人少。2014年，小米的移动电源就销售了2500万部，小米把"海量、微利"的互联网威力体现得淋漓尽致。

雷军说："在微利里面，从长远来讲，硬件确实不是赚钱的根本。目

147

前，小米在构建小米的生态链，软件的营收已经慢慢显现出来了。2014年单月订单会过2亿，基本上来讲，如果我们要用互联网的思路来理解小米、看待小米的话，我们就不会变得这么焦虑，关键是建立海量设备基础很重要，培养用户习惯很重要，太着急去看钱的话，肯定是赚不到钱的。但互联网往往有一个特点，你会发现相当长的时间内你赚不到任何钱，一旦起来的话会赚很多钱，这是互联网的生命模式。"

据黎万强介绍："现在看来，小米商城、小米网、大家感觉我们没有很大的动作做宣传，但从电商来看，2014年我们小米网的销售和用户规模肯定是在天猫和京东之后。4月8日的'米粉节'，我们卖掉了将近229万单，12个小时15亿，这样的成绩，在任何一个平台上一天做到是不可能的。当天的抢购人数有1500人次，每天网站有300万的IP。我们可能用了一种不一样的思路来做我们所理解的电商，我认为未来的电商肯定是社会化的电商，它都是基于人的兴趣所分解的电商。"

小米手机只通过官方网站销售，电子商务的模式使销售渠道的成本很低，而渠道成本对于其他手机品牌来说，却是绕不过去的槛，正因为这样，在售价相同的情况下，如果其他品牌手机有利润，小米的利润一定已经相当可观了。

现在中国的大电商都在亏钱，因为竞争激烈，大家都在打价格战。因此，电商真正的竞争核心应该是品牌，因为品牌能带来溢价，只有建立品牌才能让大家脱离价格战的低端竞争漩涡。而小米显然已经建立了一个成功的电商品牌，数百万狂热的米粉就是明证。在品牌文化成功塑造的情况下，哪怕卖手机不赚钱，销售其他周边产品也可以获得不错的盈利。

雷军表示，5年后所有的公司都将是移动互联网公司，否则会被淘汰。而按硬件成本定价必然会成为未来消费电子标准商业模式。就像Q币一样，靠海量微利取胜。5年后，所有能成功生存下来的公司都是具有互联网思维的公司，而按硬件成本定价将成为未来消费电子标准商业模式。未来在消费电子行业，"海量微利"的商业模式将会常态化，只有口碑好的"爆款"才能获得消费者的追捧。

开放式产品创新

小米另一个成功的经验就是开放式创新。互联网的精神是平等和开放。在互联网时代，产品迁移成本越来越低，想建立一个围墙把用户圈在其中的做法只会失去用户。于是，开放成为小米的信条。

小米的开放式创新的最大的一个特点就是利用"发烧友"和用户助力创新。雷军认为小米手机就是"为发烧友而生"的互联网手机。雷军和他的团队用互联网来获取市场和消费者信息进行市场定位，进而迅速调整产品设计，即用互联网作为创新交流平台，建立与客户互动的开放式产品开发模式。

那么"发烧友"和用户为什么会积极参与产品创新呢？雷军给出的理由是，小米手机是"活"的，是有生命的，他们的操作系统做到每周升级一次，并且"发烧友"和用户广泛参与其中。

从第一款手机问世开始，小米就邀请用户参与小米MIUI操作系统的设计开发，根据他们的意见，MIUI每周进行更新。开发小组发起针对新功能的讨论，用户意见收集后通过投票再决定开放方向，MIUI在每周的迭代中逐渐形成自己的特色。小米公司用自己开放式创新产品赢得了众多消费者的心。

雷军认为，好的产品应该是由用户定义的，而非工程师一拍脑袋定义的。毕竟，没有人可以复制乔布斯特立独行的成功模式。小米公司选择了走更彻底的互联网模式，那就是"充分听取用户声音，快速试错，快速迭代"。

以前，手机上市之后，性能和操作系统均已固化，就算发现任何问题也只能到下一版手机里解决。苹果和谷歌将这种模式又向前推进了很多：iOS一年有一次大的升级，android则是半年一次。

但对互联网速度而言，这还远远不够。小米手机MIUI是首个实现每周升级的手机操作系统。它一改传统手机系统"闭门造车"的模式，完全以用户需求为导向，MIUI团队的一大工作就是泡论坛，广泛收集论坛上粉丝的反馈，根据这些反馈来解决bug，推动升级。同样，米聊团队也

149

会充分收集来自微博、论坛等各个平台的用户反馈，快速迭代。

除了聆听论坛上40万粉丝以及来自11个国家粉丝站的声音之外，MIUI还拥有更深度参与的"荣誉开发组"。这个小组由120多名自愿申请的"发烧友"组成，在MIUI每周升级的节奏中，周五发布新版本，周六到周一MIUI团队收集反馈，修正bug，周三又将更新的版本交给荣誉开发组的成员测试，不断修改，周五下午五点再向外界发布。在这个过程中，要不要做某个功能，这个功能开发出来后实际效果如何，该如何改进，都由这数十万用户驱动。

"发烧友"和用户为什么会愿意为小米做测试？雷军揭秘了这背后的一个很关键的环节，那就是在小米手机发布之前所做的MIUI操作系统。从2010年8月到2011年8月将近1年的时间，通过MIUI操作系统，小米积累了来自20多个国家的50万用户，这50万用户充当了小米最重要的传播源。"我们每周升级一次操作系统，是让用户觉得小米手机用起来是活的，让用户体会到小米是一个真正用心做产品的团队，从而带给他们更大的传播信心和动力。"雷军表示。

"粉丝文化"要让用户获益，双方获益的参与互动才能够持续。功能、信息共享是最初步的利益激励，所以雷军常说"吐槽也是一种参与"。

为了让用户全面参与到产品研发过程，小米用游戏、社交、竞争和贡献等元素把"发烧友"线上线下组织起来，让他们用自己的方式低成本地为小米贡献，实现自己的价值并找到满足感。小米还建立了相应的内部机制和平台，鼓励各方面的员工直接与客户交流。因此实现了小米员工在产品策划、设计、开发、测试和发布全过程与客户的无缝对接。

在小米手机操作系统MIUI的成长过程中，很多模块都向用户开放。用户可以提交bug，跟踪bug处理的进度，也为MIUI开发了千变万化的主题和锁屏样式。正如雷军所说："我们营造了一个粉丝的社区，链接了全球发烧友，让他们一起来帮我们完成。我们是一个开放式的操作系统。"另外，MIUI也致力于将一些源代码贡献给开源社区，比如MIUI中的FM收音机。

即将上市的小米手机也会坚持开放原则。对于应用开发者而言，MIUI系统可以兼容任何针对Android开发的应用，不需要做任何适配和修改。对用户，小米手机不打算建立任何围墙，完全开放系统权限，对MIUI不满意的用户可以刷任何系统，包括刷回android原生系统。雷军表示，之所以这样做，是希望用户真正因为产品好才愿意使用MIUI，而不是因为它捆绑进了小米手机而不得不用。

小米还设计了"橙色星期五"的互联网开发模式，核心是MIUI团队在论坛和用户互动，系统每周更新。

在确保基础功能稳定的基础上，小米把好的或者还不够好的想法，成熟的或者还不成熟的功能，都坦诚放在小米的用户面前。每周五的下午，伴随着小米橙色的标志，新一版MIUI如约而至。

MIUI以论坛建立起的10万人互联网开发团队，核心是当时小米官方的100多个工程师，核心的边缘是经论坛人工审核过的有极强专业水准的1000个荣誉内测组成员，最活跃的用户是10万个对产品功能改进非常热衷的开发版用户，最外围的是发展至后来有数千万的MIUI稳定版用户。他们都在以自己的方式积极地参与到MIUI的迭代完善中来，其中小米的荣誉内测组被称为"荣组儿"。

MIUI的升级制度因此形成了不同的灰度和梯队版本，更新最快的是荣誉内测组的内部测试版，每天升级，有最快的新功能尝试和bug修正测试；其次是开发版，每周升级；随后就是稳定版，通常1~2个月升级。

每个周五，用户就开始等待着MIUI的更新，这些发烧友很喜欢刷机，体验新系统，体验新功能。也许这个"橙色星期五"所发布的新功能就是他们亲自设计的，或者某一个被修复的bug，就是他们发现的。这让每一个深入参与其中的用户都非常兴奋。

雷军表示，未来，小米手机也是一个"活的系统"，通过操作系统定期升级，让用户买到的手机有问题及时解决，越来越好用。

一般而言，制造业新产品的开发模式主要是基于本企业的生产技术而进行的，而无论这种技术是本企业独创的还是引进的。严格来说，乔布斯其实也是这样做的，只不过相比传统企业往前多走了一步而已——企业生产技术服务于设计理念，而非一般制造业企业生产技术固化了设计理念。雷军却没有这样做，他让小米开创了制造业产品开发的新模式。

与其他电子商务企业不同的是，小米很少做过广告。雷军认为，保持产品的透明度和良好的口碑，是小米初步取胜的秘诀。

利用"发烧友"助力创新，创造出契合时代脉搏的产品创新模式必须学习前人实践并准确把握当代人。有人说"发烧友"是一个特定的用户群，不一定能代表广大用户，但这些人其实是最苛刻的用户，他们的反馈意见将推动小米手机不断改进用户体验。

小米拥有上千万计的用户，这成了小米研发的外援团，每天大量对手机的需求、意见、建议，都会通过微博、微信、论坛的渠道传递给小米。小米手机根据不同需求，每周对系统都会进行更新，每次更新都会发布几个甚至十几个功能，这其中就有三分之一是由用户提供的。小米把用户当朋友，根据用户的意见来改进产品，这就是小米最大的变革。

独有的互联网销售模式

小米成功的另一个原因，就是创造出了独有的互联网销售模式。小米手机除了运营商的定制机外，采用电商平台成本价直销，这样省去了中间环节，大大节约了线下渠道成本，预订抢购的方式实现了订单化生产，降低了库存，也就排除了产品滞销的可能。小米打破了手机行业传统的营销模式，并取得了不错的销售业绩，坐稳国内电商第三把交椅，仅次于阿里和京东，跟在小米后面的是苏宁、国美、凡客、当当等。

2007年，富士康替苹果生产出了iPhone手机。2008年，谷歌推出免费开放的智能手机操作系统平台安卓（Android），任何一个公司都可以免费使用这个平台开发自己的智能手机系统。小米就是在这个大背景下诞生的。

雷军说，小米创始团队一开始就定好了公司的主营业务是做手机，而且，以电商的方式来卖手机。只不过，当初规划的是，先做好手机操作系统MIUI和米聊，然后慢慢过渡到手机硬件的生产。

小米在成立半年后的2010年8月份发布了MIUI系统，反响出奇的好。短时间内上百万的"发烧友"加入到MIUI的开发中来。于是小米决定提前涉足硬件市场，开始做手机。

雷军本身的电商经历丰富。他1999年就创办了卓越网，是中国电子商务的先行者。在做天使投资的时候，雷军还投资了凡客、乐淘等电商，对电商的趋势看得比较明白，也比较坚定。所以，小米选择通过电商的方式来做手机。除了未来打算在线下售后服务机构——小米之家里销售手机配件外，所有手机都通过互联网来卖。

在出货渠道方面，小米没有传统的线下渠道，采用自建电商以及其他线上渠道分发的方式，通过互联网直销，从而最终降低终端的销售价格。另外，电商渠道销售模式，用户都是互联网的活跃人群，如果销售体验很好，会给手机和小米做二次传播。在这一点上，店面相互传播的辐射度很弱。

153

2015年5月29日，公司高管和员工庆祝小米4手机销量突破1000万台

　　雷军认为，小米在营销、供应链、销售方面不断降成本，降风险，那么，节省下来的成本就有机会成为小米的盈利点或者让利给用户。

　　雷军做手机、卖手机的思路都迥异于他人，现在做电商，依然是颠覆规则，依然一出手就是高起点。

　　小米公司2010年创立，不到四年的时间，成为中国第三大电商平台，雷军说其秘密之一即是"比特世界与原子世界融合"。

　　"比特世界"是新的计算技术与通讯技术构筑起来的信息世界，常被称为虚拟世界；"原子世界"是现实的物理世界。"比特世界"是过去40年生长出来的世界，给人类的生活、工作、娱乐带来巨大的变化。但虚拟世界过去大多独立于物理世界而运行，随着"比特世界"的壮大，其与物理世界将趋于融合，碰撞也越来越剧烈。

　　小米"米粉节"是"双11"之后的第二个购物狂欢节。在2014年4月8日"米粉节"当天，小米在12个小时内接到了200万个订单，卖出了130万部手机，近480万个配件，实现了15亿元的销售额。这刷新了国内独立电商单日销售额新高，而且这些订单将于一周之内全部发出。

　　所有这些，都是通过小米官网卖出去的。经此一役，小米显示了极强的电商能力，以渠道体量计算，小米已经成为国内排名前三的B2C电商和最大的品牌电商。

　　当日的UV（网站独立访客）也高达1500万人次，真正让电商行业惊奇甚至敬畏的是，小米几乎没有花一分钱去购买流量。在小米自己构筑的新媒体营销矩阵中，包括微博、微信、小米论坛、百度贴吧、QQ空间、小米商城APP等全部上阵，参与预热，对外部的营销投入几乎为零（除了让利和优惠券），但却能够在"米粉节"当天带来大量的活跃用户。

　　小米电商的秘诀在于坚持自己的粉丝文化打法，并借助游戏化的互动方式吸引用户参与。仅以发送"米粉节"的现金优惠券为例，对小米论坛中符合活动标准的十多万老用户，小米会根据积分系统发送不同的优惠券。同时，小米还推出了一个互动游戏"拳王争霸赛"，让用户一起来玩猜拳，再送出礼券，结果有超过1100万人次的参与，热度极高。

154

大家都在玩社交、玩优惠券，但玩的方式很重要，由此才能累积势能，并在特定的时间段做引爆。

2010年决定做小米时，雷军曾考虑过第三方电商，比如凡客，但最终还是决定自建电商渠道，如今它成为了整个小米的核心竞争力，这多少出乎雷军的意外。

2014年3月，顺丰集团董事长王卫到小米公司参观，王卫希望学习小米的互联网思维，而雷军则希望顺丰协助小米电商的"升级进化"。

小米网是小米电商的"比特世界"，小米乐于借力顺丰强化自己的原子世界。2014年"米粉节"期间，顺丰给予了小米超常规的全力支持。据小米公司的一位高管透露，目前，红米、小米手机等手机订单60%均优先由顺丰投送。

强化与顺丰的合作，于小米具有战略意义——强化自己的原子世界。为了应对此次"米粉节"产生的销量峰值冲击，小米在天津、郑州、广州、南京新增四个仓库。这些新仓库是专门为"米粉节"准备的，两个月内完工，速度几乎是国内仓储中心建设项目中最快的。

目前小米在国内共有10个服务中国大陆市场的仓储物流中心，物流中心团队从400扩容到2000多人，翻了5倍，小米的库存周转时间为7天，现在仓储面积是5万平方米，而2年前第一个物流仓储中心仅900平方米。

小米电商系统几乎是白手起家，创建初期组织去凡客、乐淘学习，后逐渐成熟，在抗压能力和系统架构上也借鉴了阿里的经验。据了解，小米电商团队核心成员主要来自金山、百度、淘宝、腾讯等公司。

小米电商系统的理论承压能力是每分钟30万下单量，在2014年"米粉节"当天约1500万UV的冲击下，小米电商系统安然无恙。在应对峰值流量冲击的能力上，淘宝的大秒系统目前是业内楷模，而小米网的"波峰销售"支持能力基本已算是一个小淘宝了。

强大的"比特系统+原子系统"带来的成绩是，"米粉节"后24小时，小米物流发货56万单，一举刷新小米物流峰值纪录，此前单日峰值发货为30万单。

业内分析人士认为，小米能否从100亿美元估值成长为1000亿美元市

小米公司北京物流配货仓库

值，必须经历两个转变，即从产品型公司向平台型公司的转变，以及从平台型公司向服务型公司的转变。"米粉节"这次超级促销，显然标志着第一个转变已经加速开始。

最初评论家们说雷军只是做了个还行的安卓产品，接下来他们又说雷军只是善于营销，现在雷军做电商了，依然以独特的思维创造了出色的业绩。这些颠覆规则的一整套创新思维体系才是创造一天15亿电商销售的关键，也是小米成其为小米的核心所在。

美国作家马克·莱文森在《集装箱改变世界》一书中，曾经分析过"一个冷冰冰的铝制或钢制大箱子"，或者说一个"实用的东西"，之所以能够撬动全球物流供应链体系的变革，在于集装箱是核心物件，但背后支撑是"一个高度自动化、低成本和低复杂度的货物运输系统"。

与之类似，小米电商的崛起，胜在重新制定生态规则的整体打法，从销售模式、电商系统搭建、物流系统支撑、社会化媒体运营等各维度构成一个业界从未见过的新架构整体。这也是为何很多对手尝试用小米模式围堵小米时，从一些单点切入模仿，却又浑身别扭的症结所在。

雷军说："在未来的移动互联网世界里，无社交不电商。即使是阿里巴巴、京东这样的电商巨头，如果不抓紧时间在社交上努力，同样有可能被新型的社交电商所颠覆。"

小米的硬件产品定价是贴着成本走，倘若是纯硬件生产，就得是一种走先亏后盈利的模式，这要求有高货量与较长的产品生命周期。不过，小米的生态是一个硬件、软件与服务的一体化平台，这给小米电商带来了更多想象空间。

比如小米电商可以拓展基于族群的生活方式产品，开始有越来越多的大品牌找到小米，愿意合作针对米粉的定制产品。比如瑞士军刀生产商威戈（Wenger）就推出了一款价格为399元的"小米&威戈跨界背包"，"米粉节"期间特价99元，基本属于倒贴卖，之所以愿意承担，是因为Wenger更看重小米所聚集的粉丝族群。

又如米兔玩偶，这是件非功能化的商品，但"米粉节"当天就售出了20万只。雷军本人把米兔的销量视为米粉对小米热爱的表达。实际上，这也的确是包括电商业务在内的小米品牌势能的一个合适的度量标

小米总裁林斌在仓库为米粉节订单配货

准，而这势能也是小米电商后续发展的潜力空间。

小米配件是小米电商生态的利润贡献者和生态拓展前沿。小米发布的数据显示，在"米粉节"超过15亿元的支付金额中，配件的销售额已破亿元。

此外，MIUI、多看阅读乃至小米售后都参与到"米粉节"中，提供MIUI主题下载以及电子书支持，而18个小米之家也以线下店庆方式参与进来。以MIUI主题下载为例，"米粉节"期间收费主题下载超10万次，免费主题下载超55万次。

以上这些服务同时又是营销触点，能够接触和黏住用户，还能提升关联销售。小米电商的种种做法，都从起点上与传统实物电商拉开了差异，两者未来能到达的空间也必然不同。

"米粉节"当天，总裁林斌上午亲自坐镇小米客服部门，接听米粉电话，下午又赶到小米北京大兴仓库，亲自体验了整个配货流程，并为10位幸运米粉的发货单签字免单。

"米粉节"已如同天猫"双11"购物节一样，逐渐成为整个消费电子行业的重要电商节日。2015年的"米粉节"恰逢小米成立五周年，更是史上规模最大的一次"米粉节"活动。五大新品登台亮相，同时提供足量备货的手机与配件免预约购买，丰富的MIUI线上生态产品共同参与，并提供了价值两亿元的超值回馈。所有现货销售商品均在7个工作日

小米总裁林斌在小米客服部亲自接听米粉来电

内保证完成发货，预售商品在3~5周内保证发货。

对于小米来说，米粉节目的不仅是为了销货，其更大的意义是做压力测试，看看小米网、小米物流、小米供应链能承受多大的销量冲击，为接下来的扩产做准备。

"米粉节"不是小米电商系统唯一需要承受的销量冲击模式。小米提供的资料显示，小米一年要搞60多场活动（预约以及开放购买），有时候会和外部平台合作活动重叠，比如在同一天，QQ空间和小米网自身促销同时都在做。

根据国际数据调研机构IDC数据显示，2014年，小米的国内市场占有率已经达到了12.5%，升至第一名。6112万台的手机销量和743亿元的销售额充分显示了一个创业公司的增长速度。

目前，小米商城正在成为一个开放的电商平台，除了销售小米自有品牌产品外，还销售小米品牌之外的产品。作为互联网企业，小米公司依靠其互联网优势，做出了独有的具有互联网基因的电子商务策略，小米手机无疑是一个很好的范例。

第八章

用五年时间，做十年的事

雷军将互联网思维浓缩为"专注、极致、口碑、快"七字诀，这"七字诀"不仅成就了小米，而且对我国互联网行业和传统制造业都具有十分重要的指导意义。

▶▶

雷军的"互联网思维"

"互联网思维"是近年来的一个很热门的话题，雷军作为互联网思维的实践者，他的小米可以说是当下最成功的创业公司。时下很多人都在强调互联网思维，也有很多的解读，但无疑雷军的是最接近本质的，而且雷军的"互联网思维"对互联网公司和互联网领域的创业是很有启发的。

小米手机是第一个互联网的手机品牌，利用互联网思维模式开发和销售，进行"互联网化"。这种模式的开启，等于用了外挂的网络游戏，一路杀敌无数，升级迅速，羡煞旁人。

不到三十年历史的互联网，一次又一次地惊艳了人类。它首先征服了世界各地的高等学府和科研机构，让这些社会的顶级创新平台享受到前所未有的知识交流。上世纪90年代的那场互联网商业化大狂欢，推出了一批闪亮的创业公司，一些文思敏捷的学者也顺势推出了"新经济"学说，认为在以知识为核心要素的信息时代，社会将从以制造为中心转向以服务为中心。

然而，很多在泡沫中，创业的公司快速消失了，让投资者损失惨重，"新经济"学说也随着互联网泡沫的破灭而成为犹如"永动机的原理"那样的笑柄。但是一些生命力顽强的互联网公司存活下来了，更多互联网公司逐渐在前辈留下的废墟中重新发芽并长成大树。更重要的是，在有意和无意并行的过程中，消费者的生活与互联网融为一体，在互联网时代出生的孩子们也逐渐成为社会的主流。

于是，很多企业家都纷纷现身解读"互联网思维"的含义。柳传志说："互联网思维开放、互动的特性，将改变制造业的整个产业链。因此，用好互联网思维，制造业链条上的研发、生产、物流、市场、销售、售后服务等环节，都要顺势而变。"今天，互联网在制造业形成了新的风暴，有人在大谈公司运作的"互联网思维"，也有人在"万物互联"概念中寻找机会。

就中国的互联网来看，最大的特征应该是并联平台思维。所谓的并联平台思维，也可以看成是用户至上的思维。众所周知，传统制造思维的中心是产品，互联网时代的产品是沟通工具，其目的是挖掘用户需求，是先有用户再有产品。所以从这个角度来看，互联网讲究的是平台战略，通过无所不能的网络进行价值交换和利益的最大化。

雷军2000年牵头创办了卓越网，2004年把卓越网卖给亚马逊。卖掉卓越网后，他一直在思考到底什么是互联网？他当时面临的一个很大的压力是什么呢？金山只有20%到30%的成长，而卓越网能获得100%的增长。雷军就在想，这事情好像不对，自己花了80%时间和精力打造的东西只有20%到30%成长，问题究竟出在哪里？金山公司怎样才能成长更快呢？而且互联网到底是一个什么样的东西呢？雷军足足想了半年多的时间，才觉得自己对互联网有了一点点感觉。

互联网是什么？一个专业的定义是：网络与网络之间所串连成的庞大网络，这些网络以一组通用的协定相连，形成逻辑上的单一巨大国际网络。这种将计算机网络互相连接在一起的方法可称作"网络互联"，在这基础上发展出覆盖全世界的全球性互联网络称"互联网"，即是"互相连接一起的网络"。

但是雷军觉得，仅仅是这样一个基础性的定义远不足以囊括当今互

163

联网的内涵。今天的互联网除了资源共享化、服务对象化这些基本的概念外，更多涉及的是一种思维模式，即互联网思维。雷军用七个字简洁明了地概括了互联网思维的精髓——专注、极致、口碑、快。他坚信，只要按这个方法去做，就会事半功倍。

2007年金山上市后，雷军辞去了CEO职位，做了三年天使投资，用他的方法论帮助创办了20多家公司。2010年，他就决定用这套方法论来创办小米。小米创办4年得到飞速发展，真如他所想，的确事半功倍。

1992年，雷军参与创办金山软件，互联网在中国热起来是 1999 年，可以说雷军是被互联网革命掉的第一代。互联网最先吃掉跟他最近的行业——软件行业。被革命之后，他开始想互联网到底是什么？其实互联网他自己也在使用，但是为什么软件行业受到这么大打击？后来他一步一步理解，互联网其实是全新的方法论。

雷军思考问题的方法和别人完全不一样，通过一步一步的思索和实践，有一天他觉得自己思考的是一整套的东西。他觉得"假如用他的这套东西做任何一个产品或产业，都能产生核爆炸"。所以他决定用这套方法做手机。

小米迅速崛起，人们习惯把小米现象总结为互联网思维，同时各种

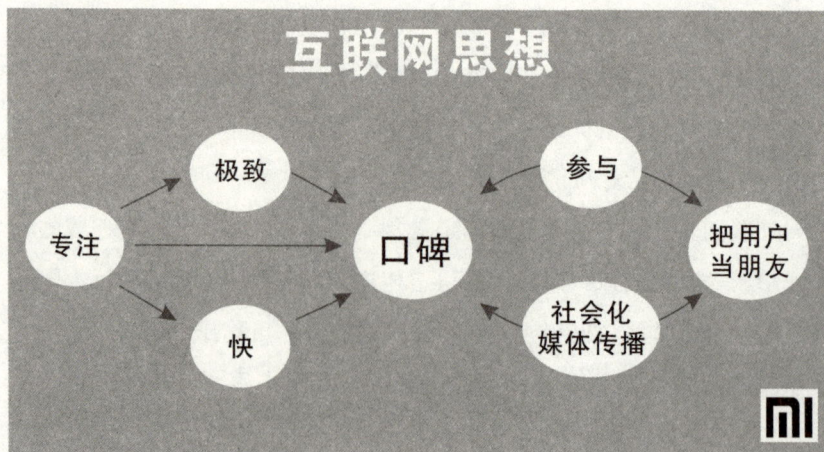

164

互联网思想

专注 → 极致 → 口碑 ← 参与 → 把用户当朋友
专注 → 快 → 口碑 ← 社会化媒体传播 → 把用户当朋友

MI

雷军的互联网思维图

学习与模仿小米模式的创业创新层出不穷，更引发了人们对互联网思维的大思考、大争论，有人戏称"互联网思维"已经成为与《葵花宝典》《九阴真经》齐名的三大武功之一。

其实做小米手机这套方法已经是很成熟的，这都是雷军过去10多年在互联网企业实践、摸索出来的结晶。

雷军说："近几年来'互联网思维'大家听多了，都觉得腻味了。甚至把大家都搞糊涂了。"那么雷军的互联网思维的核心究竟是什么？

2014年12月12日，雷军在由《中国企业家》杂志社主办的第十三届中国企业领袖年会上发表主题演讲，畅谈了自己的互联网思维。下面把他的演讲摘录如下，以飨读者：

互联网是一种思维，是一种考虑未来的方法。开放、透明、合作，都是互联网的精神。当互联网与传统产业结合起来，将会极大推进中国经济的转型升级，增强企业竞争力。

简单地说互联网思维就是一种用户思维、产品思维，本质上就是将传统产业做到极致的一种看法。或者说"互联网思维"就是用户心理与行为导向、品牌优先、先入为主、杀手应用深度体验、种子用户黏度形成、口碑相传直到雪崩、开放创新产业协同，本质上就是"群众路线"。

下面我就从传统产业的角度上讲讲看看小米做对了哪几件事情，产生了不一样的增长：第一，小米极其强调真材实料做好产品。应该来说小米发布这产品，在发布之初就具备了非常高的品质。第二，小米很愿意倾听用户的意见，和用户做朋友，把用户全部拉进来，一起把产品做好。第三，小米用了互联网的技术，电商直销，高效率的运作，最终使它的零售价接近成本价直销，这样还能挣钱，我觉得它的核心是高效。

其实这是向三家企业学习的成果。第一，向同仁堂学习，强调真材实料做好产品。第二，向海底捞学习，和用户做朋友，和用户互动。第三，向沃尔玛学习，高效率的运作，控制好自己的成本，缩短中间环节，这样使你的成本以接近成本价直销。我相信这三点跟互联网一点关

165

系都没有，但是这就是互联网最最重要的用户思维和产品思维。

谈到用户思维，很多人觉得理解起来很费劲，说你们是怎么样让用户参与进来的？你们是怎么样跟用户互动起来的，我觉得这里面也没有什么诀窍，本质上就是我党的群众路线，群众路线讲的跟互联网的互动思维是一模一样的。就得深入群众，相信群众，依赖群众，从群众中来，到群众中去。我觉得它本质上就是群众路线，只要你理解了群众路线，你就理解了用户思维。

所以，谈到这里很多人说，你讲得很简单，小米应该没有这么简单。在去年年初，在跟一群企业家沟通的时候我就说，我真的认为小米所倡导的互联网思维是完全可复制，如果大家不相信，我在未来的五年里面，投资一百家公司来复制小米模式，这是去年年初开始的计划。也就是我们今天讲的智能硬件的生态链。

举个小例子，举两家公司。第一家公司叫紫米科技，是一家南京的公司，做移动电源，这个公司是小米的"贵人"。我四年前做手机硬件的时候，需要找一家代工厂帮我代工，我找了全球的前十大，没有任何一家愿意为我生产，这是情有可原，因为全球最大的加工厂绝对不愿意为一个创业公司去生产。我们其实也可以在深圳找些山寨小厂干，这个完全可能。但是，小米从第一年开始，就用世界级的标准要求自己，没有一家好的工厂帮我生产，我怎么样能够做出世界一流的产品呢？我一趟一趟地拜访，花了很久时间，终于说服了第五名英华达做手机代工的。就是我说的那个总经理，是英华达在南京的总经理，他说服了英华达，到现在为止，英华达是我们手机代工最核心的工厂。去年8月份，他离开英华达一段时间找我，说他打算创业，他做了17年手机的研发、设计和生产，他想出来创业。我说你能不能做一个移动电源，他说这个移动电源太简单了，里面什么都没有。我说你伴随着小米，从第一天开始，你对小米模式就很了解，假如你用小米模式做移动电源，你就有可能办世界第一的移动电源公司。我去年8月，从晚上7点讲到凌晨4点，我完全说服了他。他第二天就开始创办紫米，开始做移动电源，今年1月份，产品上市。在最高的一个月，卖了300万个的移动电源，今年全年营业额，最少突破10亿人民币。这个公司刚开始只有一二十人，现在也只有四五十人，叫紫米科技，是南京的。

他遇到的最大困难就是全世界都是假货，假货是真货的10倍。现在全世界都在卖小米的移动电源，还是假的。因为真的已经干到极致了，它铝合金的外壳，所有的都是最好的，400毫安，别人卖两三百，他全用世界顶级的东西，做好了卖69块。我相信在座人不少人用的是小米的移动电源。不管用什么牌子的手机，你都有机会用小米的移动电源，因为未来是世界第一，但是强调大家只在小米网上买，因为那些看起来一样，里面用的是笔记本的二手电机，极容易爆炸。所以，紫米科技遇到的最大的困难就是假货。

今年年初投资了一家创业公司，在合肥，是中科大一大帮博士出来做的，叫华米科技。我们建议他们做手环，我们帮他定义了整个手环的产品，我自己也是手环的用户，手环我说最要命的就是充电的问题，数据更新的问题。我说国外品牌，五到七天要充一次电，你能不能三个月充一次电，结果他做完了，只能做到60天左右。但是同事们试用了以后效果很好，后来我们宣称我们手环能够30天充一次电，其实能用60天，就是我戴的这个手环。这么好的手环卖79块，两三个月时间，就销售100万的手环，我认为用不了半年，它又变成世界第一的手环公司。这个公司今年1月份创办的，叫华米科技。上个月他们刚刚以三亿美元作价融资了3500万，他们的成长是非常之快的。这就是我举的两家创业公司，都获得了非常大的发展。本质是他们用小米标准，用小米所倡导的互联网思维，重新认真地做了一两款常用的产品，把这些产品真材实料做好。

我觉得如果真材实料做产品的时候，他的成本一定是高很多。那么，怎么样把成本贵很多的东西卖便宜，怎么提高效率，这就是我们强调的社会化媒体营销、参与感营销，还有电商的直销。这一系列的方式帮我们削减了市场费用，削掉了渠道成本、店面成本，甚至优化了整个仓库管理，各项成本，使它达到了非常完美的配合、非常低的成本。我觉得小米模式的核心就是高效。像小米的空气净化器，也是今年年初一个叫自米科技的，这个产品做得极为细致，为了减低空气净化器的噪音

（因为这是一个巨大的动因），他们每一个轴连风扇，每一片都做动平衡，甚至不平衡的加运作，来修正整个平衡性，改善平衡性，使静音情况下的噪音只有30分贝左右，其实非常安静。

所以，小米这样帮助创业公司改善自己的产品，改善自己的服务，改善自己和用户之间的关系。我们到今天为止投了25家，已经发布的有六七家，每一款产品放到桌上的时候，都能给你震惊的感觉。所以，刚才大家说什么东西是不是跟小米一合作够与众不同了？我觉得不是小米的互联网魔力，是小米的价值观、方法论，严于律己，努力把每一件事情做好的决心。所以，我相信剩下的这十七八家，他们做的产品放到桌上的时候，都会让大家有惊艳的感觉。接下来我们还希望投资一百家智能硬件的公司完善整个小米生态链，这是我们整个计划。我相信这一百家公司能够使更多的中国公司理解到真材实料和高效运作的价值。我们也希望通过这些努力推进整个工业化互联网的转型和升级。

我在今年上半年讲出了我们创办小米的整个梦想，我们希望小米能成为中国的国民企业，通过我们努力能让世界上的每个人都享受到中国科技创新的乐趣。我们希望我们像上世纪70年代的索尼一样带动整个国家的工业界开始真材实料做好产品，并且优质平价，这个能够带动整个工业，让全世界每个人都能买到中国的产品，是优质的，并且是平价的。我相信经过未来十年到二十年的努力，中国产品会变成优质产品的代名词，这就是我们创办小米时候的梦想。我相信四年后，这一点也开始一步一步地显现，当然这一点需要得到大家的支持，也需要大家的帮助，谢谢！

让手机电脑化

雷军对手机情有独钟，在他眼中，未来世界是由手机串联起来的。雷军的移动互联网产业链思维是先投资几个相关的公司——确定手机会代替电脑的核心观念——最初以PC时代软硬件分离的思维做MIUI系统——做手机硬件形成闭环——通过小米盒子，把手机与大屏幕连接。

回顾过去几年互联网发生的变化，有个普遍观点是，手机替代了电脑。但雷军的观点有所不同，他说，其实两者之间不是取代关系，而是手机变成了电脑。

关于移动互联网的重要意义，早在2005年时雷军就开始思考。那时3G网络快要普及的消息炒得很热，但后来牌照迟迟发不下来。他在想：3G到底用来干吗的？如果带宽提速，到底会对哪个产业带来最为重大的影响？

雷军认为，分析互联网主要用户群体，大致可以分为专业工作者和普通老百姓。对于后者而言，手机会比电脑更方便，移动互联网对于后者的意义就更为重大。我们不能因为先有了电脑，就觉得电脑好，大家有没有想过，当初我们初学电脑时，要记住那么多键盘位置，是多么痛苦的事情。

当时雷军对移动互联网还完全不理解，就通过各种渠道在市场上打听，谁在做移动互联网。那时，做移动互联网的公司都还很小，不少公司都只有几名员工。雷军找的第一家做移动互联网的公司是3G门户，但最终张向东选择了IDG，于是他投资了当时同样位处行业前列的深圳乐讯。雷军当时的观点是：不管你干啥，你做不做移动互联网，你做，我就投。

雷军投了乐讯之后逐渐理解，使用移动互联网的主力人群包括三个：学生、军人和打工族。因为这三类人群没有电脑，上不了网，只要手机能上网，再难也会用。在乐讯之后，雷军还投资了第二个移动互联网项目——UCWeb，当时他只是UCWeb的用户，是多玩的李学凌向他推荐的。虽然UCWeb的用户体量还不大，只有几万人，但他相信在带宽不足的情况下，UCWeb这类导航类应用会显得特别重要。

2007年，苹果公司发布第一代iPhone，对于移动互联网来说是一件里程碑式的事件。雷军一口气在国外买了30多台iPhone，不仅自己用，还赠送给身边的朋友。为了体验iPhone，雷军和他的朋友们克服了各种困难。比如，第一代iPhone不支持中文，他们就把所有的联系人都改成拼音，发短信也用拼音。体验之后雷军的感受是：虽然iPhone有许多问题，但依然是个划时代作品，因为它已经在用一部分电脑的思维做手机。2007年底，他开始做一个大胆的尝试：尽量不用电脑，只用手机，甚至出差也不带电脑。

从那时起雷军已经基本确定了一个理念：手机会替代电脑，成为大众最常用的计算机终端。在当年的全球移动互联网大会上，雷军在主题演讲中表达了他的这个观点，讲完以后有很多人骂他天真。但到了2009年情况就不一样了。先是孙正义也发表了类似观点，后来IBM的PC发明人马克·迪恩也表达了"PC时代即将结束，PC终将被手机取代"的观点。

现在手机的重要性当然毋庸置疑了。但雷军还坚持另一个观点——未来手机会是这个世界的中心。

雷军说："假如你只用手机的话，就会发现所有的环节都需要重新思考、重新构造。"当他开始做小米之后，对智能手机的理解发生了一些变化。他觉得其实不是手机替代了电脑，而是手机变成了电脑。最初，他也是PC时代的软硬件分离的思维，想能不能做一个MIUI系统，跑在大部分手机上，所以小米就开始做了MIUI。当MIUI成功了以后，雷军便开始思考做硬件，也就是小米手机，软硬件结合之后，再把云服务整合在MIUI里。

在雷军看来，整合在智能手机领域具有非常重要的战略意义。三星整合的内容，包括芯片、生产制造、核心元器件，这些是产业链的前端，而小米是整合了产业链的后端，包括设计、品牌、市场、销售、软件、服务。整合的意义在于，降低渠道成本，增加用户黏性。所以小米不惜做云服务，当用户发现存在这里的几千张照片，搬走是个累活、很辛苦的话，黏性就产生了。

过去四年间，雷军所做的事情，其实就是把互联网的基因注入手机行业，他管这个叫"互联网手机模式"，说出来挺简单的。第一，就是通过互联网的形式，做一个好用易用的MIUI系统。第二，做一款高品质、高效能的手机，然后通过互联网的形式零售，把价格控制在同类产品一半不到的价格，来完成这个商业闭环。PC时代的思路是软硬件分离，但智能手机时代，你不仅仅要有能力做软件，也要有能力做硬件，还要有能力通过互联网、电商的方式形成营销、市场和渠道的全闭环。

为此，雷军经常和一些移动互联网圈的朋友交流这个话题，他们持有相反的看法，有人认为，十年之后，手机作为入口的重要性会下降。但雷军并不同意这个观点，如果放在十年这个时间段，手机肯定不会消失，而且是最核心的东西。

雷军认为，手机的移动互联网比起PC互联网其实有很多特色。第一，它实时联网；第二，它可以感知声音、照片和视频。比如大家都说输入难，你很快发现米聊具有直接语音对讲机功能，后来又增加了视频对讲机，聊天比从前更方便。起初，手机输入是个大问题，但是摇一摇方式的发明，也使得手机上的输入变得更灵活了。

其实，对于手机而言，最大的问题是显示，于是雷军就想到做小米盒子，要把电视屏变成显示器，这也是他做小米盒子的初衷。想象一下，以后我们的办公室里可能没有白板了，我们办公室桌上放两个大显示器，全是五十寸的大彩电，把手机一搁，所有设备都自动连上了。我可以通过这个屏幕播放我的PPT，当我开始讲解时，既有声音，也有视频同步。现在有些功能实际我们已经做到了，但中间还有些环节需要理顺。雷军相信，未来手机会是电视机的遥控器，而电视机是手机的显示器。

雷军坚信：移动互联网的机会可能比大家想象得多太多了。因为它是移动的，所以跟生活越来越接近，关键看你做出来的东西是否适合手机使用。很多人把移动互联网应用理解成入口，我觉得关键是要解决用户需求。如果你打车，你一等半小时，你需不需要一个打车软件，通过网络把司机连起来？如果你需要一个订餐，你需不需要一个应用囊括周围所有的订餐电话？

比如说大众点评网，在PC时代远没有移动时代火。我们过去出去吃顿饭，还搞个电脑查一查，但如果你现在打不到车，再回家用电脑弄一下，这完全不是靠谱的。所以，移动互联网带来了大量与现实生活更接

171

近的服务和应用。因此，雷军觉得移动互联网可以衔接到每个东西里面去，现在用手机解决问题不方便的地方都是商业机会。

发现问题一直是雷军解决问题的动力。比如当时他发现手机QQ不好用，它还是一个从PC上直接移植过来的产品，交互界面虽然变了，但不适合手机使用。雷军在公司内部成立了一个小组叫做"小米通"，开始研究移动互联网时代手机如何做IM（即时通讯）。雷军说："其实手机就是个大号的QQ啊，信息就是短信嘛，VOIP（网络电话）就是电话嘛，其实手机就是IM。后来，我们参考了国外很多点子，整合起来就成了米聊。"虽然腾讯有优势，最后它赢了，但雷军当初的一整套思考逻辑是这么来的。

现在，也有很多人很悲观，觉得移动互联网没有什么商业模式，但雷军觉得这有点杞人忧天，互联网多少年才有商业模式？今天有任何一个人怀疑互联网的商业模式吗？移动互联网找到模式只是时间早晚的问题，不要着急。等电子商务、游戏、广告业务等相关产业链发展起来，广告商认可移动广告的价值，移动互联网生态就活跃了。互联网的核心商业模式，说到底就是两件事情：第一个是游戏，第二个是广告。在这一点上，移动互联网并没有大的改变，只要手机上的游戏兴起，它就有钱去转动，所有的商业模式都迎刃而解了。而广告，因为手机屏幕比较小，需要考虑展示效果，如果把展示效果问题解决了，雷军相信广告也会大幅度兴起。

五年前，"手机电脑化"就被提出来了，随着智能手机一步步发展，人们用电脑的时间相对来说越来越少，因为大量工作在手机上都可以完成。这些现象的发生，预示着电脑时代正在被智能手机所代替，人们在更多活动上不再依赖电脑，而是转变为依赖手机终端加互联网组合模式。

雷军认为，从电脑角度看手机，电脑跟手机也越来越具有可比性。电脑上最核心的驱动力来自上游厂商英特尔和微软驱动，而今天智能手机最核心渠道力量来自ARM和Android系统，两种力量交织，推动整个中国智能手机在过去1~2年时间内呈现井喷式增长，智能手机普及速度也远远超过市场估计。

面对电脑化演变，手机更像是一种标准化产品，所有配件都可以通过采购得来。在电脑发展初期，高端电脑往往是IBM等品牌产品所产出，他们用最新设计、最新技术统治市场，而手机电脑化的今天，手机也是可以采用类似模式来生产。根据这一要求，小米手机当时首先站在了CPU的制高点，同时采用了夏普跟东芝屏幕，在刚刚发布的时候，小米手机是同价格段中最高端手机，一举在行业中奠定了小米高端手机的位置。

小米手机自问世以来，雷军通过电脑化生产手机和差异化定位改变了中国产业发展模式。

站在台风口，猪也能飞上天

雷军曾经说过飞猪理论："站在台风口，猪也能飞上天。"后来这句话被广泛传播。当然，这句话有很多解读。在雷军看来，风口就是时代潮流，找对风口就是顺势而为。

雷军从22岁到38岁一直在金山奋战了整整16个年头，尽管也算得上业绩赫赫，但始终做得有些吃力，感觉就像一头负重难以健步如飞的猪。

对雷军来说，金山16年很难界定是不是事业成功的一个节点，但无疑是一场艰苦的心志磨炼。其实，真正让雷军"飞"起来的，是他转型做的小米手机。

2010年雷军开始做小米手机，小米第一代手机上市销售时，第一个月卖出1万部，销售额不过2000万元。2014年，小米的销售收入到达700多亿元，市值高达450亿美金。2015年，小米预计销售收入将达到1000亿元，这对于成立只有五年时间的小米而言，不能不说是个奇迹。

2015年小米举办了"米粉节"，当天售出手机211万台，总支付金额突破20.8亿元，并成功创下了"单一网上平台24小时销售手机最多"的吉尼斯世界纪录。

雷军坦言："5年前我在创办小米的时候，真的没有想到有这么快。短短的不到5年时间，成长到现在的规模，也超乎了我自己的想象。"雷军认为小米的成功主要是两个原因：

一是时代机遇，也就是"风口理论"。按照雷军的说法，小米占住了这么几个风口。首先是互联网的红利，因为小米高度依赖电子商务和社交媒体。第二个风口是制造业的红利，如果没有过去30年改革的成果，中国已经成为全球制造业中心，小米也不可能取得今天的成就，因为小米的模式是负责研发、营销和服务环节，不制造。第三个是消费的红利，居民生活水平的提高使其对产品有更高品质的要求。

另一个使得小米在极度红海的手机竞争领域中获胜的原因是系统性创新，以及高度重视用户体验。

小米为什么会成功？用雷军的说法，就是找对了风口，踩准了点。他的说法是：

174

移动互联网的时代已经来了，从现在情况看，比互联网发展速度更快。目前所有互联网公司都在抢移动互联网的船票，没有移动互联网，

雷军的"飞猪理论"——站在台风口，猪也能飞上天！

就没有未来。比如，腾讯三年前做微信，从零开始，目前已经超过四亿活跃用户，市值也从500亿美元涨到1500亿，是目前最大赢家。

利用移动互联网台风口，是各行各业都必须思考的问题。我觉得，从准确意义上讲，从2010年开始，中国进入了移动互联网的年代。过去的四年时间，移动互联网发展得非常快，产生了很多有趣的公司，当然我觉得小米也是其中的一家。我觉得第一个阶段的竞争和发展，应该已经告一段落。现在进入了第二个阶段的发展，移动互联网至少在中国的发展高峰期还会有5~10年，所以未来的5年，我觉得中国的移动互联网依然还是最重要的方向。

除了移动互联网之外，今天又一个新的机会兴起了，但是还没有一个准确的名词，这里面包含智能设备，包含IOT（物联网），包含家庭互联网，大概都在讲一类的事情，我们会用home Internet（家庭互联网）这样的词来描述。

我认为这个行业，标志性事件是从2014年1月份谷歌收购Nest，然后全球在IOT的投资开始提速。我觉得小米也是其中主要玩家，我们的电视、盒子、路由器、可穿戴设备、家用的智能设备，全部智能化，互联互通，我认为这是未来可以长达十年的高速发展。

第三点，我认为云服务进入了使用阶段。云服务应该做了五年时间，从亚马逊做AWS（业务流程管理开发平台）服务开始。但是大规模应用，相对整个需求来说，我觉得还是比较少，我觉得未来5~10年，应该是进入高速发展期。在中国阿里领先了，阿里也干了5年，这个亚马逊可能干了8年，我现在有点想不起来准确的时间点。

所以我对未来互联网发展的趋势，有三个观点，总结一下：第一，我认为移动互联网处于一个很重要的阶段；第二，是家庭互联网；第三，就是云服务。云服务和家庭互联网和移动互联网也是高度相连的，因为所有的设备都联网，它的数据全部在网上。所以关于云服务（cloud service）又跟大家谈的大数据（big data）相关，大数据谈了这么长时间，其实大家觉得有点名词化，就是包装化，就把这个东西说得很大，普通消费者，甚至很多行业的人都没感觉，把这些设备自动化以后，大数据

175

的感觉就会一步一步有。

因为在2014年10月1日的时候，小米云每天存储的数据已经到了380个T，这仅是中国的，我觉得这是个很恐怖的数字。我们2014年比去年涨了6倍，我认为2015年比2014年，最少还有三倍的成长。所以大规模应用，经过过去的5～8年，从亚马逊开始到阿里云开始，一层一层预热，我觉得现在刚刚开始渐入佳境。

"站在台风口，猪也能飞上天"，你现在再看这句话，是不是深有体会了，这是雷军的切身感悟，还是很有道理的。

房地产、股市、O2O、微博、微信、移动互联网，这些就是这些年的风口，有的已经过时，有的正在进行，有的还未到来，也许我们要多花一些时间，看看现在的风口是什么，找找下一个风口在哪儿。

对于雷军，人们早就习惯了在他身上看到跨越奇迹的数字。2011年，小米科技第一代产品MIUI刚推出时，小米的创业团队花了两个多月才找到了100个用户，并且都是手机发烧友。而就在前不久，5万台"小米3"在4分59秒内售罄，20万台红米手机也在3分57秒内卖完。小米用户群已经突破了1500万，这一切的发生仅仅用了三年时间。另外一个数字是小米的市值，由500万美元投资创办的小米科技，如今估值已过100亿美元。雷军说，这个数字在2015年会超过1000亿美元。

那么创业者如何才能找到让猪飞起来的"台风口"？2014年1月，雷军在接受《支点》杂志记者罗乐专访时，指出两条经验：第一，成功靠勤奋是远远不够的；第二，想要成功，就要找能让你飞起来的"台风口"。所谓战略，就是在对的时间点做对的事情。"对于一般的企业家来说，只要大家在这个行业里有一定经验，做对的事情是很容易判断的。但是，在对的时间点做对的事情是很难的。"雷军说，"要先找到'最肥的市场'，让自己飞起来，然后顺势而为，能不能不掉下来，就看自身本事了。"

找到"台风口"，就是要跟上时代的趋势。雷军说，发现趋势并不难，关键是要立刻去做。"在1995、1996年，金山已经是最大的BBS网站，我自己又是工程师，每天在网上。这个趋势是不可逆转的，问题是我们没有及时去做。"雷军这样总结金山当年在市场的失落："当你看到一个大趋势，一定要立刻去做。"

万科地产CEO郁亮对小米的评价印证了雷军总结的成功"训条"，他说："小米是一家'时代的企业'。"而小米的成功，不仅让手机行业的创业者感受到了热血，让巨头感受到了危机，而且让这位地产界大亨也不得不好好琢磨"互联网思维"了。郁亮还说："小米手机闯入竞争激烈的制造业'红海'，从这样一个传统行业中赚了很多钱回来，在很短的时间内完成，而且做得很出色。我们的行业形势这么好，难道不能吸引别的对手进来吗？我不知道未来会遭遇什么样的对手，会不会出现地产界的'小米'充当搅局者，以互联网的思维模式，打碎行业旧秩序，威胁甚至取代以万科为代表的行业传统模式。"

即便如此，还是有不少人对雷军所说的"飞猪理论"产生了误解，甚至有人说雷军"是机会主义者"。

对此，后来雷军解释说：

"飞猪理论"是我提的，实际上，风口上的猪都是练过功的，功夫猪不容易摔死。飞猪最最关键的问题是：不能只顾埋头苦干，不去抬头看路。

李克强总理提倡大众创业、万众创新，那么是不是大家都一阵风地来创业。要想成为一头不会被摔死的"飞猪"，首先，任何人在任何的领域成功都需要1万个小时的苦练。如果没有基本功谈飞猪，那真的是机会主义者，没有任何一个成功者不经过1万小时的苦练能够成功。所以，大家千万不要忽略今天在空中飞的那些猪，他们都不只练了1万个小时，可能练了10万个小时以上，这就是大家被忽略的前提。

如果你是大学一年级，我建议你首先把英文学好。我真的觉得很遗憾，因为我的英文水平比较差，搞得我的母校因此蒙羞，我还是我们武汉大学的杰出校友。我看网友评论，说我们武汉大学的英语都是体育老师教的，其实只有我一个人英语比较差，其他武汉大学的校友英文很好。所以在你大学一年级的时候，一定要练好基本功，等各位像我这么大年龄再学英文可能有点难，当然我还是在勤学苦练的。

其次，飞猪最最关键的问题是：不能只顾埋头苦干，不去抬头看路。应该花足够的时间研究风向，研究风口，这样你成功的概率要大很多。

这里我要跟大家说明的是，我1989年开始创业，到今天干了25年。作为一个经历了好几次大潮的创业者来说，我认为"风口"是成功的关键。在上一拨互联网风口来的时候，我们有足够的资源，却眼睁睁看着机会从我们身边擦肩而过。当时我做的金山软件本质上是传统企业，可是互联网与软件行业如此接近，人才几乎一模一样。所以在那样的压力下，互联网首先颠覆的是软件业，其次颠覆的是媒体业。

作为互联网的被颠覆者，我用了长达10年的时间在思考什么是互联网。互联网绝非大家所想的那么容易，它是一种思想，一种方法论，一种价值观，这就是我要跟大家分享的关于互联网的理论。

站在台风口，猪也能飞上天，但飞上天后，要更加努力让自己拥有飞翔的力量，这样台风过后，你才不至于掉下来。

顺势而为

雷军做小米的过程，实际上就是将他从金山软件和做天使投资人时所积累的方法论付诸实践的过程。雷军之前在金山16年间，让他深深领悟到一个道理——顺势而为。

在中国的互联网大佬中，雷军成名最早，经验最丰富。1996年，作为金山软件总经理的雷军已是国内互联网十大杰出青年之一。那时，李彦宏还在美国读书，马化腾1998年才创办腾讯，李彦宏1999年创办百度，同年，马云创办阿里巴巴。而雷军和金山公司却在坚持做WPS，错过了整个互联网。当年雷军把所有优秀的人才都派去做WPS，所有"以战养战"赚来的钱全部用来养WPS，这让当时的金山，背了一个巨大包袱在长征。

雷军在回顾金山的创业经历时说："坚持做WPS让金山跟互联网擦肩而过，而金山后来所有的艰难痛苦，跟这个决定密不可分，包括后来金山杀毒软件面临360免费挑战时的困境。"

金山尚在徘徊时，腾讯、百度、阿里巴巴等后来者，却在2000年前后迅速崛起，他们的成功让雷军悟透了，应当顺势而为。

金山虽然错过了第一波互联网浪潮，但雷军却做对了一件重要的事情。2000年，雷军牵头创了卓越网，四年之后，卓越网以7500万美元的价格卖给了亚马逊。这次出售让雷军实现了财务自由，也为他后来的天使投资奠定了坚实的基础。

2007年金山上市后，雷军以"身体原因"宣布退休，卸任CEO职务，开始做起天使投资。这一次，运气似乎站在雷军这一边，不到三年时间，雷军一跃成为中国最成功的天使投资人。对凡客、UCWeb、多玩、拉卡拉的投资，都堪称经典。这些公司都很快成为10亿美元的重量级创业公司，而雷军最早参与创办的金山，顶峰时的市值也只有10亿美元。

雷军出道早，江湖辈分高，又是中关村里的元老和劳模。但是，短短几年后，这帮"小字辈"都成了赫赫有名的互联网大佬，丁磊、陈天桥、李彦宏更是先后成了令人羡慕的"中国首富"。

风云变幻间，时势使然尔。多年之后，雷军回忆起这一段历程还颇为感慨："金山在20世纪90年代还很火，1999年互联网大潮起来的时候，我们却忙着做WPS，忙着对抗微软，无暇顾及其他业务。到2003年时，我们再环顾四周，发现金山远远落后了。那一瞬间，我压力非常大，作为CEO，我后面两三年每天都在想，什么地方出问题了，是团队不够好，还是技术不行，还是自己不够努力？到了40岁我终于想明白两点道理：一是成功仅仅靠勤奋是不够的；二是要把握时代的机遇，找到最肥的市场，顺势而为。"

2009年12月16日晚，北京下着大雪，雷军约来了黎万强、毕胜、李学凌等金山旧部和朋友一起到北京燕山酒店对面的一家咖啡馆喝酒。

179

这是一个郁郁不得志的IT老将转变为互联网新贵的前夜。当晚雷军有些伤感，大家都沉默不语，一瓶接着一瓶地灌啤酒。大家越喝越多，不知不觉有些醉意。11点半，雷军才开口说，今天是他的40岁生日。毕胜回忆，当时的谈话基调是反思："雷军讲他的劳模人生，是不是错了？反思自己这么多年的职业生涯，从领导哲学，到做事哲学上是不是有错。"

聚会临近结束，大家说40岁了，总结一下。雷军说了一句："要顺势而为，不要逆势而动。"然后，大家在双榆树当代商城的岔道口，分头打车回家。

这一年，已经从金山退休的雷军找到了他要的"势"——移动互联网。他看到智能手机是一个巨大的机会。

90年代中后期，互联网的浪潮在中国刚刚兴起，而后迅猛发展，许多互联网公司纷纷出现，如腾讯、百度、阿里巴巴。在投资互联网以前，雷军曾经花了很长的时间思考什么是互联网。他发现在这个即将到来的互联网时代，他们这些忙于软件开发的人对这个行业了解甚少，他说自己似乎成了落伍者，要被这个时代抛弃了。

想明白这个道理以后，雷军找到了自己的"势"——智能手机和移动互联网。于2010年4月，雷军创办了小米公司，小米公司的迅速崛起也超出了他自己的想象。他认为小米成功的关键是把握住了中国智能手机换代这个大的时间点。据预测，2012年中国智能手机销量有望达到4亿部，其中约一半将是智能手机，小米可以说是应运而生。

雷军说，小米是他最后一次创业，是积累了20年的商业经验之后，毕其功于一役的一次全新尝试。前面有16年在金山练的基本功，再加上后面几年历练了一些无形的东西，直到感觉自己准备好了，才出来做小米。创办小米就是顺势而为，不再像金山那样"推石头上山"，而是"先爬上山顶，随便踢块石头下去"。

这些"无形的东西"，也就是雷军对人生的感悟——任何时候都要顺势而为，不要逆势而动，要记住势比人强。

小米打造生态链，雷军本人的解读是顺势而为，进军智能家居是顺势，和美的合作是顺势，他的投资公司取名"顺为"，也是提醒他自己要顺势而为。

在雷军看来，大成和大势高度相关。就像他的两个爱好——围棋和滑雪，讲究的都是"势"。

在雷军看来，投资的秘诀并不神秘，比如对移动互联网这个大势的判断，就决定了其后来的一系列收获。"我很早就发现，移动互联网一定会起来。现在看来，的确是因为看到了这个行业的大势，才带动了天使投资的一系列成功。"

雷军说，"势"，就是指趋向。"势"分大势、中势、小势。明势的意思分两层，作为一个创业者，一要明势，二要明事。

明势，顺势而为成大业。所谓"大势"就是指国家大的产业政策。创业的人，一定要跟对形势，要研究政策，摸准国家发展政策方针。很多创业者是不太注意这方面工作的，认为政策研究是假、大、虚、空，没有意义，实则不然。在政策方面，国家鼓励发展什么，限制发展什么，这对创业之成败有很大关系。你做对了方向，顺着国家鼓励的层面去努力发展，可能事半功倍；做反了方向，比如说，某个行业、某类型企业，国家正准备从政策层面进行限制、淘汰，你偏赶在这时懵懵懂懂一头撞了进去，一定会鸡飞蛋打。

2015年3月5日，李克强总理在政府工作报告中首次提出"互联网+"行动计划，推动移动互联网、云计算、大数据、物联网等与现代制造业结合，促进电子商务、工业互联网和互联网金融健康发展，引导互联网企业拓展国际市场。国家已设立400亿元新兴产业创业投资引导基金，要整合筹措更多资金，为产业创新加油助力。"互联网+"就是大势，"互联网+"是大势所趋，创业者和企业拥抱"互联网+"都将从中获益。

"互联网+"中的"+"是传统行业的各行各业，"互联网+"模式，从全面应用到第三产业，形成诸如互联网金融、互联网交通、互联网医疗、互联网教育等新业态，而且正在向第一和第二产业渗透。

"中势"指的就是市场机会。市场上现在时兴什么，流行什么，人们现在喜欢什么，不喜欢什么，可能就标明了你创业的方向。假如你准

181

备创业，而你的资金不足，又缺少经验，那么，你可以看看周围的人都在做什么，大家一起做的，你跟着做，一定没有错，虽然不可能赚到大钱，但赔本的机会也少，风险也小，较适合于那些风险承受能力较弱的创业者。能赚平均利润，对于小本经营的创业者就不错了。通过这样的锻炼，可以慢慢学习赚大钱的本领，慢慢积累赚大钱的资本，一旦机会来临，是龙翔九天，还是凤舞岐山，就由你说了算。

小势，就是个人的能力、性格、特长。创业者在选择创业项目时，一定要找那些适合自己能力、契合自己兴趣、可以发挥自己特长的项目，这样才有利于你做持久性的全身心的投入。创业是一项折磨人的活动，创业者要有受罪的心理准备。

所以，创业者一定要明势，明势这应该是一个创业者的基本素质。小米能有今天的业绩，关键就是把握住了移动互联网发展的大势，顺势而为，推出了互联网手机。

之前，雷军在微博上发表的关于"信命，信运气"的说法曾经引起轩然大波。其实，雷军只是说了前半句话。对于这些不确定的因素的"信仰"背后，恰恰是雷军专注于对大势的准确判断和及时跟进。

雷军的互联网思维"七字诀"

雷军是"互联网思维"的传承者和得力布道者，他将互联网思维浓缩为"专注、极致、口碑、快"七字诀。

专注：少就是多，大道至简

雷军说，在移动互联网时代，我们所有人都在谈论苹果，谈论乔布斯，其实苹果和乔布斯给我们的第一个启发就是专注。

苹果到今天为止只出过6款手机，一年出一款。其实，出一款手机，对手机公司来说是再容易不过的事情了。雷军说："我们深圳的山寨厂一天就能出100款，出一款难在什么地方呢？你们知道出一款有多难吗？

出一款你需要有莫名其妙的自信，你坚信我做的这款手机就是天下最好的，如果你不自信就做100款，如果你自信就干一款，说起来容易做起来难。"

乔布斯专注到了什么程度呢？他甚至做手机刚开始只做一个颜色，搞了几个颜色之后他觉得不够专注。

所以，当雷军自己做手机的时候，高度认同"大道至简"，越简单的东西越难做。所以，小米坚持一年只出两款手机。小米手机自2011年上市3年来，小米总共只发布了6款手机，包括小米1、小米2、小米3、小米4、红米和红米Note。

五年前，雷军做手机的时候就这样想："我能不能只做几款手机，为非常在乎性能和体验的20到30岁的理工科男生做一款手机，让他们发自内心喜欢这个东西。有了这个想法，我们就想把每款手机认真做好。少做一点事情，把这些事情做到极致，就是最好的策略。我们发布小米4的时候再看最初做的5款手机，都是爆款，这说明什么？当你要做的事情更少的时候，你才真正有更多的精力把它做好。"

雷军向记者讲了一个关于苹果的故事。在1997年的时候，苹果已经接近破产了，就把乔布斯请了回去。一回到苹果，乔布斯就传达了一个理念，决定不做什么跟决定做什么一样重要。乔布斯跟几十个产品团队开会，产品评估结果显示出苹果的产品线十分不集中。无数的产品，在乔布斯眼里大部分是垃圾。光是麦金塔就有N个版本，每个版本还有一堆让人困惑的编号，从1400到9600都有。

"我应该让我的朋友们买哪些？"乔布斯问了个简单的问题，但却得不到简单的答案，他开始大刀阔斧地砍掉不同型号和产品，很快就砍掉70%。

几周过后，乔布斯还是无法忍受那些产品，他在一次产品战略会上发飙了。他在白板上画了一根横线和一根竖线，画了一个方形四格图，在两列顶端写上"消费级""专业级"，在两行标题写上"台式"和"便携"，然后跟大家说："我们的工作就是做四个伟大的产品，每格一个"。说服董事会后，苹果高度集中研发了Powerbook G3、iMac、

183

iBook等4款产品。

当时苹果离破产也就不到90天。乔布斯只用了一招杀手锏"专注",就让苹果从1997年亏损10.4亿美金,变成1998年赢利3.09亿美金,一举让苹果起死回生。

乔布斯那时候还高调砍掉了"牛顿"项目,那是当时很出名的一款手写设备。乔布斯说:"上帝给了我们十支手写笔,我们不要再多发明一个了。"

乔布斯停掉"牛顿"项目后,苹果解放了一批优秀工程师去开发新的移动设备,最终做出了iPhone和iPad。

雷军认为,当大家把一本书从薄读厚,从厚读薄的过程当中就明白了,简单的东西是最具力量的。在这方面乔布斯的iPhone给我们做了一个很好的示范,你不需要做几百款手机,你只需要做一款,只要坚信你的东西是最好的就具备了一个成功的前提。

在苹果进入手机市场的时候,一般的手机厂商每年都做几十款产品,看上去似乎给了客户更多的选择,但最终客户在"选择困难症"充分发酵之后,还是只会买下一款产品,而且这么多型号根本记不住。所以,苹果每年只做一款手机,而小米手机同样也只做一款,到2014年,苹果一共做了6款智能手机。小米亦如此,5年只做了7款小米和红米手机。

推出一款新手机是非常容易的,坚持一年只出一款手机需要一点坚持,更需要一点自信。让雷军觉得骄傲的是,小米一年只发布一款手机,而且每款手机都是市场的热点。

其实原因在哪里?雷军表示:"原因就是小米所有的人很专注做一款手机,每天都在讲这款手机,它自然就获得了关注度。这一点我们很多同行没有深深理解。这一款手机的价值,更重要的是一个名字,到今天为止依然是。我们很多同行那些产品的型号里面,异常的复杂,我觉得非专业人士根本记不住产品叫什么。"

雷军举例说:"索尼,谁能记住索尼最新版本型号?很复杂。前面是很复杂的英文名字,后面有英文和大小写。其实,我曾经有一次把我曾经用过的几十款手机名字写出来的时候，发现我根本记不住那些手机的型号。我相信每个消费者都有同样的困惑，所以，当iPhone成功的时候，我们总结成功经验的时候，很重要就是简单和专注。"

这就是雷军一直跟大家讲的："大家能不能少做点事？能不能只做一件事情？少就是多，专注才有力量，专注才能把东西做到极致。"

极致：做到别人达不到的高度

雷军说："什么叫极致？就是要干到别人都说好，要干到别人达不到的高度，把一个点做到极致，把自己逼疯，把别人逼死。"

关于"极致"，雷军在很多场合讲过，但是大家觉得很难理解。他解释说："你要做到的程度是'把自己逼疯'的程度。我们在初期做手机的时候，不可能选所有的点作为突破，我们只选一个点就是速度最快，小米以前发布的手机都是最快的手机之一，当这个点突破以后，消费者就会记住你。"

最近很火的Instagram，刚刚被Facebook用10亿美金收购。要知道，Instagram只是一家13人的小公司做的图片分享应用，只花了2年时间就发展了5000万用户、卖了10亿美金。Instagram不是ios上的第一款照片分享APP，甚至不是第二款或者第十款。是什么让Instagram能值10亿美金？说白了，Instagram真正与众不同的是，把易用性做到了极致。十几种滤镜效果，一键分享，社交元素，让用户在手机上分享图片变得非常简单方便。

说说暴雪，每个游戏迷都知道，这个公司创办二十多年，只出了几款游戏，但款款都是精品。比如《魔兽世界》，返工了好几次。《暗黑2》是1999年出的，等了十多年，现在才出《暗黑3》。这也是一个伟大的公司。

在雷军看来，极致就是要做到别人看不到的东西，而且要做得非常好。极致其实同样是说起来容易，做起来很难。同时他举了个例子："我们有多少人用PC笔记本？有多少人用苹果笔记本？我永远弄不明白，为什么PC笔记本充电器又大又难看，还那么难用？为什么没有一家

185

公司把PC充电器改得像苹果充电器一样漂亮？我们以前的时髦是每天带着笔记本上班，却还要装一个难看又难用的充电器，那真的是很痛苦。在这一点苹果又再一次证明了自己的极致属性。"

"我们小米第一次做手机，为什么一上马就是双核1.5G处理器，就是高通、夏普、三星、LG的元器件，还要找英华达、富士康代工？只有这样，你才能做到别人达不到的高度。小米手机销售半年多了，在市面上也还是极少有同等配置手机出现。至少小米创业第一次就做了全球首款双核1.5G的高端WCDMA智能手机，这就是我们追求极致的表现。"雷军说。

很多人批评小米在打价格战，但雷军认为，用成本价销售产品，用原材料成本价销售，其实就根本不会有价格战。在今天的互联网市场上，所有核心服务都是免费的，如新闻、搜索、邮箱、通讯工具等。"当我们今天来做硬件的时候，方法很简单，别人的东西是多少钱我们就卖多少钱，我们自己的工作、我们自己的运营成本不要了，全免费。所以，市场上通行的运动手环售价在千元上下，而小米手环仅卖79元。"雷军说。

小米学习苹果，每年只做一款产品，并将产品和体验做到极致。这种"聚焦精品"的策略，实际上也是一种单品带来的聚光灯效应，小米将这点发挥到最大化。同时，由于只专注一个核心产品，因此制造稀缺性，也让产品的营销本身带有很强的神秘色彩，这点在乔布斯时代的苹果也一样被充分利用。让消费者尖叫的产品，一定是精品，而不是随处可见的，距离让产品更有价值。

雷军表示，做产品就是要"把自己逼疯，把别人逼死"。小米做产品的极致精神，应该就是小米最大的"侵略性"，把东西做到大公司也无法超越的极致。

要把自己逼"疯"的核心是要严格要求自己，要对自己狠一些，这里面的思路从雷军做产品、营销、定价都可以反映出来。比如从做产品的定价来讲，每一代小米手机的发布，很客观地讲，前100万台都是不赚钱的，甚至是亏本的，这够不够狠，够不够把自己逼疯掉？这个玩法就是一个走钢丝的玩法，如果你对自己的产品、服务、品牌运营能力没有足够的信心，是很容易把这个玩残废的。为什么这么说？就拿智能手机来讲，如果你要单个品类100万台之内都不赚钱，你就要有信心卖出300到500万台。但就手机来讲，单个产品卖到30万、50万台都是很困难的事，别的厂商如果真的在执行上没有这样的魄力、没有执行到位，他会亏得很厉害，最后会有很大的库存。

由此可以看到雷军对自己有多狠，有多疯狂。其实小米的创业文化也是这样的。在创业的过程中，包括雷军本人，经常跟小米的研发团队一起工作到半夜三更，有时大家很奇怪，雷总现在有名有钱，为什么天天还跟研发团队一起呕心沥血搞研发，一起吃盒饭，像对待自己的孩子一样去对公司的产品？对自己狠，从小米团队的整个工作，包括小米的整个定价市场策略来看都是这样的思路。

雷军希望通过每天脚踏实地一步一步努力，能离偶像再近一点，再近一点。我们从他的互联网七字诀中，似乎已经嗅到了几分成功的气息。

口碑：超越用户期望值

在雷军看来，口碑的本质是超越用户的希望值。他在小米创业初期一直强调保密的重要性。当公司第一个产品出来的时候，只是在几个论坛里发了几个帖，靠米粉口口相传，甚至传到全世界去了，还被翻译成20多个国家版本。

也许很多人说我这么努力，为什么我的产品还是没有口碑呢？雷军的回答很简单："是因为你的产品没有做到极致，你真的拼着老命做的吗？如果你真的做到了，我相信你能做好。为什么海底捞有那么好的口碑？因为海底捞都开在很一般的地方，装修也不怎么样，但口碑超好。当我们走进去的时候，他的服务超越了我们所有的期望值，我们觉得好。当我们去五星级餐馆的时候我们期望值很高，怎么可能超越呢？"

雷军听说了这样一个故事：一个顾客夏天去海底捞吃完饭，服务员会送上一盘水果，这盘水果没吃完，有客人说能不能打包带走？服务员

187

说不能带走，当客人结完账，服务员给了他一整个西瓜，说切开的西瓜放时间长了不卫生，如果想带走他们送给他一个西瓜。结果，一个西瓜就把那个客人感动了，这件事让雷军深受启发。

雷军说："当你拿到西瓜时这就远远超过了你的预期。当一个饭馆的某一项服务超过了预期，就能够被大家口口相传。其实口碑是跟用户的预期相比较的，口碑不是商家自己觉得自己的东西又好又便宜，就会有口碑。口碑是跟大家的感受相比较的。我们在做产品的时候，是不是在一两点上能真的打动人？"这就是雷军对口碑的理解。他觉得，口碑的核心就是超预期，你超不了预期的时候，就别谈口碑了。

雷军打了一比方：我们去餐馆吃饭，其实很少看到服务员是真心在笑，我们有时候开玩笑说"中国式的假笑"。以空姐为最，服务员都是假笑，没有几个真心在笑，一看就明白的。但是海底捞的服务员是真心在笑，有人问海底捞的服务员为什么这么高兴，不就打一份工吗？他们回答说："您知道吗，我四十来岁是一个下岗工人，我在海底捞每个月可以拿到四千多，我睡觉都可以笑醒。我找不到工作，海底捞要我，一个月还给我四千多块钱。"海底捞的员工有非常大的忠诚度之后，他们开发了各种各样的服务。

2014年，小米推出了感恩回馈活动，专门为前30万名小米手机用户制作了感恩卡，还无条件赠送他们每人100元现金券。用户感受就非常好，他们觉得，买了手机八个月后，小米还能有100元购物券的福利，这就超过他们的心理预期了。

以前，传统企业在讲究口碑传播的时候，它的威力没有像今天这么大。今天，整个社交化媒体就是一个很好的口碑放大器，瞬间可能在一个小时内，就有上百万、上千万人知道，所以我觉得这个思想很重要。

在雷军看来，认认真真把一件事情做细，就是口碑。很多人认为，好产品就会有口碑，或者便宜的产品有口碑，或者又好又便宜的产品有口碑，如果你这么想，可能会很失望，因为最后你做了但是没效果。什么产品有口碑呢？最重要的是"超越用户的预期"，超过客户的心理期待，这个产品才会产生真正的口碑。

口碑传播的时候，就要求专心做产品，要把产品做得非常好。另外，从互联网的打法来讲，节奏很快，快速迭代。大家发现雷军提到的互联网思想，其实口碑是最根本的，快、专注、极致是做产品的一套思维，所以雷军的这个思维是很值得很多企业认真思考和借鉴的。

快：天下武功唯快不破

雷军坚信"天下武功唯快不破"，在互联网的今天，从刚开始琢磨互联网的时候，到小米用了4年时间才做到今天规模，他认为确实太慢了，并表示自己每天都在焦虑，希望自己可以更快一些。怎么在确保安全的情况下提速是所有互联网企业最关键的问题。

雷军举了一个例子，不少人应该都在用Facebook，不知道大家有没有在Facebook上玩过FarmVille或者德州扑克？这两款非常火的游戏，都是社交游戏公司Zynga旗下的游戏。Zynga是一家非常快的公司，Zynga把游戏产品当做互联网产品快速经营，每周对游戏进行数次更新，尽量发布更多游戏，快速试错。2007年6月由马克·平卡斯等6人创办，只花了一年半时间，月度活跃用户数即超过了2亿，2011年12月上市时市值超过60亿美金。而Facebook月度活跃用户数突破2亿整整花了5年时间。

雷军认为，有时候，快就是一种力量。你快了以后能掩盖很多问题，企业在快速发展的时候往往风险是最小的，当你速度一慢下来，所有的问题都暴露出来了。所以，我们MIUI坚持每周迭代，因为每周迭代就是对自己很大的压力，你出新版本，要有什么功能，就推动你自己非常快的推陈出新。

小米产品创新全程对客户开放，利用互联网打通了公司内部整个产品团队和客户之间的墙而实现无缝对接，而不是像传统的"开放式创新"模式所提倡的仅开放创新思路来源和创新成果利用两个部分。另外，小米用游戏、社交、竞争和贡献等元素把"发烧友"线上线下组织起来，让他们用自己的方式低成本地为小米贡献，实现自己的价值并找到满足感。小米还建立了相应的内部机制和平台鼓励各方面的员工直接与客户交流。因此实现了小米员工在产品策划、设计、开发、测试和发

189

布全过程与客户的无缝对接，实现快速沟通、快速反馈、快速修正。

雷军说，今天的用户，其实不怕你今天做的产品有问题，怕的是他给你提了意见你不能够有足够的反馈。他觉得，这是用户真正在意的。我们怎么能够跟用户快速的沟通，快速的反馈，快速的修正，这几个问题最关键。当然，这只是"快"的一个层面。互联网时代中的"快"可以说是由互联网这个技术本身决定的，它的信息快速传播使得企业要浑身布满神经元，像一只猴子一样反应敏捷，身手矫健，快速有效地处理各种事情。

此外，互联网时代下的商业竞争也是速度的竞争。一个好的点子、一种好的模式，只有迅速的施行下去才能够抢占市场先机。而互联网时代又是一个赢家通吃的时代，一个反应迟钝、运作不灵的企业即便有再好的点子，如果不能迅速有效的展开行动去抢占市场先机，也绝不可能从中获取任何市场竞争力的。

时移世易，适者生存。在互联网时代，传统企业如何运用互联网思维去改造自己，并运用互联网这个工具去开拓全新市场，是决定传统企业能否继续生存的关键所在。同时，互联网时代对于那些创新企业而言也孕育着无限生机。

"专注、极致、口碑、快"这七字诀，是雷军10年来与互联网"近身肉搏"的深刻感悟。"七字诀"不仅成就了小米，而且对我国互联网行业和传统制造业都有十分重要的指导意义。

在这"七字诀"的武装下，小米手机在过去3年里坐上了"火箭"。2015年，小米营收预计在1000亿元。如果以此增速持续下去，有望在2017年就可以叩开《财富》世界500强的大门。雷军说："我的目标是让小米在5~10年的时间里，成长为一家世界级的伟大公司。"在2014年11月的乌镇世界互联网大会上，他表达了小米赶超苹果的愿景。作为小米的创始人和领航者，雷军收获小米崛起的喜悦，同时也承受着质疑和敌意，对于高增长所累积的种种问题，他一直保持着高度警惕。

第九章
一种叫『小米』的生活方式

我们做手机是为了构建更大的一个生态圈，小米代表的是一种很酷的生活方式。未来，小米将"以手机为中心，连接所有智能设备"，给小米的用户带来更完整、有趣、便捷的智能生活体验，让更多的人享受到科技的乐趣。

——雷军

精心构建小米生态圈

小米科技成立5年来，既做智能手机，又做智能电视，还涉足智能家居和互联网金融，有不少人看不懂小米究竟在做什么？其实雷军在下一盘很大的棋。

雷军认为，当今最高级的平台之争，一定是生态圈之间的竞争。互联网的最高形态是商业生态系统。未来商业竞争不再只是企业与企业之间的肉搏，而是平台与平台的竞争，甚至是生态圈与生态圈之间的战争，单一的平台是不具备系统性竞争力的。BAT（百度、阿里巴巴、腾讯）三大互联网巨头围绕搜索、电商、社交各自构筑了强大的产业生态。

平台模式的精髓，在于打造一个多主体共赢互利的生态圈。自小米公司创立的那天起，雷军就想把小米打造成一家致力于连接硬件、软件和互联网，构建完善生态系统的科技公司。

原因很简单，小米已不只是一部手机。小米手环、小蚁摄像机、iHealth智能血压计、智能插座、Yeelight智能灯泡等等，经过小米模式改造的传统产品已杀入用户的生活，这还只是先锋部队。到2014年，小米共投资了25家智能硬件企业，未来三到五年内，这个数字将增加至100家。

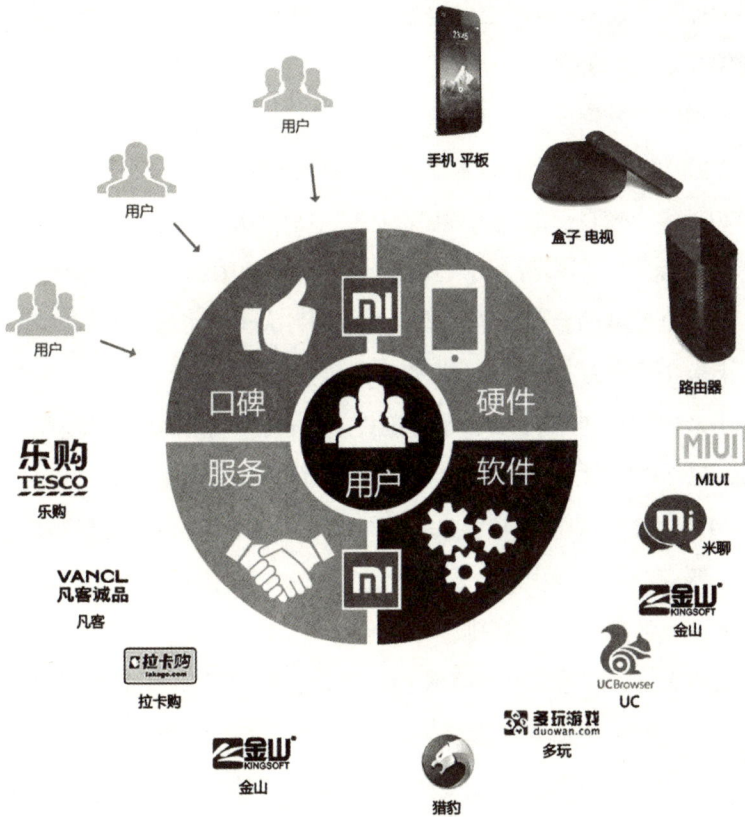

用户

手机 平板

盒子 电视

路由器

MIUI
MIUI

mi 米聊

金山
KINGSOFT
金山

UC Browser
UC

多玩游戏
duowan.com
多玩

猎豹

金山
KINGSOFT
金山

拉卡购
lakago.com
拉卡购

VANCL
凡客诚品
凡客

乐购
TESCO
乐购

口碑

服务

用户

硬件

软件

小米生态圈示意图

在小米创立之初，雷军说小米要做移动互联网公司，而此时他的名字与金山密不可分，当时都认为所谓的移动互联应该就是小米借助金山的品牌和资源进行推广，时机成熟后小米反哺金山的移动办公、手机快盘、移动安全、金山云等领域，小米和金山会绑在一艘战舰上成就硬件、软件的互联霸业。这份霸业未来将如何霸气，倒是没有太多人去展望。

当然，小米没有按照公众设想的这个套路循规蹈矩走下去。而这一切，都是因为雷军的思想与众不同。与众不同的投资人身份，与众不同的小米营销模式，与众不同的产业布局。当凡客诚品CEO陈年、UCWeb首席执行官俞永福、多玩游戏总裁李学凌、尚品网创始人赵世诚、拉卡拉CEO孙陶然、乐淘网创始人毕胜一起为小米站台，小米战舰前行的征程伙伴开始让人期待。

小米的首发产品是米柚、手机和米聊，虽然米聊很快就被微信比下去了，但是以小米为中心、米柚为纽带的大局已定。

2012年小米自己的应用程序商店、小米网上书城、小米软件市场、小米主题商店、小米游戏中心陆续上线，米柚中集成了合作伙伴的服务，如安全领域的金山、语音输入领域的科大讯飞、云存储服务的金山等，小米几乎成为"雷军系"投资公司业务的结合点。

小米应用商店于2012年6月正式上线运营后，下载量已经超过了5亿次，仅2013年3月一个月就达到了1亿次的应用分发量。

2013年MIUI米柚用户突破了1000万，MIUI转变成一个涵盖应用商店、主题商店、游戏中心、支付系统的多功能系统应用，生态圈的概念更多地进入关心小米的用户眼中。

雷军表示："小米已经明确了生态圈分四大板块——软件+创意周边（硬件）+内容+生活，小米会成为一种智能互联的生活方式。"小米路由、小米电视、小米盒子已成为小米在硬件产品方面的有力补充，硬件方面的定位已经是智能互联的生活方式了，不单是手机领域，智能家居领域也被雷军纳入小米的棋局。

上述软件生态圈之外，就是由创意周边构成的硬件生态圈。首先，这些都是因为MIUI的主题商店充满了灵感。目前，小米主题商店已经达到了7亿次的下载量、日均450万的下载频率，拥有上千套主题资源以及上万种个性搭配，成为全球最大的手机主题类商店。雷军介绍，主题的设计者可获得70%的收入分成，并搭配周边配件，做成最具黏性的品牌推广。这样一个体系，最终形成了设计、制作、发布这一完整的生态链。

雷军透露："到2015年5月，使用小米云服务的客户已经达到9700万人，我们已经为用户存储405亿张照片、504亿个视频，存储量超过100个P。虽然100个P在今天看来并不是特别大的数字，但是每年数据量增长6倍，每个月新增数据量都在三四个P的话，其实这个压力是空前的。"

目前，小米"多看阅读"里已经拥有1000万名用户，其每天图书阅读超过200万册。用户平均每天看书超过两个小时，而两次购买率达到了46.1%。小米和70多家出版社、30多家杂志社合作，从40万册图书里，挑选了4000册图书。用户一次购买，永久阅读，除了拥有同步阅读笔记和书籍外，用同一个账号还可以在多个设备上同步阅读。

最后，小米生态圈中的重要一环是未来智能生活。目前，最直观的是小米盒子带来的。在地铁上看了一半的视频，回到家中使用小米盒子，通过大屏幕高清电视可以继续观看剩余的影片，但这只是个小小的开始。

雷军拿出一个钱包介绍说："其实，这里面大多数的东西都可以被手机替代。"他指的是钥匙、门禁卡、公交卡、信用卡、会员卡、名片、相机、PSP等。通过小米手机集成的NFC（近场支付）功能模块，未来所有需要刷卡支付的消费均可以通过刷手机来完成。而现在小米手机早已可以代替卡片机来拍照，可以代替PSP玩游戏了。

为了发展和普及NFC技术，小米科技提供了1亿元发展基金。小米可以用手机做很多好玩的事情。雷军早就下此断言，有一度他甚至在网上问米粉："小米电视、小米智能跑鞋或者小米饼干，你们喜欢吗？"是的，未来有无限可能，这才是小米科技的乐趣。

雷军说，四年前，他们七个人去找供应商，很多人看到小米科技这个名字会问："你们到底是干什么的？是不是一家新兴农业公司？"雷军回忆起来忍不住大笑："未来，人们会慢慢明白小米代表的是一种很酷的生活方式。"

195

进军智能家居

从2013年开始，频频推出的智能家居单品正是小米单品先行的路线攻略。小米进军智能家居，代表了互联网企业介入家电领域的趋势，也充分证明智能家居市场的巨大潜力。尽管当前很多智能家居产品尚未成熟，但我们不能因此而低估智能家居未来的产业机会。

智能家居的产业机会，既属于家电企业，也属于互联网企业。近两年来，中国的智能家居市场，真可谓是风起云涌，如火如荼。先是国际巨头在智能家居领域的争夺战（微软、谷歌、苹果竞购科技公司R2工作室），紧接着，互联网企业也开始对智能家居领域虎视眈眈。除了小米，智能家居领域还出现了一批拥有互联网基因的新进入者，例如乐视、Nest、极路由等。未来，越来越多的互联网企业将进入这一领域。小米们的到来，在做大智能家居蛋糕的同时，也让家电企业感受到竞争的压力。

雷军表示："智能家居是下一个台风口，绝对不可以错过。未来几年，传统家电厂商在国内市场相对稳定的格局将会被打破。如果说电商改变了家电下游渠道的格局，那么智能家居的产业机会将改写整个产业的生态。"

2012年年初，雷军在小米公司同时成立了两个团队，分别负责研发智能路由器和硬件生态链，前者为智能家居做准备，硬件生态链则涵盖了日常生活中一切可能用到的产品。

2013年8月，雷军高调宣布，已经正式推出小米智能家居控制中心业务，目前可以在小米手机上装上APK控制软件，结合家中的智能家居硬件设备来实现远程控制家中的灯光、窗帘、家电和安防设备等。小米智能家居宣传视频"小米手机带你玩转智能生活"在微博上也广为流传。

近两年来，小米相继推出了插线板、小米体重秤、智能插座、小蚁智能摄像机、Yeelight智能灯泡以及小米智能遥控中心等智能家居产品，可见小米的创新产品推出频率是越来越快，其产品领域覆盖面也是越来越广，产品体系结构越来越清晰。而且每一个动作都在暗示小米进军家庭领域的野心。

现在，小米路由器已经可以将智能家居通过WIFI连接起来，小米手机可以实现远程控制，小米手机作为万能遥控器出现，表明未来的智能家居以手机为核心的格局已经出现了。

由此可见，小米已经看到了手机将成为智能家居的核心，智能路由器将成为未来智能家居的连接者。华为早前也发布了其路由器产品荣耀立方和带有红外遥控功能的手机荣耀6，只是华为荣耀立方的路由器目前还未完全开发出和智能家居连接并实现远程控制的功能，整体的智能家居格局还不清晰。

2014年12月，小米12亿元入股美的，雷军意在让小米手机与更多美的电器连接在一起。根据双方的战略合作协议，小米将以面向用户的极致产品体验和服务为导向，在智能家居及其生态链、移动互联网业务领域进行多种模式合作，建立双方高层的密切沟通机制，并对接双方在智能家居、电商和战略投资等领域的合作团队，积极探索多种合作模式，支持双方相关业务的发展。

横向观察小米手机、电视、智能家居、移动产品的业务，小米的每一步似乎都走得有条不紊，产品层出不穷。智能配件产品的不断推出，说明小米正在迅速驶上一条发展的快车道，其未来智能家居领域系统的构建在逐步完善。

2014年11月4日，新浪执行副总裁、总编辑陈彤辞职，加盟小米，担任小米公司副总裁，负责内容投资和内容运营，向小米CEO雷军汇报。

陈彤到岗后，会和小米联合创始人王川一起，首先肩负起小米电视

197

雷军在向媒体介绍小米智能插线板

与小米盒子中视频内容建设的重任。

小米也为陈彤准备了一份"见面礼"，雷军现场宣布，在内容方面第一期投资10亿美金，未来根据需要还会追加投入。

内容产业对小米究竟有多重要？雷军说，早期自己对智能电视的理解就是等于"电视加智能"，即智能电视本身是个大屏幕的电脑。但在小米电视做了一年后却发现，这个大屏幕主要消费内容，如果没有内容做支撑，电视产业做不起来。可以说，整个内容产业对小米电视、小米盒子、小米手机，包括小米平板都是"生死攸关"的一件大事。

入职小米后第一天，陈彤发布的两条微博，都与小米有关。一是力推小米盒子；二是介绍小米公司"社交媒体"组，这意味着这个50人团队将由陈彤负责。小米诚意可谓十足。

陈彤是中国互联网界元老级人物，先是开创了新浪的新闻业务，后来还担负过新浪微博运营管理的重任。他在过去17年中在新浪所做的工作极大地改变了中国的资讯传播形态，深刻影响了中国网民和中国社会，赢得了整个互联网业界和传媒内容业界的敬仰与尊重。

到了小米，除了直接采购版权内容外，如何与其他版权第三方以及拥有牌照的内容供应商开展合作，也是陈彤将要负责的一块业务，智能电视不能成为一个漂亮的空壳子，这也是整个行业的共识。

据雷军透露，说服陈彤加盟小米，主要是王川的功劳。在未来，陈彤和王川两人将互相配合做好小米电视与小米盒子的视频内容。据悉，王川是陈彤的大学校友，也是带陈彤进入互联网的第一人。

雷军称，小米的平台已经有了一定的规模，需要增强内容运营的能力，需要陈彤这种对内容有深刻理解、有巨大影响的人才。他还称，小米不会直接做内容，而是与合作伙伴合作，小米将先投资十亿美元做内容投资。

业界人士认为，在雷军的布局里，媒体是不可或缺的一部分，不仅仅是推广，还是跟未来营销相关。具有多年娴熟的媒体运营经验和极强人脉的陈彤加盟小米，对小米的内容和媒体战略的实现，无疑是胜算大增。

到2015年6月，陈彤加盟小米已经有七个月时间，10亿美元花了一半，陈彤交出第一份成绩单：小米的视频产品，特别是电视端和盒子端的视频产品发生了天翻地覆的变化。可以看到的是，在陈彤加盟小米后不久，小米18亿人民币入股爱奇艺，又投资优酷土豆，入股华策影视，小米从视频网站到影视剧制作公司都进行了资本注入。

还有一个有趣的事情是，这半年里，小米的产品特别多，每隔一段时间就推出一个有意思的产品，如手环、智能插座、智能风扇、空气净化器……结果不少朋友来找陈彤索要，因此他每月都要自费花不少钱购买自家产品。

而另一个细节是，在小米海纳百川的沟通会上，代表内容生态不同领域的四个嘉宾冯小刚、王长田、于东、古永锵的介绍词，据说都是出自陈彤之手。

而在负责半年多的小米内容生态后，陈彤也坦言，目前对小米内容仍有两个不够满意的地方："一个是我们有些地方没有100%包圆，只拿到了80%多的内容，这一块还有潜力可挖，还有一点点遗憾；另外，小米在有些领域比较薄弱，比如体育。"

而对于小米电视的硬件销售，陈彤也有话说——他认为，现在知道小米电视的人还不够多，在品牌推广和销售渠道上还要加强。

陈彤透露，在已经实现大量覆盖影视剧等内容的基础上，接下来音乐直播、体育赛事、新闻资讯等内容都将成为小米内容生态的"重头戏"，并在内容生态方面展开国际化探索。特别是在各家视频网站竞争激烈的体育内容上，陈彤透露，小米已经锁定了几个拥有版权的战略合作方。

10亿美元的巨资的融入，预示小米未来在娱乐影音内容上一定会有大的革新，而小米未来的想法并不仅仅是让人们重拾遥控器，而是想要重新打造一个私人的娱乐空间。2014年11月，小米斥资一亿入股YOU+青年公寓，从移动产品到家居产品，小米未来想要打造的不仅仅是智能家居系统，更是要彻底地打造下个时代的人们生活环境。

雷军表示，小米盒子只是生活拓展的第一步，小米更大的想象空

199

间在于对衣食住行的全面覆盖，小米将涉足客厅生活等众多领域。未来盒子将作为家庭的网关，连接所有的智能家居产品。小米的这一系列策略，似乎都在一步一步实现。

有专家分析，继PC互联网、移动互联网之后，互联网的下一个战场瞄准了家庭互联网。这句话也点明，当前互联网企业之间的大战已经转战为家庭领域的争夺大战，作为互联网企业的典型代表，小米当然不能错过这样的机遇。互联网公司扎堆抢夺家庭互联网，也让我们深深感到这将是一场多方争霸的持久战。中国13亿人口约合2.5亿个家庭，智能家庭商机无限。而智能家居、智能电视以及各种智能控制终端无疑将成为进入家庭互联网的入口之选。

智能家居时代，家电的开发有了另一种可能：厂商提供智能化硬件，并开放APP接口，极客玩家、第三方设计团队可以在此基础上，丰富家电产品的功能。普通用户的意见也将得到更多的重视，智能家电操作系统的快速迭代具备可行性。

以小米为代表的互联网企业进军智能家居，既给传统家电厂商带来挑战，也给这些厂商带来了有益的启示。我们注意到，面对小米的进

2015年3月，全国人大代表雷军在人代会上提交《关于加快制定智能家居国家标准的建议》

入，传统的家电厂商已经开始了积极的转型。

2015年3月7日，身为全国人大代表的雷军向第十二届全国人民代表大会第三次会议提交了《关于加快制定智能家居国家标准的建议》。

雷军认为，中国物联网有望成为世界第一，物联网是个巨大的台风口，是当前世界新一轮经济和科技发展的战略制高点之一，给了中国一次前所未有的机会，是我们不能错过，也不应该错过的机遇。物联网，也是中国从和美国并肩引领移动互联网时代，到超越美国领跑全球的最佳契机。

以智能手机为中心的智能家居产业已经成为物联网的核心应用领域，而标准化则成为科技产业快速发展的重要保障。因此，雷军建议加快制定智能家居行业标准，激发智能家居的爆发式发展，推动中国经济的快速转型，促进互联网跨界融合，带动中国从"制造大国"向"智造大国"转变。

雷军指出："我们不能因智能家居国家标准的滞后制约了行业发展。我认为有必要将加快制定智能家居国家标准提升至产业发展的战略性高度来考量。为改善智能家居产业环境，规范行业竞争，共同把智能家居产业做大做强，切实提高人们的生活质量，我建议在国家标准委的主导下，由行业主管部门工信部牵头，按照急用先立的原则，加快制定智能家居行业标准，以促进智能家居产业健康发展。"

雷军建议，应该开展物联网跨界创新重大应用示范，以点带面，促进传统行业转型升级。加大各行业对跨界融合创新的研发投入，开展物联网产业创新工程的重大示范应用，推动关键技术突破和创新成果产业化。

搞定智能设备的三大痛点

以手机为中心连接所有智能设备。按照雷军的构想，智能设备有三大痛点：手机连接复杂，每个设备都需要App，云服务投入大。因此，小米希望通过"智能模块+控制中心+云服务"的模式来解决这些问题。

此前，小米产品以及各种投资名声在外，比如小米空气净化器、小米手环、小蚁高清摄像机、iHealth智能血压仪等，但小米并未详述如何把这些设备串联起来。

雷军表示，小米已经陆续投资了25家生态链企业，无论是智能模块还是控制中心，小米的生态链笃定的原则就是"开放、不排他、不独家"，他表示："合作就是要把敌人搞得少少的，把朋友搞得多多的。"

在雷军以手机为中心的智能硬件生态建设战略中，小米正在通过研发通用的智能模块、控制中心和云服务，从三个层面克服当前智能硬件的三大痛点，由此可见，链接所有智能设备才是雷军的最终理想。

针对第一个痛点，小米研发了通用智能模块。以传统的空调为例，可以直接通过加载这一模块实现智能化。而小米提供这一模块产品的形式也颇具"小米"风格，即用材料成本价供给合作伙伴，来推动产品智能化。据雷军透露，目前这一智能模块的材料成本价为22元，小米计划一年之内将之成本降到15元，两年之内降到10元，并以此推动智能设备的普及。

针对第二个痛点，小米研发了通用的控制中心小米智能家庭APP，统一设备连接入口，并把这一功能直接嵌入到MIUI系统中，在锁屏界面集成设备控制中心。

针对第三个痛点，小米研发了智能硬件通用云服务，目前有专注应用云服务的小米云和专注基础云服务的金山云，而前不久投资的世纪互联则负责提供网络基础设施。

身为金山软件和小米科技董事长的雷军为金山制定了"All in 云服务"的三年战略，从包括WPS、手机助手、安全软件、金山快盘等在内的消费级产品，到云主机、云存储、云硬盘、数据库等企业级产品面向全产业链提供云服务。

如今随着2014年10亿美金发债和11亿美元融资的完成，小米按照"丰年备粮"的战略提前备足了资本"弹药"，而云计算体系的完善也为其所投资的智能硬件生态链的完善提供了基础设施支撑。按照雷军的计划，不差钱的小米不仅是要在未来5~10年成为智能手机届的世界老大，还要让所有设备都和小米实现连接。

2014年10月10日，小米发布了小米智能插座、小蚁智能摄像机、Yeelight智能灯泡以及小米智能遥控中心等智能家居产品。

与小米路由器作为"未来智能家居开关"这样的概念不同，此次推出的四款产品被小米定义为"真智能家居"。而产品发布前，小米的宣传口号"去伪存真"也可看出该公司暗示目前市面中打着"智能家居"的公司多半推出边缘化产品，而此次小米的智能摄像头、智能插座、智能灯将是近段时间智能家居的主流产品。

根据雷军的介绍，我们可以大致整理出小米路由器生态圈的结构：首先，小米路由器将会打造自己专属的智能家居无线传输协议，但是此协议会兼容当前市面上所有的智能家居类无线传输协议，包括已经上市的绝大部分可以无线连接的家用电器。

其次，小米将会把该协议全面开放，并且利用小米商城的平台，为支持小米该协议的各个品牌提供销售渠道。并且，在未来小米开发的各个系统的控制APP中，用户可根据自己家庭的需要，直接在APP内购买小米商城的各种产品。

然后，小米将会和无线厂商合作研发无线芯片，该芯片将会使装备了该枚芯片的家电产品，直接与小米路由器自动连接，无需任何复杂设置。而且，该芯片价格不贵。

最后，小米路由器从现在最新的版本开始，就已经全面支持各种智能家居产品。小米也已经开发了相应的控制APP，在不久的将来会登录IOS平台，且IOS平台的功能更为强大。

2015年6月11日，小米在媒体沟通会上隆重推出了6T版全新小米路由器，这款路由器定价2999元，比以前699元的小米路由器高出2300多元，这是国内第一款高端智能路由器。

智能路由器是雷军交给唐沐的一个大作业。"环顾周围，十几年不变的硬件产品，也许只有路由器了。人机界面不友好到除非它罢工否则你根本就不想在视线所及看到它。而它的地位又如此重要：7X24小时开机＋所有电子设备的上网入口。一开始的时候，在百度里搜索路由器，

203

头10个问题里有7个都是路由器如何设置。我们把设置做到极致，能交给程序自动判断的完全不用人参与，整完了之后，三步极致简单，让用户省心一点，我们做透了。现在已经是智能路由器行业标配。"唐沫表示。

怎么才能让用户愿意和路由器交互起来？创造需求是不行的，为了解决一个创造出来的需求，必须要创造一些诡异的用户场景，再创造一些浮夸的营销方式让用户勉为其难去尝试，最终以不能持久而收场。

于是唐沫仔细观察用户场景找痛点。他发现WiFi不易连是痛点，WiFi信号不好是痛点，被人蹭网是痛点，老婆看视频自己打游戏卡是痛点……光解决这些基于路由功能的大小痛点，都够团队潜心做个两三年的。

雷军对小米路由器的希望是在两年内达到千万台级别，从而迅速将小米路由器的生态圈搭建起来。和我们常见的各个智能家居设备的产品不同，此次小米将会扮演一个带头大哥的角色，利用小米路由器、控制APP以及外置控制器，来组成一个平台，各个符合小米智能家居协议的产品，均能运行在这个平台上。

除了全力打造小米路由器的智能家居平台之外，雷军还现场演示了基于MIUI系统的控制端APP。例如，可以自定义下班回家之后你希望开启的设备，或者在晚上有电话呼入的时候台灯自动亮起等等，甚至包括在路由器检测到手机联入无线网络之后，根据之前自定义的内容自动开启家中不同的设备。

雷军表示，小米路由器的定义，并不仅仅局限于终端和互联网之间的数据传输，而是努力为小米路由器拓展更多的连接方式，让路由器真正成为家庭各种电器的控制中枢。小米未来的愿景是"以手机为中心，连接所有智能设备"，小米科技离实现该目标已经不远了。

布局互联网金融

小米是一家以硬件起家的生态公司，随着雷军为小米设计的三驾马车——"硬件+软件+服务"不断向纵深的领域发展，互联网金融成为这条轴线中最新的版图。

2015年6月16日，重庆两江新区宣布多达30个金融项目正式签约落户，其中包括首次公开露面的小米小贷公司。此次签约总投资金额达281亿元。事实上，重庆两江新区金融中心致力于引入金融项目落户已有五年。

据公开资料显示，小米小贷公司由小米旗下全资境外子公司出资5000万美元设立。小贷公司首次露面，小米科技创始人雷军在互联网金融行业的布局再下一子。

小米布局互联网金融并不是雷军心血来潮，而是蓄谋已久的一步棋，试图搭上互联网金融的列车，为小米打造一个完整的生态圈。

自从雷军提出"风口理论"之后，"风口"二字便无处不在。那么，对于近两年的 "风口"之一互联网金融，小米会以何种方式介入呢？下面让我们一起回顾和寻找小米互联网金融领域布局的种种迹象，揭开小米的终极梦想和野心。

2013年12月，小米科技注册成立了"北京小米支付技术有限公司"，经营范围涵盖电子支付技术、支付结算技术及清算系统的技术开发等。注册资本起初为5000万元，后变更为1亿元。

2014年2月，小米公司与北京银行签署了移动金融全面合作协议，在移动支付、便捷信贷、产品定制以及渠道拓展等多个方向探讨合作。小米财务副总裁张金玲当时透露，与北京银行的合作内容包括风控方面，北京银行的征信业务可以在小米上线。

2014年9月，小米公司和雷军个人的顺为资本共同投资个人网络借贷(P2P)平台积木盒子3719万美元。创始人称，该公司2014年16%的移动端流量来自小米用户，未来和小米有进一步合作的空间。

2014年底，有消息称，小米向央行申请了第三方支付牌照。如果拿到牌照，小米钱包将会成为像支付宝这样的第三方支付平台，用户在网购时可以选择小米钱包进行支付。

2015年1月，小米官方网站低调上线"小米钱包"页面，目前功能还比较简单，支持绑定信用卡、储蓄卡、充值。后来"小米钱包"新增了货币基金服务。

同时，小米手环推出了一项新功能：小米手机用户佩戴小米手环可以实现免密码支付，用户需要更新到最新的 MIUI6 体验版并在银行卡设置中开启功能才能使用。然而，手环本身并不具有发起支付或应答支付请求的功能，而是在手机上发起支付之后，将手环靠近手机直接完成付款。

小米进军金融领域，既符合"小米硬件不赚钱，通过软件和服务赚钱"的理念，也与其打造智能生态平台的战略相契合。更重要的是，金融和支付能让雷军站到互联网金融的风口，将小米再向上推高一个高度。届时雷军的"10年内超苹果"的小米梦想变成现实不无可能。

小米小贷公司的成立标志着小米向互联网金融迈出了实质性的一步。2015年6月17日，小米副总裁洪锋在接受记者采访时表示，在小米金融业务产品上线后，用户在手机上即可申请小额贷款，可申请贷款数额区间从1元至3万。洪锋还透露，小米金融将在一个月内上线其首款金融产品。

小米小贷是小米互联网金融的一部分，而小米金融则是小米生态的一部分。对小米而言，尽管分期付款购买手机等设备早已实行，但在小米小贷业务上线后，小米能够为所有具备小额消费需求的用户提供小额贷款，适用于更多应用场景，而不仅仅是在小米网上购买小米自家产品时的单一场景。除了拓展应用场景外，小米小贷同时也意味着小米金融的业务又拓宽了一条边界。

那么小米小贷的基础是什么？是用户。小米提供的数据显示，2014年小米手机出货量为6112万台，MIUI用户超过1亿；预计2015年小米手机销量超过1亿，MIUI用户数量更高。将原有用户转化为金融服务用户，小米无疑能新增一个利润来源。

众所周知，"免费"是互联网思维，雷军将免费修正为"小费模式"，即硬件不赚钱，但在使用小米硬件的基础上，用户可以选择使用小米的其他服务，这些服务有些是付费的，这些付费就是小费。对雷军来说，小米小贷是求打赏的一种方式。

那么，小米小贷的业务边界在哪里？小米副总裁洪锋表示，小米小贷只针对个人用户，通过大数据给用户提供方便快捷的小额贷款业务。小米公司公关部相关负责人徐洁云则说，目前小米在消费金融业务方面还处在布局阶段。

事实上，拓展业务边界，打造更多收入模式还都不是小米的根本目的，小米的根本目的是加强生态建设，解决小米生态内的物种丰富性问题。众所周知，小米科技包括手机、平板、电视等终端入口，用户通过入口访问的是各种互联网应用与服务，互联网应用与服务的丰富性才是小米生态黏住用户的关键。而包括消费金融在内的互联网金融服务，在未来是最核心的服务。

雷军表示：小米的牌都放到了桌子上，未来五年的任务是优化，物种丰富性是优化的目标之一。

在消费类金融领域布局的互联网巨头不止小米，还有其他竞争者，而这些竞争者几乎囊括了所有互联网巨头。

京东、阿里、百度等互联网企业在消费金融方面早已有所布局。例如京东的"京东白条"、阿里巴巴的"花呗"，还有已经持牌的苏宁消费金融公司的"任性付"。但截至目前，国内持有消费金融牌照的公司仅有共计12家。

互联网金融的发展也催生了一批消费贷款产品的诞生。例如蚂蚁金服在继"花呗"之后继续推出"借呗"，前者是允许在消费者购买商品的下个月10号进行支付和还款，按期还款将不收取利息；而后者主要是依据用户的信用评分情况，给予用户1000元到50000元内的借款，并收取一定的日利率。

京东推出的"京东白条"和阿里巴巴推出的"花呗"产品定位较为相似，由于消费金融此前仍处于试点阶段，因而两家企业均把"京东白条""花呗"定义为应收货款管理。

值得一提的是，京东在推出"京东白条"后进一步构建"白条+"的生态体系，其相继推出"校园白条""旅游白条"和"租房白条"。在电子商务外，探索出了更多的应用场景。

消费金融牌照和小贷公司最大的差异之一，即前者可以享受同行业拆借。因此，通过小贷公司即可完成诸多消费金融方面业务。可以预见的是，包括互联网企业在内的多家公司依然将加入争抢消费金融牌照的战斗中。

雷军指出，小米布局互联网金融将会给用户带来更好的用户体验。关于互联网金融的未来，雷军表示，数据金融、后台金融、个人金融、移动金融之后，最终是人人金融。未来会建立一个有效的市场机制，这个市场机制里面，企业可以自由竞争，消费者可以自由选择，消费成本会降低，最终形成一个有效的金融市场。

发力游戏，完善生态链

小米除了自己以手机、电视、路由器为核心的硬件生态链外，还构建了一条内容的生态链，游戏便是其中重要的一环。

庞大的出货量，使得小米能够迅速占领市场，但下一步该如何挣钱？移动游戏无疑会成为小米利润提升的有效手段。小米有渠道，金山和西山居有研发，在端游时代可以完全靠产品，但手游时代如果没有渠道的话那将会步步受到制约。小米在移动游戏上前景巨大，无论是渠道还是研发，在整个市场都拥有一定的优势。"四驾马车"将会给小米游戏源源不断地提供营养。

中国人口13亿，2014年，有超过5亿的用户在玩手机游戏，说明手机游戏已经在中国得到大范围普及，手机游戏已成为中国人娱乐的重要方式之一，其中尤以休闲益智类游戏和社交类游戏最受欢迎。

2014年2月，雷军将小米公司的米聊、游戏、视频等多个业务整合，组建"小米互娱"，由游戏业内知名人士尚进出任小米互娱总经理。短短一年的时间，手游业务从起步期一路野蛮成长。数据显示小米游戏单平台总下载量突破10亿，分发量的快速上涨导致游戏中心每月以2000万的流水递增。

小米游戏平台如此惊人的版图扩张速度，与小米用户覆盖面积的扩大有着直接关系，在三家国际知名调研公司IHS iSuppli、IDC和Strategy Analytics相继公布的2014年第三季度手机市场调研报告上，小米手机成为世界第五大手机厂商。

2014年12月10日，雷军冒着凛冽的寒风，来到了位于北京市海淀区天马时空公司的办公室，与公司团队共同开启香槟庆祝游戏奇迹的诞生。

《全民奇迹MU》从2014年12月10日11时正式上线，截至到晚上24时，该产品首日13小时内充值突破2600万元，已经开服168组，全平台新增69万用户，小米游戏中心新增20万用户。

雷军按捺不住内心的喜悦在微博上写道："全民奇迹MU，超炫经典3D网游手机版，今天安卓全网测试，开放了300多组服务器，首日充值已过2000万元，大获成功！金山云提供云主机服务，巨大服务压力下零故障，小米游戏首战告捷！全渠道中活跃用户第一，了不起。"

作为小米互娱投资的第一家公司，天马时空承载着小米游戏重要的内容环节。经过5个月的测试后，天马时空开发的《全民奇迹MU》正式登陆各大手机游戏市场，在正式上线一天后，获得了不俗的成绩。对于雷军来说，让他兴奋的可能不止是这款游戏本身的成功，也让雷军的手里又多了一块小米拼图。

就在雷军发布微博后两个小时，充值额又增长了600万元，足以说明这款游戏的火爆程度。雷军将《全民奇迹MU》今天的成绩概括为四个成功的组合，即天马时空的研发能力，恺英网络的发行能力，金山云的支撑能力，以及小米互娱的平台实力。

小米游戏中心夺得第一，小米互娱生态圈浮现。从雷军所说的四个成功组合可以看出，除恺英网络外，都与小米有直接关系，其实小米除了自己以电视、手机、路由器为核心的硬件生态链外，还将构建一条内容的生态链，游戏便是其中重要的一环，而对于游戏这一环还将向下进一步细分。

从现在市场环境来看，手游的分工已经很细了，从游戏研发公司、代理公司，到运营平台、云服务，整个行业已经全部产业链化。

209

谈到这里，雷军拍着尚进的肩膀说："虽然小米互娱这段时间很累，但比起当年做游戏的日子已经轻松多了。"在小米体系下，小米互娱所需要的就是顺势而为，小米的硬件系统已经建好，MIUI系统保证了用户的高黏度，在这基础上便可以很顺利地推出小米游戏的平台，同样在MIUI生态的保护下，小米互娱平台成熟，未来在游戏领域也可以形成一条单独产业链。

据了解，小米游戏在2014年年初的时候，流水仅有3000万左右。小米互娱在小米生态的帮助下，到12月底，平台流水已经接近2亿。不过雷军似乎并不是很关心这些数字，他更关心的是，自己规划、投资的生态链中，不同产品之间是否能够相互拉动、相互支持。他举例说："比如小米投资游戏公司，游戏公司反过来用高质量的产品支持我们的设备，从而体现小米设备的价值。"

雷军所提到的生态链中产品相互拉动、相互支持，在这款产品中突出体现在了金山云上，雷军也对金山云的表现赞不绝口，还笑称"投钱效果果然很好，这是金山第一次游戏开服没有挂服务器"。

雷军认为，金山云能为这次产品上线完成支撑任务，原因是提前投入，打好了基础。打造产业链，需要时间和金钱先把基础设施做好。

恰逢小米着力为产业链的上层做大基础的工作时，手游市场的风向转向了端游化。从2014年开始，畅游的手游《天龙八部》、巨人的《征途口袋版》、网易的《乱斗西游》都获得了不同程度上的成功，而现在小米又将传统端游《奇迹》搬到了手机上也获得了不错的成绩。

对于这种现象，雷军认为是手游市场无论是开发商还是玩家都走向成熟的体现，手游端游化的浪潮还会持续1～2年，做出上述结论，他也给出了以下几个理由：

一是传统端游有很强的用户基础，用户的继承性良好；二是玩家越来越重视游戏制作质量、可玩度和深度；三是对于开发商，产品需要可持续发展，重视产品品质、黏度；四是端游本身就属于高品质高黏度的游戏，况且现在手游月收入规模是原来PC端游的5～6倍。

其实，不仅仅是游戏迎来了机会，小米的其他硬件产品也借助游戏有了更好的体现机会。比如，小米平板当初就配备了一颗PC架构下的GPU，用雷军的话说，由于市面没有足够好的产品，导致"英雄一直没有用武之地"。

此外，一年前小米就曾针对小米电视、盒子开发了游戏手柄，至今也只是能够用来玩小游戏，但这次雷军明确表示，将要求天马时空为电视平台专门推出一版《全民奇迹MU》。

以手机为中心，连接所有智能设备

如今，互联网圈最流行的莫过于"平台"和"生态"的概念，雷军、马云、马化腾都在做这样的事儿。与马云、马化腾不同的是，雷军的小米是个极为有利的硬件支撑——截至2014年底，MIUI用户已超过7000万，米聊用户达到4000万，小米手机销量达到6112万台。可以预见，布局生态圈将是未来企业争夺的方向。从互联网公司到传统厂商，各领域企业纷纷发力，开始构建自己的生态圈。

雷军打造的小米生态圈有四层：第一个圈最核心，是自己的产品，即三大件——手机、电视、路由器；第二个圈层是其投资的一百多家公司，未来还可能会更多；第三个圈层是其电商平台，这个平台开放度还会提高；第四个圈层则是用MIUI操作系统的硬件产品。

贯穿这四个圈层的，是三条线路。第一条智能硬件生态链，第二条是陈彤负责的内容产业生态链，第三条是云服务。雷军说："MIUI V5重要改进超500项，四年磨一剑，这是一千多个日夜MIUI团队与几十万'米粉'共同的成果，是一项互联网史上极其浩瀚的工程。"

目前，MIUI官方制作了中文简体、繁体、英文三种语言包，而网友制作了多达25种国家语言的版本。经过三年磨砺，小米应用市场成为排名中国前五的安卓市场，是用户活跃度最高的市场。MIUI V5是小米构建手机生态链的重要步骤，小米高调发布MIUI V5，再次夯实了小米"硬件＋软件＋互联网服务"的路线。

现在小米模式开始迸发出力量，以手机为中心、MIUI为软件＋互联网平台，两者互相叠加的规模效应开始显现。首先，小米手机带动辐射周边配件，包括小米盒子等硬件设备；其次，MIUI重点构建"硬件＋软件＋互联网服务"，打造围绕小米手机为中心的生态圈。

小米生态体系的逐步成熟，使得小米已经告别完全依靠硬件发烧和跑分作为卖点的时代。围绕小米手机为核心的硬件生态体系也已经初具规模，除小米手机以外，小米路由、小米盒子、小米平板、小米电视、小米手环等产品相继出炉。

事实上，小米手机硬件打开了MIUI生态圈最为重要的终端环节，四年来，小米手机已累计销量上亿台，销量转换为直接的MIUI用户，这种天然优势相比于各种安卓ROM更具黏性。

2014年，小米定义了"翱义云"服务计划。据雷军介绍："在这个计划里面，小米的重心是放在应用层，金山软件的重心放在开放云服务。2014年金山的董事会也批准了这项计划，我们从自有的资金里拿10亿美金投资云服务，经过过去一年的努力，我们预计2015年在云服务方面的收入大概会增长4到5倍。"

虽然大数据产业发展非常迅猛，整体投入也非常大，但在雷军看来，整个大数据市场还处于初期阶段，如果没有配套的商业模式的话，发展压力还是非常大的。因此，大数据产业发展的关键点是如何探索数据的价值、如何挖掘大数据时代的商业模式，这是我们今天的当务之急。

云服务是近年来智能手机角逐的焦点，同时也是互联网公司和电信运营商最关注的领域。包括中国移动和中国电信都推出了手机通讯录、短信、手机照片同步上传到云端的功能，更换手机时直接从云端下载数据，避免了更换手机过程中的数据导出、导入。这也是大多数手机厂商的做法，将用户习惯使用的软件和通信资料上传到云服务器作为资料备份，通过高速的移动互联网随时调取信息使用。

雷军透露，小米手机已经构建了一个由个人云服务升级为互联网服务的平台，通过小米黄页等产品向用户提供超短路径的移动互联网生活服务。

目前，小米在硬件领域，除小米手机外，还陆续推出了盒子、电视、平板电脑、阅读器、路由器、移动电源、随身WiFi、耳机等诸多产品。在软件领域，作为其核心产品的MIUI操作系统，用户只需在小米应用商店下载其APP，便可享受MIUI桌面、MIUI短信、MIUI联系人、MIUI拨号、小米云服务等多种应用与服务。

在服务领域，以MIUI操作系统为平台，小米先后推出了应用商店、主题商店、电子阅读、游戏中心、小米云服务、电子商务等多款互联网服务，此外，小米还尝试涉足互联网金融与移动支付，逐步完善其互联网服务体系。

经过4年的努力，小米的"软件+硬件+互联网服务"的一整套庞大的生态系统已经初步建成。

特别是2014年以来，小米与顺为基金领投积木盒子进军互联网金融，雷军控股的北京瓦力文化传播有限公司投资华策影视，以及小米2500万美元入股iHealth进军移动医疗。

213

"雷军系"一系列投资背后的逻辑是，寻找与小米"调性一致"的公司，寻找在垂直细分领域最有经验和实力的公司和团队，其与小米价值观高度认同，以极客精神做产品，可通过软件、硬件、互联网服务整合的模式去抢占或颠覆市场，等等。

一位业内人士这样形容雷军打造的生态圈："小米正在布一个很大的棋局：小局，如手机、可穿戴等；其次，雷军意在占领每一个人、每一个家庭所有的屏幕及其终端：大局，如路由器、电视等；屏幕，消费者与商家交互的界面，如小米路由器，未来只要有屏幕，就会有小米。"

目前，"雷军系"正在日益壮大。在2014年里，雷军完善了不少布局：在智能硬件方面，小米已经投资了25家公司，米系生态链开始初具规模；在产品上，雷军的金山和小米合计投资2.2亿美元入股世纪互联，持股超过淡马锡，从应用层到云端尽在掌握；在内容上，原新浪执行副总裁陈彤的加盟让小米拿下了两个重量级视频公司优酷和爱奇艺，未来无论电视、平板和手机，都能有充分的内容源。

当然，最令雷军欣慰的，是小米的核心——手机，出货量超过了6000万台，2015年的目标已经提高到了8000万台。今后小米要投资100家公司、复制100家小米。

在雷军看来，手机上下游生态链的投资一定是有失败的就有成功的。一个创业公司的失败率是90%，但小米投资之后，这个创业公司的成功率就会大幅度提升——创业公司可以使用小米公司的品牌和渠道。

在雷军看来，他要投资的这100家公司基本都是智能硬件生态链上的，而且跟小米软硬件结合的模式比较像。但他对O2O领域却十分谨慎，认为O2O是个很复杂的概念，对于O2O这个领域小米的整个战略思路是"能不做就不做，能合作就合作"。雷军说："如果不需要投资就能合作，我们干吗要去投呢。有些资源需要大家产生足够的互信，投资有时候是一种加强伙伴关系的手段。"

在一系列投资背后，"雷军系"一边构建产业生态圈，一边构建资本投资圈，资本为产业输血，通过一颗颗棋子构建了一条独特的产融通路。

正如雷军所说："做手机是为了更大的一个生态圈，小米会成为一种智能互联的生活方式，它几乎能覆盖人们衣、食、住、行各个方面。我希望有一天你掏出小米手机，你家里所有智能设备都连在一起，一切都在掌握之中，使你的生活变得更容易。你回家不用掏钥匙门开了、灯亮了、音乐响了，生活变得非常舒服，这是我们的生态链计划。我们觉得手机就是随身带的电脑，怎么用这个电脑管理你的生活，管理你的工作，让生活和工作都变得很轻松，这是我们正在追求的东西。"

展望未来10年，雷军认为这将是中国制造企业转型到中国创造的关键时期。这种历史机遇就好像20世纪80年代之于日本，90年代之于韩国一样。在这样的历史节点上，他希望把小米做成索尼、三星这样的国民品牌，带动整个中国的产业进步，从此一改中国制造的低端廉价形象，成为可以比肩苹果的全球品牌。

214

第十章

从「三国杀」中
「杀」出生路

在小米创业之初，国内的传统手机厂家一度对小米嗤之以鼻。但他们万万没想到，小米稍一发力，就冲到了自己前面。小米的突飞猛进，让国内手机厂家如梦初醒，于是开始"围剿"小米。

小米遭"围剿"

2011年，小米手机一上市，就凭借独特的互联网模式，几乎在一夜之间就火了。从那时至今，雷军和小米都一直是媒体关注的焦点。迅速崛起的小米，挡住了一些手机厂家的光芒，它遭到多个国产手机厂家的集体"围剿"。

2013年9月5日，创立仅2年的小米，高调发布了小米3手机，雷军打出"倚天屠龙"的旗号，大有舍我其谁的气势。小米咄咄逼人的气势刺激着华为、联想、中兴、金立等手机巨头，他们表示要"以彼之道，还施彼身"，要灭一灭小米的威风，把小米比下去。

联想首先站出"阻击"小米。2013年11月13日，其VIBEZ手机正式曝光，代号为"天龙八部"。明眼人一看便知，联想此举是剑指小米，大有破解"倚天屠龙"的意思。

12月16日，在颠覆小米的阵营中，再增一名重量级选手——华为，其将最受用户欢迎的"荣耀"独立出来，以电商运作的方式与小米决一雌雄。这天下午，华为在北京798艺术区举行了"谁与争荣"的盛大发布会，荣耀独立后的3C、3X同时亮相，荣耀3C最低售价仅为798元，比红米还便宜1元，其待机时间也更胜红米一筹。而作为国内首款8核的荣耀3X，定价为1698元，比小米3便宜了301元。这两款手机的定位是为了对抗红米和小米3，火药味甚浓。

华为在荣耀3C、3X发布第二天，便开始模仿小米在网络上接受预订，颇有挑衅的味道。而荣耀的初次试水效果不错，在1天的时间里，就有350多万人预约，引发轰动。

国内的多家传统手机厂家都在效仿小米的互联网模式，它们的目标十分明确，建立类似小米的运营模式，主打"硬件+软件+互联网"生态圈，在转型道路上坚定前行，出奇招挫败对手。

2013年12月30日，中兴公司董事长侯为贵对公司架构和人事做出重大调整，其中就包括成立终端事业部，独立运营，确保从采购、生产、研发、销售、交付到财务核算，都保持高度的独立性。中兴少帅副总裁曾学忠全面接管终端业务的运营。曾学忠被委以重任，就是看中他的互联网思维，以此与小米交锋，夺回失地。

紧接着，曾经在OPPO做出蓝光DVD的刘作虎离职创立OnePlus（一加科技），金立则成为独立品牌IUNI的投资方，并为其提供包括元器件和生产等方面的产业链支持。这些"新品牌"的目标十分明确——完全在品牌形象上脱离与OPPO或是金立的关联，学习小米的模式，建立一个以社会网络渠道为主要模式的硬件加互联网生态系统。

随着可穿戴设备的流行，国内各厂商相继推出了自己的可穿戴产品。

2014年7月22日，小米发布首款穿戴式智能设备小米手环，这次小米又挥起了价格的屠刀，其79元的价格让国内各大厂商直呼"雷军下手真狠"。对于资深米粉来说，除了小米手机，定价79元的小米手环也是梦寐以求的。该产品迅速引爆市场。

两天之后，国内创业团队攻壳科技也发布了一款智能手环bongⅡ，售价99元。面对小米手环的价格屠刀，作为国内第一家以价格回应小米手环的团队来说，bong是非常有勇气的。

小米的死对头魅族也使出奇招：魅族手机在微博上表示，小米手机可折价500元，换购魅族手机，仅有2099个名额。同时，魅族又抢先将

217

MX3调至1799元。随后，小米就宣布小米3直降300元：16GB的电信、移动、联通版小米3统一售价1699元，比魅族价格还要低100元，你死我活的意味非常明显。

在小米即将推出新品之际，魅族在其官网上宣布：启动Flyme每周更新计划。魅族黄章表示："MX3会在每周二更新Flyme体验版固件。明天，会迎来第一个MX3体验固件。为了配合每周的固件发布，魅族还准备了高效的Bug反馈和建议收集渠道。用户可在Flyme官方微博上发送私信反馈问题。"

2014年12月23日，魅族发布了魅蓝Note，给了竞争对手红米一个下马威，一年内魅族发布了三款全新产品，而且款款都是野心之作。业内人士认为："这是魅族在产品、售价上和小米死磕后，在系统上也要PK小米了。"

国内智能手机残酷的对攻战已经全面打响，小米开始陷入苦战之中。"为发烧友而生"的小米，一度出现降温。小米3的连续降价清理库存，反遭冷遇，市场不再高潮，米粉狂欢亦难续，而其高性价比的旗号也遭到众多手机厂商挑战。由此可见，未来中国智能手机市场竞争将更加激烈。

一些手机厂商开始学习或复制小米的模式，一方面降低渠道和营销成本，另一方面开始构建自己的互联网生态系统，向小米发起挑战，"围剿"小米。小米将如何赢得这场不见硝烟的市场争夺战？这考验着雷军军团的智慧。

公关战与口水仗

随着三星走下坡路，拥有成本优势的国产手机，迎来了史上最梦幻的局面：华为、联想、小米都跻身全球领先的手机制造商行列。然而，正在国际化征途的关键时刻，这三家中国企业之间却出现了不和谐局面，为了争夺"探花"之位，他们上演了别开生面的"三国杀"，各自领导人之间大打公关战与口水仗，并愈演愈烈。

事实上，被外界视为小米直接竞争对手的华为荣耀品牌，从2014年12月宣布独立运作之后，双方的市场竞争就日趋白热化。这次，雷军与余承东之间的"口水战"，是由下面的一条微博引发的。

2014年9月17日，一名叫做"IT华少"的网友在微博上称"小米4做工粗糙，不及荣耀6"。原因是，一般手机厂商会对手机的AP芯片以及字库芯片（EMMC）用高强度的胶水进行点胶固化，以保证手机摔碰跌落时芯片不易损坏，比如荣耀6，而小米4为省成本，并未对其芯片进行点胶处理。而后雷军和小米的多名员工都转发这条微博，认为这位职业为导游的用户专业性不足，雷军的转发内容称："这样的黑稿，是哪位友商的杰作？"言语间无疑暗示是华为所雇佣的水军所为。对于雷军转发微博一事，华为荣耀首席聆听官张晓云称是"妄自猜疑和做贼心虚的举动"；华为荣耀业务部总裁刘江峰则称雷军"贼喊捉贼"。

2014年9月28日下午，雷军又向华为开炮，质疑华为终端发布针对小米的公关黑稿，并"强烈建议余总拿出世界五百强的胸怀，认真管管华为终端的风气，共同推动国内手机行业发展"。

随后，余承东回应："我询问了我们荣耀团队，并没有去黑小米！没有大气量，无以成大器。坚持做好自己，不要去在意别人怎么说吧!"

在看到余承东的回复后，雷军在微博上继续发声："我们正在整理华为终端碰瓷小米的公关稿清单，请您判断一下他们是否黑小米。"雷军针锋相对，看架势是要与华为死磕。

雷军说，他曾多次就这件事私信余承东，但对方并未回应。雷军喊话余承东，希望对方拿出世界五百强的胸怀，好好整顿华为终端的风气。凭借雷军强大的号召力，"点胶"事件迅速升温。

国际市场调研机构IDC分别发布了2014年第三季度全球智能手机市场调研报告，小米手机出货量以及市场份额，均排名全球第三位，紧随三星与苹果之后。

IDC的报告显示，小米出货量增长了211.3%，市场份额由2013年同期的2.1%，飙升至5.3%，联想位居第四。而在Strategy Analytics发布的调

219

研报告中，小米的出货量高达1800万部，占5.6%的市场份额，LG位居第四，联想位居第五。

尽管是国际调研机构公布的报告，华为、联想对此均表示不服。报告公布一天后，联想凭借收购摩托罗拉移动的交易获批，在收购声明中痛快地喊出"我们才是全球第三"。根据IDC数据，小米第三季度出货1730万部，联想出货1690万部，若算上摩托罗拉手机的出货量，联想超越小米并无争议。

小米对华为的领先优势也并不大，后者第三季度势头迅猛，尤其是Mate7以及P7中高端产品热销，有望重新赢回属于自己的位置。小米全球"第三"的宝座并不稳固，可能会此消彼长，国产三雄谁都有机会胜出。

2014年8月，余承东对外强调，华为手机机型将削减八成以上，只保留几款精品机型。华为已经从规模的追求，转移到对利润的追求。这也符合华为总裁任正非的观点。2014年上半年，任正非在消费者BG管理团队的午餐会上说："一部手机赚30元，算什么高科技？"任正非告诫消费者BG团队，不要去跟小米比，不要拿自己的优点，去跟别人的缺点比，关键是利润优先，赚到钱才是真本事。

联想CEO杨元庆曾多次暗讽小米。杨元庆在接受媒体采访时说："小米是一个好的教材，但它还不是对手。我们有很多的地方要向它学习，比如说市场营销的方式、软件开发的升级方式，但你再有互联网思维，也得有人做制造，得有人做生产，这东西不能天上掉下来，你不做不能够说这个环节就可以不要了，而这个恰恰是联想的核心竞争力之一，我们是品牌、制造、产品运营端到端的整合，而且，还得再加一个国际化。"小米公司有人认为，这段话其实是在讥讽小米在制造、国际化上的短板，饥饿营销不可长久。

"有些企业试图把价值链其他环节都外包，把主要注意力放在营销环节上，希望获得快速成功，圈来资本市场的钱。他们不去琢磨如何苦练企业内功，怎样做好研发、把控产品质量、管理好供应链、改善售后服务，这样的业务模式，最终是行不通的。他们要么让用户总是饥饿着，要么产品质量、售后服务频频出现问题,消费者投诉不断。"2014年8月,杨元庆在参加亚布力论坛夏季高峰会上,不点名批评了某家手机厂商。

杨元庆还表示,随着互联网概念日趋火热,在社会上产生了两种极端心态。一种是恐惧,觉得传统产业必将被互联网颠覆;另一种则是浮躁,认为互联网包治百病,只有互联网公司才能成功,因此急于求成,想通过互联网概念一夜成名,忽视了健康企业对价值链均衡发展,以及对核心价值构建的需求。

2014年11月6日,杨元庆开通了新浪微博,并申请认证为联想"首席产品经理"。这和雷军、余承东等人一样,都希望利用微博来获取用户的需求和抱怨。杨元庆从联想的幕后走到了前台,与用户近距离沟通,产品为先的思路,正是互联网思维的一部分。杨元庆质疑小米模式的同时,也在学习小米的成功经验。他说:"虽然微博已经过了鼎盛期,但对于我们来说,恰好是一个很好的工具,是一个可以了解客户需求和反馈的重要渠道。"

与联想相比,华为与小米的冲突更直接。自华为终端旗下品牌荣耀宣布独立运作后,双方的关系就迅速恶化。从平板电脑分辨率,到价格战,再请水军抹黑,围绕华为与小米的战争,从来没有停歇。

2014年6月,华为平板产品M1发布时,雷军和余承东就平板电脑分辨率展开争论,双方在微博上你来我往。

2014年8月14日,余承东喊话:"雷总、阿黎,咱们两家这样继续打下去,估计中国连山寨机市场都会被打没了。"

2013年华为智能手机曾杀入全球前三强,但地位并不巩固,"探花"的位置与联想、小米轮流坐。国产手机企业的激烈竞争,折射出各家企业相互将对方当作最大对手。无论是发布会前的造势,还是产品定价,各方都磨刀霍霍。荣耀3X发布会上,其PPT上就有与小米3各项性能指标的对比。余承东还表示:"小米手机太烫了,荣耀专为退烧而来。"

2015年1月27日,余承东在接受《壹观察》专访时表示:"小米在高端市场没戏。目前2K屏幕在产业链处理器、屏幕、电池功耗技术问题并没有解决，中国市场单纯追求硬件规格导向是非常错误的。"余承东认为，小米手机在硬件上已经不再发烧，同时丧失了性价比，比如小米Note相比华为Mate7、小米4相比荣耀6Plus都没有优势，因此小米向高端市场转型没戏。

余承东在世界移动通信大会上发表演讲时表示："未来全球智能手机行业将重新洗牌，三到五年内只会剩下三大手机厂商，小米将消失，华为将成为市场领军者。"雷军同时也放出豪言："未来五年，小米不仅要进入世界500强，还要成为全球最大的手机制造商。"

紧接着，奇虎360、乐视与小米也打了一场激烈的公关大战和口水战，手机行业的唇枪舌剑可谓激烈。

实际上，由于竞争激烈，国内手机行业隔三差五就会上演所谓的公关大战和口水战，让隔岸观火的消费者分不清谁对谁错。从小米四面出击的公关战和口水战中，唯一可以判断的是，小米模式以前是成功的，现在也是成功的，不然不会成为众矢之的。

杀出重围

面对众多竞争对手的"围剿"，雷军巧用价格杠杆，发挥小米高配低价的优势，杀出重围。雷军认为价格战是比较低层次的竞争，但当竞争对手打上门来时，价格杠杆却成为最有力的武器。

2013年8月12日，红米手机官方微博宣布红米手机敞开销售，从此消费者将不再需要预约和抢购。此次开放购买将针对红米的联通版和移动版，两者的售价依旧是799元和699元。随后，红米手机官方微博宣称10万台红米已经在1分30秒钟的时间内售罄。小米手机正式开放购买，业界哗然。

红米的定价799元，超越价格战，让对手无法还击。与竞争对手死磕，终究是打上了价格战，更确切地说，是用户心中定位的保卫战。

但不巧的是，红米刚刚要盈利，华为就推出了荣耀3C，各方面配置与红米相近，略高一点，价格却是798元。低于红米1元，挑衅大于挑战。

2014年1月，红米移动版降价到699元。再测算一下，盈利点将在400万～500万部。选择了一场死磕，宁可不赚钱，也要保持在用户心中性价比最高的定位。

红米成功了，当前销量突破千万部，在传统手机厂商中，单款这么高的销量也很少见。总体来看，红米硬件本身的利润率估计在3％。当然，其成功之处还包含用户规模的扩大，以及硬件以外的收入。在这款手机上，更能体现雷军不靠硬件赚钱，靠配件、软件及服务赚钱的思路。雷军对红米很满意，因为在整个过程中有多个艰难的决定，如今的结果印证了决定的正确性。

而对于八核手机，雷军同样展开了价格阻击。2014年3月19日，雷军宣布将推出红米Note，定价799元，配备5.5英寸高清大屏，MTK6592八核。凭借价格优势再次逆袭荣耀3C和酷派大神F1。

近两年来，在国内1000～2000元这个价位的智能手机市场，各个手机厂商的竞争状态可以用"惨烈"来形容。小米、华为、魅族上演"三国杀"，其他厂商未敢言败。

如果你细心观察，就会发现小米、华为、魅族这些手机厂商的风格变得越来越一致，产品发布会都很高调，产品性能的比拼都是跑分，手机外形也都是追求越来越薄、越来越大，而大部分互联网手机的价格都定在2000元左右。

可以毫不夸张地说，中国的手机发展绝对没有像今天这么热闹，竞争也从没有像今天这么激烈。在这个战场上，一直紧紧互相咬着的两个企业就是小米和华为，另外几家手机厂商也虎视眈眈地盯着这个市场，寻找着任何一个可以冲进来的突破口。

据《中国企业家》杂志的报道："小米一直处于靶子中心，是有原因的。自从小米1推出之后，1999元变成了互联网手机的'标杆价'，在此之前，国产手机在价位上并没有表现出明显的区别度。"

出货量激增确立了小米在互联网手机领域的话语权和定价权，1999元自此成了其他手机厂商推新品时需要考量的价格，后来荣耀X1和荣耀6的价格均为1999元，而一加手机更是将价格精确为1999.99元。

这场战争的另一个主角便是荣耀。2013年年底才从华为内部独立的荣耀有初生牛犊不怕虎的魄力，与华为在身后的支持有直接关系。

相比小米而言，荣耀的优势在于华为的海思芯片。目前，海思芯片主要用在华为及荣耀品牌上，荣耀不会因为芯片而受制于高通、联发科等芯片厂商。余承东在接受采访时表示，华为手机的研发投入远超小米，荣耀产品未来一定会大幅超过小米。

面对后势强劲的对手，雷军也不敢轻敌。小米手机一是主打高性价比，第二点便是小米生态圈，小米之所以信誓旦旦认为短时间内不可能有互联网手机竞争对手，便是因为其MIUI已经有1亿用户。

除了荣耀之外，魅族是2000元手机市场上另一个有力的竞争者。尽管体量上仍然和小米有很大的差距，但魅族一直把小米当作自己最大的竞争对手和追赶的目标。在电商销售、手机布局等方面，魅族一直向小米看齐，并经常会对小米的一些做法发表观点。

2014年10月21日，魅族与阿里巴巴发布了战略合作协议，将发布基于YUNOS的Flyme系统，同时宣布将备货10万台参与天猫"双十一"，并推出金色版和银翼版。

在产品发布会上，魅族将小米称之为"友商"，无论是手机性能还是手机屏幕，李楠都把魅族新款的MX4与小米手机一比高下。

魅族清楚自己无法像小米那样可以构建整条生态链，于是便通过与阿里巴巴合作的方式实现双赢。在魅族和阿里共同搭建的生态链中，流量和渠道由阿里来提供和保证，魅族提供手机，系统由二者共同来做，为双方同时带来增值收入。

联想也推出2000元左右的手机，但看不出与其他品牌手机的区别是什么，不可否认的一点是，以联想的能力和研发水平，即便不能在短时间内改变互联网手机的行业现状，但也会是一支有竞争力的手机队伍。

除了这几家手机品牌之外，尚未跻身第一梯队的手机厂商在门外也摩拳擦掌，VIVO和OPPO就是这样两家企业。在2000元左右的手机市场上，这两家手机厂商的战略有相似之处，在相似手机配置下，VIVO和OPPO的定价通常会比小米和荣耀要高，"甚至这两个品牌在2000元左右

的手机基本上就是红米或者荣耀3C的配置，"王艳辉分析，归根结底，
"2000元手机并不是这两个手机厂商主要争夺的领域，但是它们也不会
轻易放弃这片市场。"

自魅族于2014年9月发布定价为1799元的MX4后，手机市场产生的连
锁反应，终于彻底爆发，几乎是在24小时内，锤子、小米先后做出了各
自的价格调整策略，其中锤子最为激进地直降1020元。而小米针对魅族
MX4推出米4低配版，传3G版手机售价1599元，4G版售价1799元；与此同
时，三星也经受不住市场压力，被传出欲降价20%来争夺中国市场。

2014年的"双十一"，手机厂家之间的价格战火药味格外浓烈，包
括小米、华为、魅族等智能手机界响当当的品牌相继公布了各自的"双
十一"促销计划，上演了一场"三国杀"。

为了备战"双十一"，小米这回真的是拼了，不仅在公司铺满了行
军床以供员工加班，还放出了降价的终极大招。

首先是小米的旗舰机小米4，本次首发售价1799元的小米4特别版，除
了内存由3GB变为2GB，其余方面均与小米4保持一致，并支持4G网络，
为白色版本。不过本次的特别版却是限量20万台，只在"双十一"当天
发售，共有5个时间供用户抢购，而小米4标准版仍是维持原价1999元。

其次是将2013年推出的旗舰机小米3降至1499元。不过魅族为了备战
"双十一"，将MX3降到了1299元。魅族凭借MX3的屏幕尺寸与性能，
即便放到硬件配置突飞猛进的今天，也依旧充满了诱惑力。

最后是小米"双十一"的终极大招：红米系列降价。红米手机移动
4G版降到599元，红米Note移动4G增强版降到899元，红米Note联通4G增
强版也降到899元，与魅族MX4大有打擂之势。

如果只是小米4特别版开卖就太单调了，小米4手机实现了全天5场整
点抢购，而其他机型则零点开始全天放货，包括小米3、红米Note以及红
米1S手机等，另外小米3的64GB版本降价300元销售，售价仅1699元。看
来这次小米准备非常充分，备货相当充足。

另外，购买小米智能电视2售价为3399元，家庭影院版售价3999元，
提供了0首付0利息的支付方式，每月309元还款就能在"双十一"当日购

225

买到。同时小米3手机和小米平板也享受1499元的分期付款，和电视一样是0首付0利息的方式。

小米在当日还会推出小米超大容量移动电源，容量达到了16000mAh，原价129元，"双十一"当天售价仅99元。小米配件会全场六折销售，促销力度还是很大的。

与小米科技最后时间才频发大招不同，华为荣耀官方早早就宣布，荣耀6标准版在"双十一"的价格将直降200元，并且配置不变。

2014年天猫"双十一"落下帷幕，国产手机在"双十一"创造了惊人销量，在天猫2014年"双十一"全类目TOP10排名中占据三席，小米、华为、魅族分别排在第一、第二和第九位，上演了三强争霸的戏码。

最终，小米成为"双十一"大战中最大的赢家，小米官方旗舰店最终成交支付金额15.6亿元，夺得了七项第一。其中包括手机类销量第一、电视单品单店销量第一、平板单品销量第一、智能穿戴设备销量第一、3C配件类销量第一、网络设备类销量第一、线控耳机类销量第一。

小米血拼价格，从低价杀出重围，在国内手机竞争进入白热化的2014年创下了6112万台的佳绩，夺得了国产手机国内销量桂冠。

2015年上半年，小米手机销售量达到3470万台，比上年同期增长33%。在雷军看来，在2015年智能手机市场增速放缓的情况下，小米能在2014年6112万部总销售量的基数上保持33%的同比增长，可以说跑赢了大市，交出了一份极为靓丽的答卷。

从市场角度看，目前小米依然是安卓双雄之一，以前小米在中国安卓市场的主要竞争对手是三星，小米崛起以后三星基本上被干掉了，但小米并未奠定一家独大的市场地位，华为追上来了，成为与小米并列的安卓两大巨头。

雷军表示，过去的五年画上一个句号，同时开启一个新的五年。新的五年，市场竞争日益激烈，原来的国际国内同行实力在不断增强，新的对手在不断涌入，这注定了未来五年将是惨烈的五年，面对恶劣的市场环境，我们永远保持初心，积极应战。

对于任何商品而言，价格都是一把屠刀，很多时候依靠价格战的竞争是最低级而又最有效果的市场竞争。价格战用好了可以快速抢占市场，用不好就是杀敌一千自损八百。小米手机之所以被认为是对中国手机行业的颠覆，给传统手机厂商制造了恐慌，很大一部分也是因为其采取零利润的价格策略。传统企业卖一部手机就赚一定的利润，盈利完全依赖卖硬件，而小米卖手机可以零利润成本价，凭借手机圈住的庞大用户群再通过应用软件分发、手机配件、手机主题、手机游戏、手机支付等增值服务获利，零利润在传统手机厂商眼里就是一个笑话，看不懂也不会学，更玩不起。

小米电商大裂变

为什么国内有这么多厂商非要与小米一争高低，原因在于电商市场的火爆。数据显示，2013年全年，中国市场内销手机已经突破4亿部，其中网购市场共销售手机约5300万部，销售额达到786亿元。这意味着，我国手机的线上销售比例约占到整体手机销量的13.3%。

有分析人士认为，电商模式、高性价比、粉丝效应……传统手机厂商正在沿着小米的路径一路追赶。而与小米相比，他们在供应商方面有更强的议价能力，还有自己的生产线可以确保产能，如果一味搞"饥饿营销"，小米很有可能失去用户，可以看出小米已经在进行相应调整来应对传统手机厂商的挑战。

同时，供应链短板使小米难以充分发挥电商渠道的优势，直接拖累了电商平台的发展。2012年8月15日，电商大战爆发，京东、苏宁、国美等电商玩家纷纷参战，起步已有1年的小米无奈选择缺席。

事实上，2013年以前，外界对小米的定义仅仅是一家手机厂商，很难把电商平台与小米扯上关系。进入2013年，小米电商开启疯狂的扩张计划，不仅屡次参加电商大战，而且迎来电商平台的转型升级。

2013年6月，正值京东10周年店庆，各大电商平台纷纷加入围剿京东的战役中，不甘寂寞的小米也借机"刷脸"，推出促销活动为价格战造势。

不被外界关注的是，此时小米已超越亚马逊，成为继天猫、京东之后的第3大电商平台。小米手机不限量购买和配件大规模优惠间接表明小米已在供应链、仓储和物流方面有较大提升，同时小米电商已不局限于卖手机，配件成为小米的重要收入来源。

有人认为，"618电商大战"是小米真正对外证明其电商实力的标志性事件。自此以后，小米在电商舞台的表演更为自信，逐渐加大对电商平台的投入，包括入驻天猫，极力塑造"电商"角色。

步入2014年，小米电视、路由器、手环等产品的发布和开售丰富了小米电商平台的属性。小米电商也被雷军赋予更重要的使命，其中包括承载部分国际化使命。小米砸360万美元购得"mi.com"新域名，并经历了两次网站大小改版。

作为继"双十一"之后又一互联网企业独创的节日，2014年米粉节格外热闹，12小时售出130万台小米/红米手机，创造15亿销售额，雷军把米粉节定义为小米电商的成人礼。但笔者认为，如果说米粉节是电商的成人礼，倒不如说米粉节是小米生态链的试金石。

除了考验物流和小米网的承载力，小米全线产品，从手机、电视、路由器，到配件，再到电子书、MIUI主题等生态链产品全面开放购买，这种逻辑更切合电商网站或互联网公司的玩法，雷军更坦言小米本质上就是一家电商企业。

经过"米粉节"的洗礼，小米电商的野心越来越大。与首次参加"双十一"去天猫跑个分的轻松心态相比，再次参战的小米已转变为卫冕的必胜心态。除了雷军和小米官微在微博摇旗呐喊，小米的发力重点更多放在产品上。首先小米把16000mAh移动电源放在天猫首发，其次小米憋足大招，宣布红米系列全线降价，并推出小米4特别版（1799元）。

此前，红米系列产品销量双双过千万，有人曾估计红米的盈亏平衡点是300万台左右，销量的提升有助于增加小米与供应商的议价能力，成本随之下降。相比华为、酷派等竞争对手，红米有足够底气再降100元，同时小米4特别版使小米增添对抗MX4的底气。

凭借丰富的产品线和品牌影响力，小米称霸天猫"双十一"已成定局，真正考验小米的是全年销量。尽管小米目标一调再调，但小米并不满足现状，据业内人士分析，小米将很快超越京东成为全国第二大电商平台。

值得注意的是，"米粉节"期间小米用7天发完所有订单，而"双十一"缩短到3天。这意味着，小米物流建设在半年内取得长足进步，已成为赶超京东的重要支点。另外，相比天猫把售后交予第三方卖家，京东售后不出彩，雷军有意把售后服务打造成小米另一核心竞争力，比如6月曾推出"小米服务点赞月"活动。

2015年1月9日，红米手机2把战场选在手机QQ上——作为中国人口最多的网络社交平台，拥有超过8亿的用户量，它的威力自然不同凡响，该机的官方售价为699元。首发12万台手机在4分16秒的时间内被抢购一空。1月15日，小米发布了旗舰产品小米Note、小米Note 顶配版、小米头戴式耳机和小米小盒子，拉开了市场反击战的序幕。

只用了3年，小米电商完成从0到第三大电商平台的完美升级，成长速度超乎外界想象。据小米官方发布的数据：2014年小米共销售了6112

雷军和公司高管庆祝2015年米粉节手机销售突破190万台

万台手机，比上年增长227%，销售收入 743亿元，比上年增长135%。就营业额增速来看，小米较2013年有减缓的趋势。不过，6112万台的手机销量，也超过了雷军此前预期的6000万台。雷军的目标是，2015年小米手机的销量是1亿部，销售收入达到1000亿。

但面对激烈的市场竞争，后来雷军将小米手机2015年的出货量由1亿部下调至8000万部。那么，压力重重的小米该如何顶住压力，完成8000万部的目标销量，又该如何为消费者继续演绎一场场"美好的事情"？

手机江湖从来难有永恒的胜利者，互联网模式当道的手机市场，未来的竞争格局将更加扑朔迷离。在小米模式都被竞争对手学去之后，中国的手机市场大战已经越来越残酷，人人都玩直销、低价、粉丝经济，"师夷长技以制夷"，以"小米"打小米，这样固然会拖慢小米的脚步，但并非制胜之路，更关键的是怎么学会小米当年的成功之"道"而非"术"，也就是任何创新，如果做不到技术上创新，那就尝试商业模式上的创新。

进入高端市场

小米公司与众不同，不能不提雷军冲击高端的决心。在智能手机市场，小米手机自2011年8月上市以来，一直定位于中低端市场，所推出的6款手机的定价都在800元至2000元之间，对于这家素来以性价比著称的中国手机公司而言，这一举动显得有些不寻常。

2015年1月15日，小米发布了旗舰智能手机小米Note，不仅霸占了科技媒体的头条，财经乃至时尚媒体也给予相当热情的关注。这种影响力不仅仅体现在国内，在大洋彼岸的另一端，小米的这场发布会也吸引了国外知名媒体的注意力。

小米Note的外观和工艺再次有所突破，金属边框加双面曲面玻璃，前面板2.5D玻璃，后面板3D玻璃；超级轻薄，比iPhone 6 Plus薄0.75mm，轻11g，光学防抖相机整平，5.7英寸大屏；HiFi，双网通，双

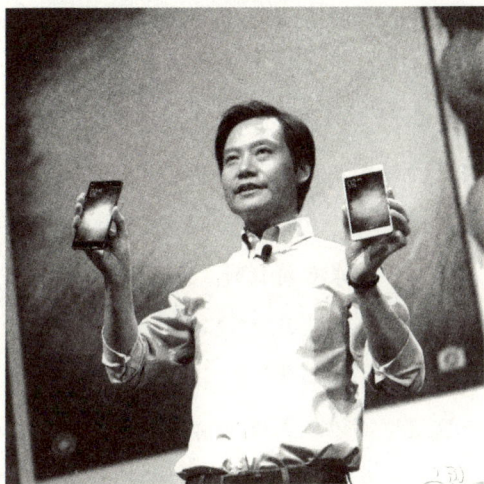

雷军在发布小米Note

卡双待。顶配版：骁龙810处理器，4GB LPDDR4内存，64G存储，支持
CAT9超强4G网络。

小米Note 最牛的技术是阳光屏，这是结合软硬件做出来的一项极
为尖端的技术，可以进行像素级对比度动态调整。比如，一张照片，可
以像素级调整，远景过曝的地方调低对比度，近景过暗的地方调高对比
度，这样调整后，画面细节清晰，层次分明。

小米Note标准版的售价为2299元，顶配版3299元。雷军说小米Note
是小米的一个里程碑产品，也是目前最漂亮的小米手机。小米Note的问
世，标志着小米正式进入高端智能手机市场。

小米Note 是小米2015年的开场之作。有媒体问雷军：为什么要做一
款定价3299元的高端手机？他解释说，主要有三个方面考虑：

首先，小米已成为中国消费电子产品的知名品牌，仅2014年小米就
售出了6112万台手机，相当于中国平均每20人就购买了一台小米手机，
这么大的销量意味着小米的用户群已经从发烧友拓展到了大众以及高阶
层用户群体。客户群放大了，需求和购买力也就随之呈现出多样化。

其次，智能手机消费需求整体也在提升，在发烧友们追求的顶配高

性能、大众一直欢迎的高性价比之外，用户对外观、工艺、品质感的要求也更高了。小米用户的需求在哪里，小米的征程就到哪里。为了满足这些需求，小米要在多面同时努力：既要最顶尖的设计和工艺品质，又要坚持最发烧的性能。于是，小米Note成为了小米第四条会长期演进的独立产品线。（前三条分别为小米、红米和红米Note）

为了追求独特设计，小米下了很多工夫，比如金属边框和上下两面曲面玻璃，尤其是3D玻璃后面板是业内首创，成本极高。同时，小米坚持"为发烧友而生"，配置了业内最豪华的HIFI系统、光学防抖大光圈后置摄像头以及大像素前置摄像头等，顶配版更是集结了全球最强大的八核芯64位高通骁龙810处理器、4GB LPDDR4 RAM、64GB的eMMC 5.0 ROM、2K分辨率夏普/JDI屏幕以及支持FDD下行最大速度450Mbps的LTE-CAT9标准，这些都是最尖端的科技，需要大量的成本。

小米的梦想是让每个人都能享受科技的乐趣，我们认为高价并不是高端的代名词。如此不惜代价地做最好的产品，我们依然坚持高性价比，3299元依然是紧贴成本定价。实际上，小米在每一个价位段上，都会坚持提供业界最好的性能、最好的性价比，这是我们的商业模式、我们的愿景所决定的不动原则。这很不容易，小米Note我们做了快两年时间。还有，小米毕竟是一家非常年轻的创业公司，在起步之初，我们把更多的力量投向了高性能、高性价比。现在经过4年多努力，我们的团队、我们对供应链的掌握都已经有了相当的能力，能够在大规模出货和超过品质稳定性要求的基础上，做出小米Note这样迄今设计最漂亮、工艺最考究、性能最强劲的小米手机。

最后，小米的最高阶产品永远会是智能手机行业旗舰标准的定义者。这是小米对自己的要求，也是发烧友们对小米的期望，是小米的初心，也是我们更加进取的动力。小米Note是小米成长的心血结晶，有着里程碑般的意义。创业至今4年多，小米最让我自豪的其实并不是业绩、估值增长本身，而是公司团队展现出的成长性。业绩之外，它体现在更强的学习能力、更具柔性的自我调整、更坚决的进取之心，我们的团队每一点进步都能换来下一步成长更大的空间和推力。当我们有了更强大的实力，我们就能做出更能超乎用户预期、让大家惊讶的产品，这种可能性才是小米价值的真正所在。

所以，请大家今后依然要期待小米的进步，持续给我们支持和信心，我们一定会报以更多的产品惊喜和成长奇迹。

雷军在小米Note发布会上处处拿iPhone6 Plus做对比，这一番苦心被《纽约时报》所理解。《纽约时报》刊发了一篇标题为《小米Note剑指iPhone》的报道。《纽约时报》除了对小米Note的常规报道之外，还引用移动设备制造商分析师Brian Blair的话："在中国，小米已经和苹果类似，成为一个受尊敬的手机品牌。"

值得一提的是，苹果也是相当重视中国市场，库克曾经提到，期望中国市场成为苹果营收的支柱。在这片市场上，三星、苹果、小米、联想和华为等厂商厮杀正酣，而《纽约时报》认为，小米Note的推出加剧了小米和苹果之间原本错位的竞争。

对苹果、三星而言，小米向中高端的进攻，意味着这两个全球高端手机的霸主要么接招，以进一步的低端攻势来回应，要么更加固守中高端市场，并从低端抽身（至少分心），而这正是小米想要的。

小米需要高端用户来提高单用户的平均价值。雷军一直希望投资者将小米看作一家互联网公司，而互联网公司估值的一种最常见指标是用户价值。目前苹果的单用户价值大约在900美元，而业内专家认为小米的单用户价值在300美元左右（与两家公司的平均售价相应），如果它想继续提高单用户价值，提高产品的平均售价就是最直接的方式。

小米进军高端市场是小米整个商业模式的需要，这一点也是最重要的。小米整个商业模式的关键是用户必须对其产品产生强有力的依赖，否则其价值将大幅贬值，而依赖最终可能来自小米平台上的独家服务。但在平台上的独家服务形成气候之前，它需要其他的差异化来源，而增加一点中高端的品牌印象，就是目前最好的来源，否则，一旦由于竞争等因素导致低端产品货品化，而服务又尚幼小，整个商业逻辑就可能卡壳。

可以这样说，小米进入中高端，是以进攻的姿态防守在中低端获得的既有地位。但对华为等中国本土对手而言，机会窗口可能在2015年结束后关闭。小米Note 是小米2015年的开场之作，这一年小米还将攀向更高，走向更远，推出更多千锤百炼的精品，和更多生态链伙伴合作，让智能家庭生活更便利、更省心、更精彩。这有助于雷军在未来更好地审时度势以及占据新的优势，再次站在风口之巅。

告别"饥饿营销"

"饥饿营销"曾是小米的法宝，小米每发布一款新手机都选择几轮限量发售，以抢购的方式销售产品，而且每次销量相当惊人。好多用户几次抢购都买不到。而大批黄牛趁机囤积产品，在线下加价销售，一些买不到的消费者没办法，只有从黄牛手中高价购买，而比较理性的消费者则放弃小米另寻替代品。

相信抢购过小米手机的用户都遇到过上面的情况。网上对小米的这种营销策略，骂声不断，称其为"饥饿营销"，小米也因此伤了一批米粉的心。每次抢购完小米官方就会宣称又有多少万台手机订完了，有不少网友在微博上评论到："只是真正发了多少台手机也只有小米自己知道！"还有不少米粉表示："本来手机发布时性价比很高，但是只有少数的人能买到，而当产品真正开放购买时你会发现，网上已有许多与小米配置类似的产品，有的做工还比它好，这个时候我们为什么还认准小米不放呢？"

2015年1月15日，笔者在微博上发了一条"小米发布了旗舰智能手机小米Note"的消息，有位网友在评论中写道："小米发布了顶配版的小米Note，配备了骁龙810处理器、5.7英寸2K的屏幕以及4G的运行内存，配置上相当给力，与同配置产品相比价格也有优势，但是不要忽略一个问题，要3月底才能买到。到那个时候，相信市面上应该不止一款这样配置的产品，而能以3299这个价格买到它的又有几人呢？"而且不少网友表示不会选购小米Note。

"饥饿营销"的"始作俑者"是苹果。而小米是第一个模仿苹果"饥饿营销"的国产手机品牌，"饥饿营销"是小米成功的利器。

"饥饿营销"是把双刃剑，苹果公司的"可控泄漏"战略为其赢得了全球市场，而小米手机却也因过分的"饥饿营销"让用户失去了耐心，流失了不少用户。雷军被米粉们戏称为"期货老板"。

易观国际分析师王珺表示："用户对手机价格战已经产生审美疲劳，加上智能手机市场的同质化现象愈发严重，小米手机在硬件上的优势开始下降。这种模式随着智能手机市场迅速扩张，加大了厂商对供应链的管理难度，甚至进而引发了供应链体系的混乱。"

据了解，影响发售的最大原因就是供货问题，小米公司的供货周期一般为3个月左右，所有的手机零部件需要提前3个月进行预订。之前由于小米手机采用的CPU产能有限，限制了小米手机的供应，不过随着零部件的供应量提升，小米手机的产量也随之增加。小米手机的月产量已经从30万台提升至100万台。

雷军创办小米，最初是希望凡客及凡客旗下的快递体系帮助小米传播和电商销售的，但到了2011年8月，小米手机发布前一夜，凡客却无力相助，从而迫使小米公司不得不自己做"饥饿营销"，构建自己的电商平台。这次的"饥饿营销"显然是成功的，不仅引起了全民的关注度，而且其普及度之广，大家有目共睹。但是，小米手机自诞生以来就一直是需要抢购的"稀缺品"，于是乎"期货""饥饿营销"便一直如影随形地跟随着小米，风言风语四起，雷军和小米品牌形象也受到影响。

2013年4月9日，雷军在演讲中坦言："小米手机过去进行'饥饿营销'有着很多客观的因素，但这样的销售策略将在今年出现巨大的改变。我们将千方百计增加产能，向'饥饿营销'说不。"他还表示，MIUIV5手机系统会代替小米手机，这意味着小米的营销重心，或将告别不可持续的期货模式，从手机的高性价比转移到系统、互联网服务比拼。

目前，小米手机已成为高通、夏普的大买家，为发烧而生的小米在硬件配置上的升级空间减少，在小米2发布之后，黎万强就公开表态，小米要"回到原点，其实小米手机的核心追求并不是性价比，而是性能本

235

身，之后才是价格的问题"。

雷军明确表示不卖"期货"，在2013年4月9日晚上八点就开始销售20万台小米2S现货。2014年4月6日举办的"米粉节"上，小米实行开放购买，12个小时共售出130万台手机，支付金额超过15亿元。2014年7月22日，发布的新一代旗舰手机小米4，现货1999元，彻底告别饥饿营销。

小米开放购买，从表面上看是迫不得已，实际上却是以退为攻。从时机上看，互联网销售手机模式已然盛行，不再只有小米。不久前，华为就在官方公布了"荣耀节"的光辉战绩，1小时内销售额就突破3亿。之后，华为又公布荣耀X1在极短的时间里被一抢而空，暂时出现了断货。而作为世界出货量最大的三星手机自然也不会闲着，到处宣传三星Galaxy S5全球火爆抢购；而与三星的Galaxy S5打得火热的HTC One M8手机也是处处宣传线上线下火爆热销，部分机型已经开始断货；中兴对外宣称中兴天机（Grand S II），顶级配置仅售1699元，该机预约量至今已超过1000万台，首批5万台现货在58秒就被抢购一空。有媒体认为，在众多厂商纷纷从电商平台爆出销售喜讯的时候，小米所依仗的高配低价吸引力似乎在慢慢流失。

2015年4月19日晚上，雷军宣布，小米旗下两款旗舰手机小米4、小米Note均可在小米网现货购买。（白色16GB的小米Note需要预约）

小米突然宣布，小米4和小米Note现货购买，让很多消费者吃惊不已，不需要抢购的小米让人多少有些不适应，对于那些刚刚费尽心思抢到手机的小伙伴来说情何以堪啊。

不论有意无意，"饥饿营销"已经变成了小米手机的重要关键词，或是因为真实的产能不足，或是因为营销力量的推动，在正常情况下大多数人无法通过正常渠道买到小米手机。

对于累死人的抢购和"饥饿"，我们相信不少米粉都经历过，是不太好受的，既要忍受来自精神的折磨，更要忍受身体上的饥饿感，这是让人疯狂的情绪投入。笔者有一个朋友是个"米粉"，他在2012年花了近2000元预约抢购了一部小米2，2014年，他想换一台小米4，可是抢了多次也没抢到，他无法忍受小米"饥饿"带来的精神折磨，只好花了

6000多元买了一台苹果6。

　　"饥饿营销"当然有着相当大的好处，不然小米也不会一开始就采用"饥饿营销"的策略。人们渴望产品的愿望被大大激发了，这也是米粉的热情不减退的根本原因所在。越得不到越想得到，这也是人性渴求的一种体现。

　　但是任何一件事情有利必有弊。"饥饿营销"意味着市场的份额处于放松的状态，虽然说手机市场是巨大的，但也是有着一定的限度，如果其他的品牌迅速崛起，对小米的"饥饿营销"也会产生影响。另外，若消费者忍受不住"饥饿"的折磨，就会把目光投向其他的产品。尤其是在智能手机的外观、质量和性能没有太大差别的当下，没有一款手机是不可替代的，包括苹果。

　　由此可见，"饥饿营销"是一把双刃剑，使用需要适度，否则既伤害了自己，又伤害了用户，我想雷军是明白这个道理的。所以他决定努力提高产能，将营销模式从预售、抢购逐步向开放购买转变，告别"饥饿营销"。雷军表示，今后小米手机的营销重心将告别不可持续的"期货"模式，从手机的高性价比转移到系统、互联网服务比拼。

237

　　雷军左手投资，右手创业，先后投资了卓越网、凡客诚品、多玩、优视、猎豹等20多家创业公司，其中4家成功上市，在投资界玩得风生水起，做"天使"让他获得丰厚回报，成为中国著名的天使投资人，被誉为"中国的荣·康威"。

企业家型"天使"

雷军的"天使"角色从2004年投资拉卡拉开始，到2007年从金山离职后开始全情投入。

雷军认为风险投资家最理想的状态是当一个甩手掌柜。"把钱投了，然后什么都不管，他们爱怎么干就怎么干，几年后把几十倍的利润拿回来。我推崇的投资人是亚马逊创始人贝佐斯，贝佐斯投资Google，从来不向两位创始人问业绩，即使Google倒闭了也不在乎，"他说，"投资主要还是投人，既然投人，就应该完全相信对方，给予对方创新的空间，让他们放手干。"

2011年11月的美国硅谷已是深秋，日落之后颇有丝寒意。斯坦福大学的加州咖啡馆，几十平方米的活动包间却挤进了上百人。这当中有中国人也有美国人，有来自斯坦福的学生，也有知名科技公司的工程师，有天使投资人和风投基金老板，更有在硅谷创业的寻梦者。他们来参加长城会在硅谷举办的推广活动"会见中国互联网精英"，希望结识来自中国移动互联网领域的佼佼者，更确切地说，他们是想见一个被称为"中国荣·康威"的人。

创业导师、天使投资人雷军

荣·康威是硅谷最知名的天使投资人之一，目前已经投资了200多家公司，其中包括了Google、Twitter、Facebook等互联网巨头，他也被称为"硅谷最有权势的人"。

而雷军就是这个被称为"中国荣·康威"的人，他的身上汇集了创业者、天使投资人、上市公司董事长等多个角色；雷军不仅是小米科技CEO，还担任了金山软件以及多家公司的董事长的职位。过去的四年，他投资了20多家公司，有18家拿到了风险投资，总融资额超过了10亿美元，其中有4家公司上市，仅小米公司的估值就达到450亿美元。

虽然长城会的推广活动把雷军和荣·康威相提并论，但在雷军自己看来，他和荣·康威却是完全不同的类型，或许另一位天使投资人徐小平才更像是康威。不同于康威"普遍撒网，投完不管"的战略，雷军的投资范围相当窄，用他自己的话来说就是"不熟不投，只投朋友"；而且他投完之后也会持续关注，"只帮忙不添乱"。

简单的自助晚餐后，雷军做了演说，介绍自己的投资和创业理念。或许是受到现场热情的感染，他的情绪明显高涨。"10亿美元"的字眼在他的演讲中多次出现，"拥有一个10亿美元的梦想"，"寻找价值10亿美元的机会"，"创办一家10亿美元的公司"。谈到移动互联网和智能手机的发展机遇，雷军有些兴奋地说："苹果做智能手机和移动互联

241

网能做到4000亿美元，小米科技至少能做到40亿美元估值。"这句话让现场响起一片掌声，但也有低声的嘲笑。

知名天使投资人徐小平这样评价雷军："雷军是用企业家的心态去做天使投资，投资之后总想参与，最后不满足投资者的角色，还是成立了小米科技，亲自创业。而我是用梦想家的心态去投资，更希望和创业者一起做梦，投完我就不插手。"

或许徐小平分析得很准确，雷军并不是一个典型的天使投资人；他无法放弃一颗企业家的心，他的投资和创业都是为了追逐自己的梦想，像自己的偶像乔布斯那样，打造世界一流的公司。雷军说：

除了小米和我们关注的方向以外，我还看好在线教育。我觉得教育能帮助中国人，所以我们投了在线教育，比如在线房子的租赁，就是帮助年轻人更快、成本更低地租到更好的房子，这个解决年轻人的一些问题也是我们关注的。在线教育有一起作业、51Talk，我们还投了好几家。医疗领域，小米投了iHealth，顺为投了丁香园，我个人投了好大夫。好大夫和丁香园在互联网医疗里面，应该是两个最好的公司。iHealth是个人医疗设备，投了很少，但是也有一些。

我投资这些领域都是希望帮助这个社会进步。我觉得医疗对我们中国这个社会是很关键的一件事情，但是很复杂，很难做，需要很长时间。我对我自己的定位，我认为我对小米最重要的价值就是把产品做好。我今天做的事情实在是太多了，所以我必须得做减法，而且聚焦，所以我每天最最重要的工作是适应我们的产品，了解我们产品的进度，做好产品定义，做好跟用户的互动。其他的事情，我一概不管，因为只有这样我才能把事情做好。

对我来说最最重要的根本就是小米要把产品做好，别的东西都可以放弃。因为我很幸运参与创办了金山软件，而且牵头创办了卓越网，所以我在10年前就财务自由了。对我来说工作的目的不是为了挣更多的钱，不是为了更多的名和利，工作的兴趣是可以享受这个过程中的成就感。其次，对这个社会有价值。你看我所有的投资都是围绕这个思路的，就是要么帮助年轻人创业，要么帮助他们做出一些有趣的产品，要么推动整个社会的进步。

作为天使投资人，雷军投资集中在移动互联网、电子商务和社交平台领域，作为创业者，他明显是受到乔布斯的影响，遵循着整合智能手机软件、硬件和移动互联网服务的战略，一步步地向苹果和乔布斯致敬。

在随长城会访问美国的行程中，雷军手里一直捏着两部手机：小米手机和最新的iPhone 4S。这两部手机，一部是他的心血产品，另一部则是他的学习对象。而他的10亿美元创业梦想就凝聚在小米手机上。

当然雷军不是雷锋。除了他投的第一家公司拉卡拉，是他所不熟悉的支付服务行业，他后来掏钱的若干项目，均沿移动互联、电子商务、社交三条脉络整齐分布，这透射出雷军对互联网产业的理解与掌控力。雷军会从两个方面判断投资对象：一是会不会在低成本情况下快速扩张。他坚持的一个观点是，互联网企业要保持持续稳定增长，"比如每个月持续增长10%，一年后就是3.14倍，每个月持续增长15%，一年后就是5.35倍，每个月持续增长20%，一年后就是8.92倍"。二是会不会在细分领域里做到数一数二。雷军问创业者的经典问题之一是"假如太阳从西边出来，你能否做到市值10亿美金规模？如果你能做到，我送你一公斤黄金。如果不能做到，就别来找我了"。这就是业内流传的"雷军金砖"。2010年底，雷军送出了两块金砖。

由于雷军对项目与人有如上的挑剔，他认为："这可能我是天使投资圈里投资门槛最高的人，一年投不了几个。"

同样在天使投资圈活跃的徐小平，说雷军是理性投资的代表。跟雷军接触过的人都知道，雷军是有静气的人，但并不文弱，像他说话一样，声音不高、不急，但娓娓道来、层层推进，有一股持续行进的激情。特别是，雷军对产品有种偏执的热情。这一点从金山开始即未变过。刚开始投资UCWeb，他逢人就要对方在手机上装UC浏览器（现在要求装的是米聊），后来就据说他只穿凡客的衣服。对于投资公司的产

243

品，雷军一般都是重度玩家，也就是雷军所说的真正懂产品的用户。

自2008年以来，雷军在这个朋友圈中帮了很多人，自己也获益良多。通过一次次投资决策，他持续与业内高手切磋，对产品琢磨，不断吸收吐纳商业的元气。其领悟到的境界，特别是对互联网的理解，已非当年苦耗在金山可比。但他从一开始就没有想过天使投资这事儿是他后半生的寄托与事业。用他的话说，这事儿于他，只是爱好，于朋友，只是帮忙。

专注于互联网投资

雷军的投资理念是"不熟不投，只投人，帮忙但不添乱"。他表示，投资只投熟人及熟人的熟人这两层关系，并且只投人不投项目。他认为这也是天使投资最核心的东西。

雷军曾多次公开表示：如果你不是他的熟人，或者熟人的熟人，不用来找他看项目，他不会投的。在著名的"雷十条"中，与"人"和"团队"有关的，占了六条。

雷军考察团队，会用出其不意的细节去考察，甚至可谓挑剔、苛刻。好大夫在线创始人王航对记者说，雷军第一次见他时，第一个问题就是你有没有去医院抄医生的出诊时间表。幸好这些事情是王航决定创业后就开始做的，但雷军对于项目了解的详细程度超过他的想象。

雷军说："我不在乎你在做的项目是什么，我认为在中国，在今天的中国创业市场上，缺的是执行力而不是主意。"如拉卡拉的孙陶然、UC优视的俞永福、好大夫的王航均是雷军的朋友，凡客诚品的陈年是其老同事。雷军还有一个投资经验是"投兄弟，也投感情""帮忙不添乱"，他主张"让创业者有足够的拥有感"，"投资人要建立对创业者的绝对信任，并允许创业者犯错"。

雷军投的第一个项目是孙陶然的拉卡拉。2004年底，在金山公司担任总裁的雷军出资415万人民币给拉卡拉的创始人孙陶然，于2006年开发完成了中国第一个电子账单服务平台。

拉卡拉就是便利支付，依托遍布各个城市大街小巷的数万个便利店组成的拉卡拉便利支付网点，为老百姓提供家门口的便利支付，不论是还款还是付款，或者是缴费、充值，都可以在家门口的便利店里刷卡完成。

孙陶然和雷军相识，是1996年在中关村组织的一次会议上。"我进去时台上是个年轻人，讲得慷慨激昂。"孙陶然回忆，"后来散会我们没走，聊了很久。"二人算是一见如故，之后数年里二人每次交谈，都对事物有大致一样的判断和见解。2004年，孙陶然创业，联想投资找到雷军做尽职调查，雷军不但对孙称赞不绝，还立马给孙陶然打电话，"他很谦虚，说能不能给他个（投资）机会，我当然求之不得。"孙陶然说。"陶然做什么都能成。"这是雷军对孙陶然的判断，也是他一贯对他认准的人放出的话，"无论做什么我都投"。

雷军坦言："投资和互联网不是两个并行的领域，可以说，没有投资人，就没有互联网行业的今天。"在雷军看来，互联网是一个平台，借助他可以拓展很多其他业务。明白这点以后，雷军借助互联网做起了电子商务。

雷军与陈年是1998年认识的，后来共同创立卓越网。2004年，雷军将卓越网以7500万美元的价格出售给全球电子商务巨头亚马逊。这次经验让雷军对电子商务更加了解，当他转身做投资人的时候，也并没有放弃电子商务这个领域，他说自己只给自己熟悉的人、熟悉的领域投资。

2005年，雷军再次与老搭档陈年合作，投资其创办的我有网，但是因对行业环境判断失误，我有网陷入困境。陈年似乎有些灰心，沉寂了两年，但是雷军对陈年及电子商务这个行业仍旧抱有信心。在2007年，陈年振作精神，决定重新做老本行，创办了凡客诚品。雷军觉得陈年一定会再成功，继续支持陈年。他不但给予陈年资金上的支持，而且身体力行为凡客诚品做起了广告。雷军既是凡客诚品的第一个试衣模特，也是凡客诚品的第一个明星代言人，更是凡客诚品始终排名前五的VIP用户。

凡客诚品从第一天销售15件衬衣，发展到现在每天平均近20万件的男装、女装、童装、鞋以及家居产品等。创立以来，凭借其高性价比的服装服饰和完美的客户体验，凡客诚品已经成为网民购买服装服饰的主要选择对象。雷军坦言，几年前从零开始投资凡客诚品，是目前所有投资中最为成功的。目前凡客诚品估值在50亿美元左右，极有可能在不久后赴美上市。

2008年4月，雷军再次投资电子商务，他鼓动毕胜与他合作，创办了一家电子商务网站"乐淘"。后来，雷军又投资了尚品网。雷军说做电子商务很累，但是投资要看重长远利益，把握住未来发展的一个方向，坚定地走下去，便会成功。

2011年10月，雷军创建了顺为基金，顺为之名源自雷军著名的"顺势而为"的理念，从此"互联网"就成为这只基金的关键词。雷军是想顺智能硬件和小米之势，和小米一起改变这个世界。

顺为基金位于望京的卷石天地大厦，这里曾是小米公司最早的办公地。顺为基金截至2015年6月底共募集了三期，一期基金2.25亿美元，二期基金5.25亿美元，三期基金10亿美元。

雷军说："我创业二十多年，深感创业艰辛，2011年我和许达创办顺为风险投资基金，就是希望助创业者一臂之力，帮助创业者实现梦想。2015年上半年，顺为第三期10亿美元基金已募集完成，核心方向是移动互联网、智能硬件和农村互联网等，目前已投资100多家创业公司。"

从诞生之日起，顺为便兼具双重属性——既有财务投资的目标，又因为背靠小米和雷军系，拥有庞大的战略资源，可以像战略资本一样为其所投资公司提供价值。顺为将自己定位为全国最接近孵化器体制的VC（风险投资），方式就是在小米相关的硬件等领域创意并孵化创业公司，培养从无到有的产品。他们的投资理念是——刷"爆款"。除了智能硬件以外，顺为资本也专注投资移动互联网、在线教育、互联网金融等。

目前顺为与小米已合作超过30个项目，以智能硬件为主。这些项目全部是小米生态链体系中的公司，比如紫米（小米移动电源）、华米（小米手环，新一轮估值已超3亿美元）、智米（空气净化器）及加一联创（小米耳机）等。按照雷军"五年之内投资100家智能硬件公司"的愿景，可以想象这些项目中多半都会有顺为的身影。

2014年原淡马锡投资部副总监程天加入，成为顺为第三名合伙人。目前其投资团队仅13人，覆盖范围从天使、A轮、中后期直到上市，代表投资项目有小米、爱奇艺、丁香园、一起作业、阿姨帮、无忧英语及Misfit等。根据这个名单不难想象，作为一家成立仅4年的基金，顺为的投资回报率已经超过了绝大多数VC（风险投资）。

雷军与李学凌的故事随着YY上市对外界披露出来，并被公认为天使投资人如何成就创业者的最佳范例之一。

在李学凌决定创业之际，雷军参与了方向性决策。当时，房产、汽车、科技、网游四大领域让李学凌犹豫不决，因雷军的金山战略重心是游戏，最终李学凌选择了网游。在差不多20多个小时的长聊过后，李学凌从雷军手中拿到了100万美元。

还有一种说法更为直接。据说那段时间李学凌经常找雷军聊天，有一天雷军说："我想做个游戏网站，你有没有兴趣？"二人一拍即合，多玩随后诞生。

2010年，多玩走到十字路口。有人对李学凌说想要1.5亿美元把公司买走，然后40%的股份还给他，李学凌心动。但雷军坚决反对。正是雷军的力阻让YY最终跨入资本市场，今天市值超过40亿美元。

李学凌说："人生能够认识一个比自己大五岁、比自己更成熟的人是特别大的幸福。他的综合判断能力、他的思想成熟度，正好能够帮到你现在的状态。"

同样，UC的CEO俞永福称雷军为"贵人"。雷军曾表态"永福创业，做什么都支持"。2006年，俞永福去创业的时候，他第一个电话就是打给雷军。随后，俞永福与另外两位创始人何小鹏和梁捷一起掌舵UC，雷军成了UC的天使投资人。

"2008年，我们面临一个问题，就是要做市场推广。当时我又请雷

247

军帮忙干了一件事，出山做了我们的非执行董事长，公开为UC站台。"俞永福在一篇文章中写下了这段经历。"当时知道俞永福的人很少，但知道雷军的人很多，而雷军又是个特别称职的形象代言人，一有朋友找他聊天，他就拿人手机给人装了UC浏览器，估计我这些年来主动给人装的量都没有雷总多。"

雷军对俞永福的慷慨已经超越了天使投资救急的义务。俞永福是个爱车的人，2013年年底他在美国出差期间，去试驾了下特斯拉（Tesla）智能电动车，回国之后正在考虑要不要去订一辆。不久后他接到雷军的短信：永福，我帮你订了辆特斯拉。

正是因为雷军有着尊重创业者的态度，造就了他与一群"创二代"的渊源。

欢聚时代CEO李学凌曾是一个对金山产品"吹毛求疵"的媒体人，在其创业图片网站折戟后，雷军将自己为数不多的天使投资给到他二次创业，更多是冲着李学凌执拗自信的创业精神。猎豹移动CEO傅盛曾是360安全卫士总经理，在创立了可牛影像后，以"可牛杀毒"杀回互联网安全领域。2010年11月10日，可牛与金山安全合并组建金山网络，傅盛出任CEO，与雷军搭伙将猎豹移动做到上市。

傅盛曾提到，他眼中的商业，四处环敌，利益为上，丛林法则。但你看雷军做小米1的时候，拍视频，包括陈年、李学凌在内的一干兄弟都为他出境，砸掉苹果用小米。如果他能办那么一个发布会，挺满足的，有这么一帮人挺你。

在他看来，雷军的最大魅力正在于此。"一个人或多或少都会高估自己，而低估别人，但其实肯定别人的价值才是最核心的。所以雷军身边极容易团结一股势力，它会产生一种莫可名状的忠诚。"

除了已经上市的欢聚时代外，UC优视是另一个雷军投资完胜的案例。阿里巴巴于2013年3月和12月两次投资UC，控股比例为66%。2014年6月11日，UC被阿里收购后，估值高达50亿美元，远超过当年百度收购91手机助手的19亿美元。

目前，雷军所投资的20多家公司总金额超过10亿美元。他在这些熟悉的领域中如鱼得水。的确，当一个人专注于一个方向的时候，他会对其越来越了解，经验会得到累积，投资就会得心应手。如果一个人能够集中自己所有的精力和心智，去坚持不懈地追求一种值得追求的事业，那么，他的生命就绝不可能失败。如果能够把阳光聚焦在一点，即使是在冬天也可以轻而易举地燃起一团明亮的火焰。

在雷军投资的20多家公司中，多半是从"零"做起的。跟别的大多数天使投资不同，这里面有好几家都是出自雷军的想法或创意，他脑子里带着这些想法去物色、选择他熟悉的创始人，而非等着陌生的创业者来找他。

雷军从2005年开始研究移动互联网和电子商务。"未来移动互联网的规模将是10倍PC互联网的规模，我应该是第一个说出这个观点的人，但是孙正义说了，全世界才听到。"

由于从未间断对形势的研究，很多时候他都会冒出某些idea，然后在朋友圈内找合适的人一起探讨细化方向创业。投资多元化便是如此。对于这些初创企业，雷军从一开始在方向上就有助力。比如，凡客刚刚起步时，雷军几乎是作为创业团队参与所有的具体策略制定；可牛软件开始是做图片，这其实是周鸿擅长的单点突破风格，但是雷军从更大的产业发展趋势分析，和傅盛多次交流关于移动互联网的发展，于是后来可牛转向杀毒软件。

2014年12月29日，福布斯杂志发布了2014年中国最佳50名创业投资人排行榜，小米科技、顺为基金创始人兼董事长雷军首次入选该榜单，名列第26位。

成功的投资者需要具备的一个基本素质，就是能够明确、把握住自己的投资方向，并且专注于此。只有高度的专注才能让一个人坚持自己的道路，取得前所未有的成就。当你只专注一件事，并把它做好时，就意味着你成功了。

打造"雷军系"的"四驾马车"

小米创业四载，雷军依旧热爱自己的投资人身份，2014年无疑是其收获颇丰的一年。在金山软件、欢聚时代、猎豹移动及迅雷"四驾马车"及十余个投资载体的推动下，小米已从棋子之态上升为棋局之势。

2014年6月24日晚，迅雷带着无数人对"下载工具成功转型"的期待，在美国纳斯达克正式挂牌上市了，再加上5月纽交所上市的猎豹移动、2012年底在纳斯达克上市的欢聚时代、2007年在港交所上市的金山软件，"雷军系"已经拥有金山软件、欢聚时代、猎豹移动及迅雷"四驾马车"，雷军成为4家上市公司的董事长。尽管雷军本人曾在公开场合多次否认互联网中"雷军系"的存在，但在外界看来，多年的谋篇布局投资下"雷军系"已经隐隐成为BAT（互联网三巨头：百度、阿里巴巴、腾讯）之外第四大势力存在。

迅雷历经3年，终于完成了IPO（首次公开募股）。迅雷股票代码为"XN ET"，发行价为每股美国存托股（A DS）12美元，融资8778万美元。迅雷上市首日收报14.90美元，较发行价12美元上涨24.17%。按收盘价计算迅雷市值达到10.3亿美元。在2014年3月和4月小米以及金山先后注资迅雷后，小米占股29.3%，金山软件占股11.7%，"雷军系"持有的迅雷股份已经达到40%，雷军成为最大的赢家。

与迅雷老股东退出及股权稀释不同，雷军旗下公司的股权则相对发行前的39.4%反而提升了两个百分点，将进一步巩固其在迅雷中的地位。

关于"雷军系"的评说，雷军更愿意用"雷军的朋友圈"来形容自己的这些投资，并声明自己无意控股权。而对有利于小米生态打造的公司，他的投资却有另一番稳准狠的味道。

如今，互联网圈最流行的莫过于"平台"和"生态"的概念，雷军、马云、马化腾都在做这样的事儿。与二马不同的是，雷军的小米是个极为有利的硬件支撑——截至目前，MIUI操作系统已超过8000万用户，米聊用户达到6000万，2014年小米手机的销量突破6000万台。

正是凭借获得"周光召基金会技术创新奖"的"软件+硬件+互联网

服务"铁人三项模式，雷军控股的资本版图在取得财务收益的同时，更重要的在于为小米带来更庞大的生态和更高的估值，践行其四年前创立小米时百亿美元的梦想。

早在2012年，金山软件旗下子公司金山云以182万美元作价出售9.87%的股份给小米。根据协议，金山云将为小米提供智能手机平台使用的云服务技术，小米将帮助金山成为中国领先的云存储供应商。2014年初，小米又以2000万美元投资入股金山旗下游戏研发工作室西山居，获取约4000万股股份，占比4.71%。

此外，"雷军系"持有猎豹移动48%的股权及投票权。猎豹CEO傅盛在上市前夕曾坦言："小米在互联网硬件方面有着别人难以匹敌的优势，我们在互联网软件、移动软件开发上也有自己的特点，尤其海外我们用户规模很大。2014年小米开始它的海外整个拓展策略，我相信这些给我们未来的合作提供了非常大的机会。"

一个有意思的现象是，所有这些公司都是小米的大客户。公开资料显示，金山采购了800万元的小米手机以及配件；猎豹移动向小米购买移动设备等消费电子产品，截至2013年12月底共计花费330万元。

值得注意的是，如今"四驾马车"已经开始慢慢调整旗下各个公司的重点业务布局，从而与小米将有着更大的想象空间。

从小米手机预装的软件清单中也不难看出，UC浏览器、金山词霸、YY语音、WPS等多款有着"雷军投资"标志的应用已经内置其中。业界的大胆预测是，未来金山软件的游戏和金山云、猎豹移动的安全产品和国际化优势、迅雷的内容资源和云技术等都将成为"小米系生态"的重要组成部分。

雷军在接受媒体采访时坦言："还没有最满意的产品。小米选择了从软件、硬件和互联网服务的'铁人三项'这个全新的角度来进行创业，我们希望我们能借助小米开创的全新角度来为自己赢得自己的位置，但是未来究竟如何，今天还不好说。这需要小米继续坚持专注，把产品做到极致，追求用户口碑，并且要跑得足够快。"

从今天的资本布局来看，雷军的"四驾马车"在技术上支持小米，

251

完善小米的技术应用。一旦小米的硬件应用获得突破，也必将在市场层面反哺"四驾马车"的市场和估值。

获得百倍投资回报

在雷军所投资的这20多个项目中，大部分已经拿到VC投资。谈及成功投资的经验，雷军认为是"自己成功预测了未来，而且看得很准"。雷军坦言，在五年前就认为三个领域非常有前途，第一个移动互联网领域，第二个电子商务，第三个就是互联网社区。

雷军的投资特点，就是善于投资趋势。无论其投资移动互联网还是互联网社区，投资前，这些行业都是刚刚起步的，并能在投资以后获得高速成长。另外一个就是战略投资，就是投资项目对主业小米公司的辅助作用，一系列投资项目都在围绕小米的上下游，从小米手机里面预装的软件便可看出。

截至2014年底，在雷军所投资的20多个项目之中，金山软件、欢聚时代、猎豹移动、迅雷四家公司成功上市，雷军及其旗下公司所持有的股份高达22亿美元。

金山软件是"雷军系"中第一家上市公司。雷军个人及通过其全资子公司持有金山软件26.90%的股份，目前的股份市值为9亿美元。

欢聚时代作为雷军投资的第二个项目，也是雷军系上市的第二个项目。2014年9月18日，欢聚时代收盘市值为45.25亿美元，雷军占欢聚时代20.7%的股权比例，所持市值为9.25亿美元。不仅如此，雷军还担任欢聚时代董事长兼董事。彼时，雷军100万美元的天使投资，7年间获得120倍的回报。

但毫无疑问的是，被雷军视为"最后一战"的小米科技仍是"雷军系"中最核心的棋子。在众多"雷军系"公司中，小米意义非凡。雷军曾说过，小米是他创办的最后一家公司，为的是完成最初的梦想。

围绕小米，雷军编制出了盘根错杂的网络。迅雷挂牌当天，迅雷

CEO邹胜龙发出内部邮件称，与小米"联姻"是打开一扇窗。他此前曾表示过，迅雷未来的增长点在移动端和客厅战略，这也是迅雷与小米合作的重点。

迅雷已经利用现有的技术与小米盒子合作，双方于2013年8月开始建立合作关系，将迅雷加速器免费预装在小米盒子上。截至2014年3月31日，迅雷在全国已经积累了155.2万台装机量。

在招股书中，猎豹移动也披露了与小米的往来：猎豹移动为小米提供在线网络广告服务，截至2013年12月底，猎豹移动共计从小米获得270万元的收入；其还向小米购买了移动设备等消费电子产品，截至2013年12月底共计花费330万元。

YY上市时，按开盘价计算，雷军所持股票价值1.13亿美元，100万美元投资得到了超过百倍的回报。

2014年，雷军首次跻身"新财富500富人榜"，名列第24位。雷军从500名开外，直接到达第24位，其财富增长速度令人咋舌。

2014年12月29日，雷军宣布小米完成最新一轮融资，总融资额11亿美元，小米公司的估值高达450亿美元，小米估值超过了全球任何一家未上市科技初创企业。在国内，小米估值仅次于百度、阿里、腾讯等互联网公司。

雷军作为小米公司的创始人、董事长兼CEO，占有小米30%的直接控股权。也就是说，就目前450亿美元市值来算的话，雷军个人可直接控制数额就高达135亿美元。小米如果上市后，雷军将直冲亚洲首富宝座。

目前，"小米生态圈"的核心角色小米公司还没有踏入资本市场，每一次雷军系企业上市，他都会被问及一次：小米准备好了吗？尽管雷军在不同场合反复陈述自己对小米上市不感兴趣，"5年内不上市"，有目共睹的是"小米"已经成为了"大米"，在所投资企业纷纷开花结果之后，他没有理由不把上市的光环放在自己的孩子头上，那时候他身为投资人也许会更加从容。

解密雷军的投资棋局

雷军喜欢下围棋，和他熟识的人多有和他下过围棋的经历，他在创办小米前后的诸多投资都可以用围棋来描述。他的投资风格如同下围棋，讲究谋篇布局，注重集体作战。

布局决定格局，格局决定成败。雷军做天使遵循了"金角银边"的围棋理论，"移动互联网是金角，电商是银边，在移动互联网和电商领域，雷军先后投出了乐讯、UCWeb、凡客、乐淘、尚品网等多个案子，至于小米，则是雷军决战中盘的大龙。"同样爱好围棋的宏碁创始人施振荣也有相同的观点："下围棋，希望每投入一个子，能够创造将来，围的空间越来越大；而企业一开始，有一个比较宏大的考虑，有一些策略，做一些布局，从小的角度切入，最后才到中间。"

雷军做投资，基本分为天使和基金两部分。前期做天使，雷军以投资自己人脉圈一度和二度，认可的熟人为主。而在后期，雷军于2011年10月27日成立了顺为基金，所管理资金规模超过2亿美元，出资人来自于国际顶级投资机构，包括国际知名主权基金、家族基金、基金中的基金及大学基金会等。顺为基金重点关注中国互联网相关行业，投资方向包括但不限于移动互联网、电子商务、社交网络平台等，主要投资目标为初创期及成长期的优质创业公司。顺为基金是雷军的第一颗落子。

谈到为什么成立顺为，雷军说："我希望通过资本和经验的帮助，与创业者共同创造受人尊敬的伟大企业！我需要专业的团队帮我管理我的投资，很多投资者也希望我来帮他们管钱，我所投的项目在成长的过程中也需要融资，顺为的一些LP直接、间接地投过我的项目，他们也一直希望我成立一个基金来帮他们管钱。"

2011年成立初期，顺为基金被普遍认为是一家天使投资基金，即一家机构化的"雷军"，这契合当时超级天使的火热。但从其近三年的投资看，已经不局限于天使轮，不乏B轮、C轮的投资，其更像一家标准的VC。

那么雷军成立顺为的目的是什么？结合2011年这个特殊的时间点以

及随后顺为的一系列投资，其原因有二：

一是雷军个人天使投资的延伸。雷军从2004年卖掉卓越后就开始了天使投资生涯，先后投资了UC、YY、多看等公司，成绩出色，但这完全是个人行为。而成立一家机构的好处是，既可以引入外部LP，募集更多资金，参与投资标的的中后轮，又可以引入一支精良的团队对所投资标的做投后管理，毕竟雷军个人时间有限，而2011年恰好是雷军回归金山、发布小米1的时间节点。

二是小米生态的布局。从对小米手机的两轮投资，到对华米科技的投资（小米手环），以及最近联合小米入股爱奇艺，顺为基金的很多投资或多或少与完善小米生态相关，甚至可以说顺为基金就是小米的战略投资部，而以一个机构的形式既可以绕开某些监管的限制还可以增加一个募集资金的渠道，毕竟小米还在成长期，还需要大量资金投入。

长城会创始人文厨认为，"雷军是值得信赖的良师益友，并没有投资人的那种功利心。我们开始去找雷总，他可能觉得我们这事比较有意义，是沟通国内外互联网创新企业的桥梁，但也没太当回事，就给了几十万的天使投资。他的投资名言是'帮忙，不添乱'"。

雷军的投资，有一种微妙的平衡感。他的投资总有些随心所欲的意味，正如他自己所说，就像"帮朋友"，与传统的"资本布局派"那种事先设想好发展规划1、2、3，然后用资本押注、催熟有很大的区别。有趣的是，当"风"起来的时候，他投资的企业又都能顺势而起，比那些设计资本游戏，做好大量发展规划的"资本布局派"获得更大的成功。

雷军投资的企业，并不要求按步骤走，不像大部分美股基金进来之后，就要求你给战略规划、上用户量、快步跑、预计几年内上市，基本就是1、2、3战略步骤都规划好。雷军的投资，是先让企业在自己的领域生长着，等时机成熟，连成一片，自然成势。

2014年小米入股美的后很多人表示不理解，有人说一个造手机的互联网企业投资一个家电企业是瞎折腾；有人说小米投资美的是雷军为了和董明珠赌气，是想与美的联手牵制格力；也有人说这是小米布局生态圈，想进入智能家居领域。

255

那么，小米入股美的究竟是出于什么目的？小米为什么要投资硬件企业？小米的产业链拉得过长，会不会把小米拖死？小米会不会被另外一个企业所颠覆？

雷军在接受采访时说：

我们授权投资的硬件企业用小米的牌子，这给小米造成了巨大的压力，外界会说，小米怎么什么都做，但其实这是对小米非常大的误解，小米自身只做：手机、电视和路由器这三件产品。

当一个产品到了一定规模的时候，尤其是像手机这种平台性的硬件，它会非常依赖生态链，它不再是卖一个电话，一定要有周边的可延展性，这才是未来竞争的基础，实际上今天，我们导入的就是全生态链竞争，今天小米手机适配性要做好，包括硬件、软件、配件等，这种产业链是完全不一样的。我们在最初就考虑到了小米生态链的问题，小米迄今为止也只是出了几款手机而已，这就要求它的适配性要高，通过生态链的方式促进整个行业的转型升级。

两年前小米制定了智能家居的战略合作，到现在为止取得了两个关键的成绩，一个是已经投资了25家智能硬件企业，第二个是与美的的合作，这是小米智能家居战略的一个里程碑，毕竟美的是一家比小米体量要大的家电企业。

通过与美的的合作关系，要实现美的电器与小米设备的互联互通，这对小米的用户来说是个巨大的助力。美的在小家电、空调、洗衣机品类上都有很大份额的市场占有率，小米和它是两家完全互补性的公司，外界揣测是因为我与格力打赌才会与美的合作，我想做企业也不能这么任性吧，这毕竟是十几亿人民币的合作。

小米的合作模式是开放式、不站队，对我们投资的公司我们也都要求不站队。我们不排除未来与海尔、海信结盟，我们不是要排他，我们是要解决小米手机和小米设备，我这个设备正好是美的不做的，我们就互补。

一个创业型公司的失败概率是90%左右，但是我认为小米投资以后，

256

创业公司成功的概率会大幅度提升，我也不否认小米投资的公司以后会有倒闭的，但是我不想这种情况一出现，外界就来否认小米的模式。

我在做小米之前，其实确实是想过先做手机还是先做路由器，当定下来手机、电视和路由器这三件产品之后，都是想要通过依靠做大生态链的模式，比如说，做电视的时候，如果没有内容做支撑，那做电视也是没有用的，这个逻辑同样适用小米手机。

我们希望有更多的游戏支持我们，更多的应用支持我们，更多的内容支持我们，这都是我们整个策略的一部分。所以今天它比原来要复杂，比原来的打电话、发短信的手机要复杂太多了。而且生态链的竞争是短期不会看到多大的效益，但是你经过三年或五年之后，围绕你这个设备越来越多的合作伙伴和支持者的时候，你的强势度就一步一步地显示出来了。

在我们投资的智能硬件企业里面，我们的确帮了很多忙，我觉得这不是常态。就是这么帮下去，小米会越来越重。小米要做的是什么呢？就是推进我们的互联策略，丰富整个产业链。我们不想把小米变成孵化器或者是投资人，我们希望这些被投的公司都具备在市场上独立作战的能力，如果它们遇到一些困难，正好我们有优势，我们可以帮助它们跟我们其他的伙伴对接，比如说我们供应链的伙伴，我们在市场上基本上这些大量的重量级的伙伴，我们正好是它们全球第一大第二大或者第三大的客户，我们本身有很好的关系和信誉。所以帮你介绍一个供应链的伙伴，帮你背书一下你们公司的信誉，我觉得这个的确对它们很有用。因为初期的时候，我们就是没有任何背书，我们找供应链痛苦得一塌糊涂。今天我们投资了以后，至少那些供应链的伙伴会高看你一眼，他会给你机会。

至于投资公司的盈利问题，我是这样看的，就是你的公司盈不盈利是你的事情，我们作为一个投资者当然希望你能盈利，那是你能力的问题。我们做生态链的目的是增强整个小米手机的竞争力。我们投了那么多公司，你说这个公司挣不挣钱，那是管理团队要干的事情。

外界看到我们做很多东西，都说小米没有边界，小米其实是有的，

257

小米的边界就做那三种产品。我觉得，创业公司你可以来找小米合作，我们有很多人天天找合作伙伴。如果大家有骂我们的工夫，还不如跟小米合作呢，你为什么不跟小米合作呢？！

好，今天就算小米投资了你的竞争对手，它不意味着永远只投一家，或者说它不投你，你将来也有机会进入小米网，进入小米的平台一样的。大家要理解这个本质，小米不是一个投资公司，我在内部一直跟大家讲，小米不是投资公司，小米要追求的是它的连接设备越多越好，你也可以找我们连接。

第二个，是小米的客户体验，就是你买了小米手机，你发现里面的手环最多，这些东西也很精致、很漂亮、很便宜，可以玩的，可以用的东西很多，这是小米所追求的。如果最后你发现小米手上只有一个手环、一款空气净化器，那不完蛋了？你想想，那一死全死，这里面大家是有误会的。

258　　　小米入股美的只是打造小米生态圈中的一个棋子。小米公司自创立以来，既做硬件，也做软件，还投资很多企业，有很多人看不懂雷军的投资套路，也有人说小米没有边界。其实小米是有边界的。小米只做"三大件"产品：手机、电视和路由器。小米投资的100家智能硬件企业，以及投资的优土、爱奇艺、华策等内容厂商，都建立在MIUI系统基础之上。正如雷军所说："过去五年我所做的事情，其实就是把互联网的基因注入手机行业，我们管这个叫互联网手机模式，说出来挺简单的。第一，就是通过互联网的形式，做一个好用易用的MIUI系统；第二，做一款高品质、高效能的手机，然后通过互联网的形式零售，把价格控制在同类产品一半不到的价格，来完成这个商业闭环。PC时代的思路是软硬件分离，但智能手机时代，你不仅仅要有能力做软件，也要有能力做硬件，还要有能力通过互联网、电商的方式形成营销、市场和渠道的全闭环。"

在小米平台搭建成熟之后，会吸引越来越多的智能硬件加入小米平台。对于投资的硬件企业，雷军更看重的是这些功能能够加强用户对小米手机的黏性，正是出于这样的考虑，小米正在建设的生态圈或许能够在手机周围，为小米围起一道防护栏。所以雷军认为"小米不会被另外一个企业所颠覆"。

雷军在投资上还讲究"气"。"气"就是围棋棋子能够向外延伸的线路。对于所投资企业的外延路线，雷军经常担任所投资企业参谋的角色，但就算雷军不认可他投资企业的发展方向，他也不会阻止创始人，而是陪着他们一起去试错。

极简时代CEO杨金钰曾经当过雷军的助理，后来自己创业。"雷军投资了我们天使，我去年从YY出来创业，雷总说你想干点啥。我当时做了一个项目，我们叫动拍，技术核心就是将照片GIF动画，网上到处都是，就是照片连拍。我当时觉得这个项目很好，就找雷总商量，雷总觉得不是很好。他也没说问题在哪，他当时说直觉觉得这个不是大市场，用户不刚性，KK在米聊里试过。当时我们就做了一个社区，试了两个月，果然不行。回来和雷总说，果然不行，就换下一个项目。"

雷军对企业的发展方向，有着相当好的直觉和把握。有趣的是，他并不会阻止自己不看好的发展方向，因为他信奉"只有创始人才最懂企业"的原则，但是他会不断地唠叨，并让企业去试错。如果企业发展方向对了，雷军则会"续上一子"，连子成筋。例如，他投陈年时就说好，未来四年陈年成功失败都投，也幸亏如此，否则失败两次就认输，就没凡客了。比如喜欢选择大公司想做但来不及做的区域做项目突破，雷军的逻辑是大公司也就是大龙要全吃挺难的，但要断一犄角还是大有可能的，比如雷军喜欢跟创业公司说先活着，活下来才能有机会续命。雷军今天除小米之外的布局也很见其格局和视野的，这种格局和视野是一个围棋高手所自然拥有的。

商道亦如棋，投资如棋局，雷军希望把自己的布局串联起来。相信雷军在完成连横合纵的系列投资之后，雷军的棋盘上会连成"小米"二字。

259

第十二章

不做中国的苹果，要做世界的小米

小米心怀梦想，向世界进发……我们将披荆斩棘，乘风破浪，把来自中国的优质科技产品带往所有阳光能照耀到的地方，我们要让全球所有人都能享受科技的乐趣！

——雷军

打造一流的国际化团队

　　把小米办成国际化的公司，与苹果、三星比肩是雷军的梦想。国际化的市场，国际领先的技术和产品，这一切背后，要有一个国际化的团队。为打造国际化团队，雷军的策略就是引进。

　　自2010年创办小米公司以来，雷军先后引进了原谷歌中国工程研究院副院长、谷歌全球工程总监林斌，原微软工程院工程总监黄江吉，原摩托罗拉北京研发中心高级总监周光平，原北京科技大学工业设计系主任刘德，谷歌全球副总裁雨果·巴拉（Hugo Barra），分别担任小米公司的高管，这是小米拓展国际业务的标志。雷军说："这是一支能打硬仗的、优秀的国际化团队。"

　　在小米的国际化团队里面，2013年8月加盟小米、出任小米全球副总裁的雨果·巴拉，备受业界关注。

　　雷军表示，雨果加盟是为了擎起小米进军国际市场的大旗。雨果与小米总裁林斌相识多年，被小米用互联网做手机的模式所打动。他表示："我看到小米已经具备征服世界的资本，将在未来十年向世界展示它的强大实力。"

要与苹果、三星这样国际顶尖企业硬碰硬的竞争，必须要有国际水平和国际化的人才队伍。雨果在谷歌担任全球副总裁的背景，无疑会提高小米手机的国际身价和品牌影响力，成为小米公司一张光亮的国际名片，让小米的团队看起来更"高端大气上档次"，更显得有国际范儿。

其次，小米手机推崇的"软件+硬件+互联网服务"为一体的"铁人三项"模式，手机硬件是基础，而体验良好基于Andriod开发的MIUI系统才是真正的核心。而雨果·巴拉是Android 4.0的奠基者，是Andriod系统链条上仅次于其创始人的灵魂人物。近年来他多次出席谷歌发布会，看过谷歌产品发布会的人一定不会对这张脸陌生。已经成为谷歌安卓产品线"代言人"的他，可以利用这些优势，提升MIUI系统在国际上的地位，从而吸引更多Android生态圈的开发者参与MIUI的开发。这或是他加盟的最重要意义所在。

另外，小米引入雨果·巴拉，可以扩大小米在国际市场的关注度。业内分析人士表示："谷歌高管投奔小米的事情，基本可以确定为一场精心策划的跨国营销战略。小米在引进谷歌高管雨果·巴拉后，最大意义是让欧美业界开始注意起小米了，小米正式走入国际舞台。"

基于以上三点，雨果·巴拉的加盟，一定程度上确实能提升小米在国际市场的影响力，但能否在已经成熟的国际市场杀出一条血路，有待观察。但小米在印度市场的成功，雨果·巴拉功不可没。

此外，值得一提的是，当前整个国际手机市场已相对成熟，三星和苹果等公司凭借着优良的产品品质和强大的营销推广，基本已经牢牢控制了整个市场。如此一来，执意走国际化路线的小米，在挖到雨果·巴拉之后，下一步该如何实现突围？

首先，深挖国际人才，打造有辨识度的团队。国际化最成功的华为和联想就善用此招。据了解，英国6000多万人口中，每10个人中，有近3个人曾使用过华为终端产品。华为在国外设立的新闻发言人、手机销售团队坚持用国外人员。此次雨果·巴拉加盟应该是小米挖掘国际人才的一个开始，未来小米会进一步聚拢一批在业界有影响力、能深刻理解国外文化的团队。

263

其次，在国外建立研发、设计中心。受制于文化的差异，国人对手机的审美及消费需求有着很大的不同，在国外建立自己的研发、设计中心，对产品进行差异化设计，就显得很有必要。华为很早就有意识地在国外设立了多个研发中心，还不惜重金挖来服务宝马等国际知名企业的设计师来负责华为终端的设计。这才有了最新发布的华为P6手机，引起国际媒体强烈关注的事。

另外，加强与各国电信运营商的合作。"强龙不压地头蛇"，小米要想拓展国外销售渠道，快速提升铺货量，加强与各国运营商的合作就是一条必须要走的路。美国、欧洲及日本等发达的海外国家手机的销售都是以合约机销售为主，强势如苹果在美国也主要走运营商合约机这个渠道，在日本iPhone的销售更是全部依赖于运营商。

当然，最近雷军一再宣称，小米不是"中国的苹果"，其模式更像亚马逊。我们或许可以大胆猜测，未来小米很有可能会把很大一部分精力，用来搭建独具特色的自有电商渠道，同时会加强与国外电商巨头，如亚马逊的合作，以此走出属于小米独有的新模式。

当然，国产手机要想突破苹果、三星等巨头把控的国际市场，并不容易，在未来的道路上，小米还需要更多的探索与创新。

2015年6月10日，小米公司宣布，美国高通公司前全球高级副总裁兼大中华区总裁王翔，加入小米公司担任高级副总裁，负责战略合作与重要合作伙伴关系事务。

王翔的到来，是小米公司继雨果·巴拉、陈彤之后，引入的又一位重量级高管。雷军表示："我非常欢迎王翔加盟小米。王翔是一位经验丰富的管理者，对于通讯行业有着很深的了解，并对支持中国移动终端产业走向世界做出了重要的贡献。他成功地帮助高通公司与小米公司建立了战略合作伙伴关系并使之不断深化。我相信他凭借出色的领导能力、在行业内的资深背景以及与移动生态系统内各方的密切关系，将帮助小米在战略合作和重要合作伙伴关系方面获得更大的成功。"

王翔在半导体和通信领域拥有20余年的丰富经验，在高通工作13年。他在任职美国高通公司高级副总裁兼大中华区总裁期间，全面负责高通公司在大中华区的业务与运营；在他的领导下，高通公司不断拓展和深化与中国市场的合作伙伴关系，制造厂商客户数量增长迅速。在加入高通之前，他曾任职于摩托罗拉、朗讯、杰尔系统等公司，担任销售和市场营销方面的重要职位。

小米公司与美国高通公司之间一直保持着长期而且密切的战略合作伙伴关系。高通是小米非常重要的芯片供应商，高通也是小米的早期投资方之一。从小米1开始，每一代小米手机都采用高通最高端的芯片。最新发布的小米Note顶配版也搭载了高通有史以来最强的处理芯片骁龙810。相信随着王翔加入小米，小米和包括高通在内的战略合作伙伴之间的关系将获得进一步加强。

与国际巨头争夺天下

国际化是科技企业做大做强的必然选择。随着中国经济的崛起，有远见的中国科技企业，已经开始纷纷踏出国门，参与国际市场的角逐，不断拓展市场版图。

小米智能手机自2011年上市以来，销售增幅居国内第一。小米在中国市场取得成功的同时，不忘拓展国际市场。

下面是雷军接受采访时的讲话实录：

无论哪个国家和地区，我们迟早都会进入，也许5年也许10年内，我们想做这个全球型的模式，所以我不是看好哪里，是我一定要做。我为什么把重点先选印度，因为印度是大市场。我在中国台湾做得很好，可是台湾实在很小，我在中国香港做得很好，香港实在也很小，新加坡也很小，我得做大市场。没有大市场就没有量，没有量就做不了移动互联网，这一环扣一环，所以我们一定要先把全球几个大市场拿下，然后再一步一步做小市场。不能光是进小市场，小市场带不动大市场。

美国我们可能会放到三五年以后。因为印度有十几亿人口。印度、印度尼西亚、巴西这些市场的竞争都没有美国市场激烈。我先把这些市场做好，最后做欧美市场。

我们过去的三年发展是非常非常快。我觉得未来，第一个就是国际化，再加几个大市场就行了，在当地再做到第一，这个增长就有了。第二点，在我们手机还在迅猛增长的时候，我们已经做到第二步第三步。第二步是电视，因为电视也是个大商品。第三个在准备智能硬件，所以我们未来几年路都已经铺好了。现在电视才刚刚开始起步，有这两个维度的增长，我觉得小米未来三年增长可期。

我觉得第一个，就是小米模式的核心是很轻很轻的。很轻就意味着，他的扩张会相对容易，我们不是到印度设立整个销售渠道、门店、网络，这个需要很长的时间。我们只需要在Facebook和Twitter上和用户保持很好的关系，然后在印度政策许可的范围内，把mi.com做成能运营，就是他们直接登录网站，一下单就可以，不需要再做什么了。

现在只不过从中国运到印度很麻烦，未来也许最终的组装生产放到印度，把供应问题再解决，那可以下一步再做。我们有计划敦促我们的合作伙伴在印度设厂。你把我们想成Amazon就行。我们现在的产品卖得非常便宜，寄到国外的话，这个运费现在比较贵，我们只需要把一大批产品寄到印度的某个仓库这个问题就解决了。

从2013年开始，小米试水中国台湾、中国香港和新加坡市场。2014年2月20日下午，小米公司总裁林斌在微博上宣布了小米3在台湾正式发布的消息，该机的售价为9999新台币（约合人民币2001元），和大陆地区1999元的价格相差无几。在台湾上市的小米3还有六种颜色的皮套，将于2月26日在台湾小米网正式开卖。很多用户参与抢购，情况令雷军兴奋。

雷军称："通过一年的试水，已经验证了我们整个打法是可行的，团队也摸索出了一套全球化拓展的方法。"

2014年4月，雷军宣布，小米最新域名mi.com上线，雷军表示购买该域名花费了360万美金（折合人民币2200万），小米希望用这个域名表达

苹果公司联合创始人沃兹尼亚克向雷军赠送纪念品

国际化的决心。

　　雷军的目标是在两年内小米进入马来西亚、菲律宾、印度、印度尼西亚、泰国、越南、俄罗斯、土耳其、巴西、墨西哥等国家。

　　2014年12月，小米从20多家银行获得融资10亿美元，这些资金主要用于拓展海外市场。雷军认为，这些区域的特点很明显，一是人口数量多，其中印度人口达12亿，印度尼西亚人口约2.4亿，越南人口约1亿，菲律宾人口接近1亿，巴西人口接近2亿，墨西哥人口接近1.2亿，俄罗斯人口超过1.4亿，土耳其人口接近8000万，泰国人口接近7000万。加上中国的13亿人口，这些市场覆盖超过35亿人口，超过全球总人口的50%。全球人口前十的市场中，除了美国、日本这两个发达国家外，只剩下巴基斯坦、尼日利亚、孟加拉国三个经济十分落后、消费能力极低的市场。

　　另一个特点是这些地区都是快速增长的新兴消费市场，中国、巴西、印度、俄罗斯被称为"金砖四国"，新兴市场正在取代美欧，成为全球新的消费引擎。雷军的意图很明显，这些市场是全球消费的未来，率先占领这些市场是为了卡位未来。

在雷军看来，新兴市场与中国市场的相似度很高。这些市场还有另外一个特点：FaceBook、Twitter等社交软件比较普及。这方便小米进行社交营销，复制小米在中国的成功经验。小米在这些市场并非一片空白，比如在俄罗斯，MIUI已经有100万用户。

小米不仅生产智能手机、电视和路由器，而且正扩大消费性电子产品系列，并以国内市场和新加坡现有销售为基础，扩展海外市场。雷军的短期目标是2015年手机总销售量1亿台，2016年达到1.5亿台。

2015年1月15日，小米发布了旗舰智能手机小米Note，这款产品的售价为标准版2299元、顶配版3299元，比苹果6便宜近一倍的价格。雷军说小米Note是小米的一个里程碑产品，也是目前最漂亮的小米手机。小米Note的问世，标志着小米正式进入高端智能手机市场，与苹果、三星等国际巨头争夺天下。

小米通过小米路由器打造了一个"以人为中心"的家庭互联网解决方案，每一个用户在云世界中都有一个虚拟身份，即小米ID，通过这一ID，云世界会根据用户的身份匹配互联网资源，包括游戏、电商、视频

雷军在CeBIT展会上，向中国副总理马凯（右一）和德国副总理加布里尔（中）介绍小米产品

等。每个用户打开不同终端时，显示的内容与服务是不同的。

雷军表示："未来，'家庭互联网解决方案提供商'是小米未来业绩增长纬度，全球化策略则是小米未来业绩增长的经度，横纵两向同时拓展保证小米未来高速增长。"

当然，小米的国际化将面临很多挑战，雷军鼓励小米员工要有披荆斩棘、乘风破浪的精神。雷军说："我们有国际化的计划，小米在创办之初就想办一个国际化的公司，小米国际化试点有两年了，我们需要时间研究各个市场的特点，找到合适的合作伙伴。如何展开（国际化），总体来说，我们希望把我们开创的互联网手机的模式在各地试点和复制，我们不想做一般的手机公司。"

在谈到如何与苹果、三星等国际巨头竞争时，雷军表示："手机行业是全球化竞争，每一家公司一上来就要参与跟世界巨头的竞争，我们的优势在于互联网经验，我们的硬件可以跑别的系统，我们的软件可以在别的手机上运行。此外，小米还有非常强的模式创新，在网上销售自有品牌的手机这种商业模式是小米在全世界首创的，这种模式的核心在于口碑营销、电子商务直销，最大限度去掉了渠道和营销成本，使小米能够以非常便宜的价格出售，这是小米的优势。相较而言，苹果和三星通过传统的模式销售，他们的市场价格是挺贵的。虽然我们和巨头相比还有不少的差距，但我们很欣喜地看到，小米在不少的点上，跟苹果、三星这些国际巨头是可以比肩的。"

269

国际化受挫

2014年6月18日，小米印度官网上线。这也意味着小米即将进入海外市场第四站。此前，小米已经先后进入新加坡和马来西亚市场，并且于不久前宣布即将进军菲律宾市场。

2014年7月15日，小米手机在印度举行产品发布会，小米3正式登陆印度市场，由印度本土最大的在线零售商Flipkart独家发售。印度用户可以在Flipkart购买小米3。

印度版本的小米3配置了5英寸1920×1080分辨率显示屏，内置2GB RAM和16GB ROM存储组合，主摄像头为1300万像素。小米3在印度的定价为14999卢比（约合人民币1552元），价格在三星和印度本土品牌之间，意在抢占印度中低端市场。

小米历来钟爱通过网络上的闪购方式，销售其高配置低价格的手机产品。在印度，小米手机采取与当地电商合作的模式，因为印度绝大部分手机是通过实体店进行销售而不是网络。印度的手机网购份额只占到手机销售额的5%，印度普通民众还是更倾向到实体店选购手机，小米的电商销售模式在印度市场遭遇水土不服。因此，小米做出了相应的调整。

印度媒体称，小米的产品和设计理念与苹果相似，被国内顾客称为"中国的苹果"。印度手机厂商又遭遇一个强大的竞争者。当前印度的手机市场上，外国品牌中以三星所占份额最大，华为、金立、中兴等也陆续打入印度市场。印度手机市场竞争激烈，新德里西北部的卡罗尔巴格手机市场曾汇聚大批中国手机销售人员，既有山寨品牌，也有大牌手机，但经过几轮的激烈淘汰，现在所剩无几。印度本土品牌手机已经崛起，虽然质量仍有待提高，但价格上具有明显优势。

由于印度道路交通等基础设施较差，城市之间的商品配送速度也必然会受到一定制约，在新德里市区内的送货时间为4天，因此，印度普通民众还是喜欢到实体店购物，这对小米手机网上销售也产生一定影响。

小米的国际化之路走得并不顺利，经受了一些小小的挫折。2014年7月31日，台湾监管机构接到民众举报并在调查中发现，大陆的小米公司2013年12月在台湾举办的三次网络购买红米手机活动，每次实际提供的购买资格数比广告宣称手机数要少，小米惯用的"××秒已售罄"之类的内容涉及广告不实，监管机构以违反公平交易法对台湾小米公司开出60万元新台币罚单。针对这一事件，小米官方微博在当天下午做出回应，称"关于台湾公平交易委员会的处罚，小米公司表示诚挚歉意：对不起，我们的确少了30台！"

其实，台湾受罚不是小米迈出国门走国际化路线后，第一次传出"出师不利"的消息。

在印度尼西亚、巴西市场，小米因为"漫长而痛苦的设备认证流程"而延期发布——这几个市场完成设备认证流程可能需要6个月时间。小米希望于2014年8月底在印度尼西亚推出智能手机，而在巴西推出智能手机的时间可能将更长，因为巴西的法律要求类似小米的公司在南美国家组装产品，"这可能需要更长时间，或许将在未来12个月内完成，但一切都很难说"。

2014年12月11日，小米手机因侵犯爱立信的专利，在印度遭到禁售。爱立信官方表示："过去三年，爱立信一直尝试与小米公司就专利授权展开商讨，但据其声明所述，小米一直对此拒之不理。小米在哪里侵犯爱立信专利，我们将保留日后在那里起诉的权利。"

据媒体报道，爱立信在2012年就开始尝试在FRAND（公平、合理和非歧视）基础之上，与小米公司就其2G和3G产品的专利授权开展对话，但小米始终拒绝回应。2014年7月，爱立信再次要求小米为所持有的专利支付费用，小米仍未回应。最终根据上周印度当地法院的裁定，小米不能向印度进口任何新手机，也不能推广或销售这些产品。由于小米一直拒绝在FRAND的基础之上讨论签署必要的专利授权许可，爱立信不得已就此对小米采取法律行动。

271

2014年12月16日，印度德里高等法院决定暂时取消小米在印度的禁售令，采用高通芯片的小米手机暂时得以恢复在印度的销售。此后，红米1S和红米Note等手机也相继在印度开卖，与国内一样，小米手机也是通过线上渠道预约抢购进行销售。据小米官方发布的数据，截至2014年12月26日，小米手机在印度销量破百万，未来将会有更多产品在海外市场上市。小米总裁林斌表示："小米用了不到五个月时间，手机销售就突破了100万台，这是印度米粉送给我们最好的圣诞礼物。"

国际化的路上从来没有坦途，国内许多企业走出国门的时候并不是顺风顺水。小米为国际化交点学费很正常。但雷军坚信："今后我们会进入更多的海外市场，国际化我们将面临更多新的挑战，成功的路上从来没有坦途，我们将披荆斩棘，乘风破浪，把来自中国的优质科技产品带往所有阳光能照耀到的地方，我们要让全球所有人都能享受科技的乐趣！"

致力引领印度市场

印度将是小米试水全球化最佳之地。由于目前美国市场仍是苹果和三星的天下，因此，对于梦想全球第一的雷军来说，把印度市场打造为小米在中国之外的第二大市场，是至关重要的一步。

雷军表示，小米之所以大举进入印度市场，首先考虑到印度的市场规模。全球除中国以外，只有印度有十亿以上人口。印度经济正处于起飞阶段，相较中国市场的大量同质化竞争，印度智能手机市场仍较为温和，因此小米将印度选为突破国际市场的第一站。

雷军说，考虑到印度市场高端机型市场占比很低，小米在印度将继续主推两个系列的产品：一是面向中端市场的产品，采用国际化的工业链，总体设计相对均衡；二是面向低端市场的红米系列产品，优先采用中国本土的工业链，带动中国产业发展。

小米全球副总裁雨果·巴拉在此前预计，小米在印度市场的增长有望超越中国。而印度著名企业家、塔塔集团的原掌舵人拉丹·塔塔（Ratan Tata）对小米的投资，有助于小米在印度站稳脚跟。

事实上，从2014年7月第一次在印度市场开卖，小米手机在印度市场的表现再现了在中国市场"秒杀"的火爆场景。

2014年7月22日，小米在印度第一次网络销售，一周内收到10万次预约，开卖39分钟小米3智能手机脱销；8月6日，小米宣布，在印度2秒售罄15000部小米3；8月12日，20000部小米3于2.4秒内售罄。小米进入印度市场还不到4个月，销量已突破100万部。

2015年4月23日下午，小米公司在印度新德里的SiriFort大会堂，举办小米4i全球首发仪式，发布会现场与其在中国的产品发布会一样火爆。超过1500名粉丝挤满了发布会大厅，这是小米公司成立5年来在境外召开的首次发布会，引发印度市场极大关注。

为博得印度人民好感，雷军故意在发布会现场飙英文，一口浓重的湖北口音逗翻全场，场面十分有趣，引起现场观众一阵又一阵热烈欢呼。

小米4i是小米公司推出的第一款专门针对海外消费者的旗舰手机。在雷军看来，印度是小米最大的海外市场，他对印度市场寄予厚望。与中国一样，印度拥有大量对价格敏感的智能手机客户，其中很多人是首次购买智能手机。

"i"被解读为代表印度，因为"India"的第一个字母为"i"。小米4i虽没采用太多高精尖技术，但总体设计非常均衡，是小米国际化战略的重要进步。小米4i在小米4的基础上，考虑到印度用户需求，选用大电池、双4G卡和更紧凑的设计。印度媒体广泛解读此举凸显对印度的重视。

小米的性价比被印度米粉津津乐道。对于很多印度发烧友来说，小米手机不仅价格亲民，同时还兼顾设计感和用户体验，因此深受对技术

273

印度"米粉"烈日下排长队进入发布会活动现场

充满热情，但不那么富裕的印度年轻人欢迎。小米4i定价12999卢比（约合人民币1270元），相当于16GB版iPhone 6在印度售价53400卢比的四分之一。小米4i12999卢比的定价也让印度粉丝们惊呼不可思议，《福布斯》杂志称，"小米让苹果在印度生意更难做了"。

小米4i发布会现场，有位印度米粉喊道："我愿为小米的产品而死！"这位狂热的米粉名叫Raghav Goyal，是一名十七岁的学生，他是从旁遮普省驱车七个小时来到现场参加小米4i的首发式活动。

估计连雷军自己都没想到，小米手机最热情忠实的粉丝居然会在印度。但想想也不意外，这个国家就如曾经的我们一样对物美价廉的东西充满了渴望，而他们在好与坏的标准认定上，显然要简单得多。

雷军对记者说："小米在印度的发布会遇到了疯狂的粉丝，有点像明星在台上的时候，粉丝在底下欢呼的疯狂程度可能比第一次发布会时候还要厉害。"

2015年4月30日，小米4i开始在印度销售，5月陆续进入中国香港、中国台湾、新加坡、马来西亚和印度尼西亚市场。

对小米来说，尽管有很多原因使它没有向美国等市场进军，但小米进军印度市场最主要的原因还是这个国家看起来很像几年前的中国。

印度人口庞大，使用智能手机用户的数量却很少。作为一个发展中国家，印度用户的需求就和几年前的中国用户是一样的。但最重要的是，美国国际数据公司称，预计今年印度人购买智能手机的数量将远超2014年。该公司估计，2015年印度的智能手机购买量将为1.11亿部，2016年为1.49亿部。预计今后几年印度的销量将超过美国。

首次进入印度还不到一年的时间，小米就已经在印度确立了第五大手机销售商的地位，并在这个过程中使印度成为自己最大的海外市场。

这个成绩令人印象深刻，原因在于：直到最近，小米手机还仅限于线上销售，而印度的互联网普及率不到20%。在印度，线下销售渠道仍主宰市场。然而，在印度建立线下销售网络可能是件困难的事情。小米还扩大了在印度的在线销售渠道，将Snapdeal.com和亚马逊的印度网站纳入其中。小米此前仅通过印度在线市场Flipkart Internet Pvt销售手机。

雷军在印度复制了在中国的成功经验，小米没有把大笔钱花在营销上，也没有聘请宝莱坞超级巨星担任产品代言人，为什么这个不太知名的中国品牌却能在印度产生如此影响呢？答案很简单：定价策略。

在印度这样的市场，人们花几个月薪水买一部手机的情况并不少见，价格是个比较敏感的话题。所以，当小米在印度推出小米3时，小米3的技术参数与名气更大的三星Galaxy S5、LG G3和Xperia Z3等类似，但价格仅为这些竞争对手的近三分之一。小米3在该国一炮打响也就成了意料之中的事，尽管对印度消费者而言小米是个相当陌生的名字。

雷军为支持小米在印度的发展，一直在寻找投资印度本土企业的机会，并快速在印度设立了研发中心，而且计划尽快让小米手机能够在印度生产，表现出极大的本土化热情。

雷军表示，小米设定了未来五至十年的本地化长期战略，小米印度团队全部是印度员工。小米还将在印度铺开体验店，设立研发团队，组织工艺链和生产，小米计划今后将向更多印度初创企业投资，建立生态系统和品牌影响力。小米目前在印度的用户主要是发烧友和精英阶层，小米将争取让工薪阶层开始接受小米产品，力争在三至五年内做成印度市场的"老大"。

275

小米国际化面临的挑战

印度是小米国际化道路的第一站，小米在印度市场成功复制了国内市场的经验，首战告捷。雷军专为国际市场精心打造的旗舰手机小米4i从2015年5月开始在中国香港、中国台湾、新加坡、马来西亚和印度尼西亚市场销售，小米同时还将进军巴西和俄罗斯市场。小米创立才5年时间，进军国际市场才刚刚起步。那么，小米国际化道路能走多远？小米的国际化还面临哪些挑战？

一是面临专利挑战。2014年小米手机刚进入印度市场就遭遇爱立信的专利诉讼。

"专利战是小米的成人礼。"此前在接受媒体采访时，雷军这样看待小米国际化面临的专利问题。"专利战几乎就是手机行业拳王争霸战的一部分。"雷军说，"看一下苹果被诉讼多少回，三星被诉讼多少回，苹果和三星互打多少回，专利是智能手机行业的游戏规则。我们被起诉，说明我们已经进入了规模。"

雷军说，作为手机行业游戏规则的一部分，小米从做手机的第一天开始，就预计到会面临专利战，但小米毕竟是一家创立只有5年的科技公司，专利积累需要时间。"小米应对专利问题心态比较从容，但预计类似印度的专利纠纷将会持续几年时间。"

技术创新是企业安身立命之本。企业发明专利申请量，也往往被视为衡量一个企业创新能力的关键指标之一。据新华网报道，小米公司2014年申请专利1183件，在移动终端操作系统及硬件设备、即时通讯软件、云服务、电视、电子阅读、智能家居等领域进行广泛的专利布局。其中发明专利1105件，占比达到93.4%。从2010年成立当年全年仅申请1件发明专利，到年申请超过千件，仅用了4年时间。

面对海外市场的阻力，雷军表示："我们的目标是成为一家国际化的互联网公司，未来3年，小米不仅在国内发明专利申请将每年翻一番，即2015年2000件、2016年4000件、2017年8000件，同时也会增加国际专利申请的投入力度，在欧洲、美国等地积极进行海外专利布局，为企业未来发展打下坚实的基础。"虽然近两年小米获得专利技术较多，但与苹果、三星相比，还有很大的差距，小米要力争赶超。

小米公司总裁林斌在2014年年底表示，小米的专利只为防御，他的言下之意，也就是小米不会将专利用于对竞争对手的打压。

因此，小米想要突破跨国公司的专利壁垒，关键要提升自己的技术实力和自主创新能力，掌握属于自己的核心技术。即使是功能介绍页这样的小细节。毕竟，欧美国家都有极强的知识产权意识，所以小米要想拓展国际市场，必须补齐专利短板，在国际市场，没有核心专利是不能立足的。

二是面临着品牌问题。小米在国内有很高的知名度和影响力，但在国外却很少有人知道，因此，在国际化市场上小米如果不能迅速建立自己的品牌，扩大品牌知名度，仍按国内的套路来运作那只是一个性价比较好的低端手机产品、仿制产品，无法形成溢价。

此外，雷军在创办小米初期模仿乔布斯，挑战苹果，被粉丝们称为"雷布斯"，这很容易让国外用户觉得小米是"中国的苹果"，甚至成为"山寨"手机的代名词，让小米的品牌形象大打折扣。因此，小米应该改变"山寨"产品形象。

雷军已经意识到了这一点，近年来他频频发声，希望摘掉"雷布斯"的帽子，还喊出"不做中国的苹果，要做世界的小米"口号。

同时以"价格杀手"著称的小米，其低价模式肯定会大受海外消费者的欢迎，但是其在海外所将面临的挑战也不容小觑。也就是说，小米有潜力冲出中国，成为国际厂商必须重视的力量。

三是面临渠道难题。小米在国内获得巨大成功，靠的是性价比和电商营销模式，这不仅大大降低了成本，而且直接和用户接触，是其"粉丝经济"、产品迭代的主要基础。不过，在国外这一招未必管用。海外每个国家的情况不尽相同，营销、物流、客服等都千差万别，小米想要继续其电商模式非常困难。小米在运营商渠道上明显能力不足，其电商模式在印度就出现水土不服的问题。

此外，小米在国内靠低价、不靠硬件赚钱，靠海量微利取胜，拓展海外市场的成本并不比国内低，如果加上专利费，对任何企业而言都是不小的成本负担，所以小米把更多的投入用在了市场营销方面。

四是国内经验复制不易。小米在中国能够成功，雷军个人的号召力功不可没，雷军的领袖作用对于米粉的感召和影响是最大的，他在社会化营销中也担当着旗手的作用。但是，国外的消费者可是几乎没有人认识雷军，在国外的作用几乎可以忽略。而且对当地年轻群体的心理诉求的把握也远远难于国内，其粉丝影响力有多大还是未知数。

如果缺乏粉丝影响力，那小米独立的电商渠道和饥饿营销都难以转动，其必须借助当地的渠道资源，树立起用户信心。甚至，小米也不排除会和当地的运营商合作，进行定制手机推广，建立起第一批的核心用户，通过他们再进行口碑营销。基于小米互联网的营销模式能否在海外复制有待检验。

小米在国内迅速崛起靠的是小米生态圈的建设，形成了"软件+硬件+互联网服务"为一体的生态系统，用手机连接所有的智能家电。但走出国门后，小米手机成为一个能上网的通讯工具，而且小米电视、路由器、空气净化器以及智能穿戴设备都没有走出国门，小米在国外不可能再投巨资构建一个生态系统，这样一来，小米手机的生态链就断了，"软件+硬件+互联网服务"的商业模式在国外就成了一句空话。

小米此次海外的选择包括印度、印度尼西亚、巴西、墨西哥，都是属于人口众多、发展迅速的新兴国家，和中国有类似之处，其年轻一代都渴望改变、追求新酷，但收入又未必能买苹果、三星，人性都是相通的，相信小米在海外也将主打这个群体，以惊人的性价比打动年轻人。因此，雷军的"专注、极致、口碑、快"的七字诀仍然有效，只是看小米愿意花多大的代价去适应一个新的环境，这也许是从国内巨头走向国际巨头的阵痛。

笔者相信，小米的第一波国际化凭借性价比，肯定会出现与中国类似的抢购热潮。但国际化是一场持久战，要想取得真正成功，需要的是技术、品牌、人才、企业文化、资源等的综合实力，如果没有准备好就仓促出战，结局可想而知。

从根本上说，小米手机的核心能力其实是特别能接用户的地气，能根据用户的需求进行产品迭代，通过"饥饿营销"等手段去满足粉丝们的心理需求，但这些都是基于对中国国情和文化的适应和了解。一旦走国际化道路，每个地方的文化和消费者脾气都不一样，得重新学习，小米海外战场能否取胜，最终还是取决于自身的学习与改变能力。

雷军在小米架构了直面用户，以人为核心的扁平化管理模式。除八个创始人有职位，其他人都没有职位，都是工程师，晋升的唯一奖励就是涨薪。小米建立透明的利益分享机制，倡导"人人都是产品经理"，最大程度释放每位员工的活力和智慧，实现人人创客化。

管理扁平化

　　雷军是中国互联网行业的创新者，在组织架构上，他摒弃了传统公司通过制度、流程来保持控制力的树状结构，小米的架构直面用户，是一种以人为核心的扁平化管理模式。

　　扁平化管理是相对于"等级式"管理构架的一种管理模式。扁平化管理模式的特点是精简了管理层次。它较好地解决了等级式管理的"层次重叠、冗员多、组织机构运转效率低下"的弊端，加快了信息流的速率，提高了决策效率。

　　雷军认为："中国很长时间是产品稀缺，粗放经营。做很多，却很累。一周工作7天，一天恨不得12个小时，结果还是干不好，就认为雇佣的员工不够好，就得搞培训、搞运动、洗脑。但从来没有考虑把事情做少。互联网时代讲求单点切入，逐点放大。"

　　在雷军看来："扁平化是基于小米相信优秀的人本身就有很强的驱动力和自我管理的能力。设定管理的方式是不信任的方式，我们的员工都有想做最好的东西的冲动，公司有这样的产品信仰，管理就变得简单了。当然，这一切都源于一个前提，成长速度。速度是最好的管理。少

小米公司办公大厅

做事，管理扁平化，才能把事情做到极致，才能快速。"

小米公司的组织架构没有层级，除了八个联合创始人有职位，其他人都没有职位，都是工程师，晋升的唯一奖励就是涨薪。不需要你考虑太多杂事和杂念，没有什么团队利益，一心在事情上。

雷军将权力下放给各个联合创始人，类似于"地方自治"，合伙人拥有较大自主权，且不互相干预。

从小米公司的办公布局就能看出这种组织结构：一层产品、一层营销、一层硬件、一层电商，每层由一名创始人坐镇，能一竿子插到底的执行。大家互不干涉，都希望能够在各自分管的领域给力，一起把这个事情做好。

业务部门内没有层级关系、职级名称，不考察KPI，所有人看上去都是平等的。雷军说，小米的架构只有三层：联合创始人——部门负责人——员工。

小米的管理层就像个项目小组，雷军是组长，其他合伙人就是副组长，项目组再细化成一个个功能组。项目组的模式可以把管理工作做到最低，可以把精力聚焦到产品上。"项目组的管理模式可以让他有很多机会与一线工程师工作。"雷军说。

扁平化管理的精髓在执行。雷军表示："小米团队是小米成功的核心原因。和一群聪明人一起共事，为了挖到聪明人不惜一切代价。如果一个同事不够优秀，很可能不但不能有效帮助整个团队，反而有可能影响到整个团队的工作效率。真正到小米来的人，都是真正干活的人，他想做成一件事情，所以非常有热情。来到小米工作的人聪明、技术一流、有战斗力、有热情做一件事情，这样的员工做出来的产品注定是一流的。这是一种真刀实枪的行动和执行。所以当初我决定组建超强的团队，前半年花了至少80%时间找人，幸运地找到了7个牛人合伙，全是技术背景，平均年龄42岁，经验极其丰富。3个本地加5个'海归'，来自金山、谷歌、摩托罗拉、微软等，土洋结合，理念一致，大都管过超过几百人的团队，充满创业热情。"

黎万强介绍，小米公司目前设有六个部门，共有8000名员工，其中研发和客服人员占80%，头两个部门最早的时候是做MIUI、做软件的。接着做了米聊，是一个通讯工具，也包括云端的服务。还有三个部门分别负责小米手机硬件、小米电视、小米网。小米网有三个职能——市场营销、电商运营、售后服务，所以小米网是一个平台性的业务部门。第六个部门是互娱部门，它的核心就是负责游戏的运营。

市场运营活动是在小米网这个体系下完成的，小米网是市场营销类部门，整个是以策划为驱动的。小米有一个策划部，它类似于4A公司创意部门，所有的事件营销、发布会，都是以这个部门的创意来驱动的。

这个创意在策划部门定了以后，与它搭档配合的是品牌市场部，品牌主要就是公关的传播。社会化媒体部，就是负责小米微博、QQ空间、微信的运营。第三个部门跟他配合的就是论坛，论坛也是小米公司很特殊的一个部门。这三个部门配合，一起做事件营销的一些工作和传播。

小米公司社会化媒体和论坛组有80人，这在别的公司是很少见的，很多公司往往都把这样的业务外包出去。所以如果从整个运营和市场来看，小米内部应该不亚于有两三个广告公司。

雷军认为，少做事，才能把事情做到极致，才能快速。所以，在小米公司内部很少开会，现在除了每周一的1小时公司级例会之外很少开会，小米没有月度、季度总结会，年度会议也很简单。小米成立5年来，八个合伙人只开过五次集体大会。有什么事情就在米聊群里解决，连报销都在米聊截个图就可以了。

这样的管理制度减少了层级之间互相汇报浪费的时间。例如：小米公司2012年"815电商大战",从策划、设计、开发、供应链仅用了不到24小时准备,上线后微博转发量近10万次,销售量近20万台。

很多公司都知道"扁平化"的好处,但是经常一放就乱,只好采取军队式的多层级管理。

创业公司工作强度大、工作时间很长,但是小米全员实行6×12小时工作制,像小米这样的创业企业,基本上凤毛麟角。小米员工上班没有打卡制度,而且迄今为止也没有施行公司范围内的KPI考核制度。

维持"扁平化"加速度的第一源头是小米的八个合伙人,雷军是董事长兼CEO,负责发展战略,林斌是总裁,黎万强负责营销,周光平负责小米的硬件,刘德负责小米手机的工业设计和供应链,洪锋负责MIUI,黄江吉负责米聊,后来增加了一个负责小米盒子和多看的王川。

一家拥有8000名员工的大型公司,通过合伙人来掌管,好处在于可以互相制衡、人尽其用,同时效率极高。但缺点在于,如果合伙人能力不够就会极大制约其所管辖业务的发展,并且容易带来内部竞争。

在小米,联合创始人大致分为两大流派,一派以黎万强为主,成长于充满着机遇、匪气和创新精神的中关村;另一派以林斌为主,他们主要来自Google、微软、摩托罗拉等国际巨头,拥有一整套严丝合缝的思维体系和管理哲学。

雷军的"有人排队的小餐馆理论"是支撑这种扁平化的核心理念。雷军说:"很多人并没有听懂这个,小餐馆成不成功的标志是有没有人排队,小米为什么要做有人排队的小餐馆?第一,这种餐馆一般大厨就是老板,而且大厨每天在店里盯着,跟来的很多熟客都是朋友,而且知道他们的'口味';第二,老板有很强的定力,把产品做好比赚更多的钱重要。我们正常的商业一定会说,有一家排队搞两家,两家再搞四家,再搞连锁。结果一步一步就被商业所扭曲了,所以好的东西就越来越少。所以我们希望小米的所有人都在产品的一线,而不是当老板,是当管理者。"

扁平化思维,让用户和手机厂商之间不再有距离与隔阂感,他们会产生一种和产品近在咫尺的感觉,容易对产品产生亲近感和依赖感,让

283

小米黏着越来越多的用户。

小米管理"扁平化"的根基是，笃信优秀的人具有强大的驱动力和良好的自我管理能力。小米的员工都有想把产品做得最好的冲动，公司有这样的产品信仰，管理就变得简单了。

雷军的这种管理风格和思路形成于金山时期，而金山曾被联想控股，所以深受联想影响，是经典的流程化管理，其基本逻辑是通过管理优化达到成本降低。

小米时期的雷军留下了联想的精华——建班子、定战略、带队伍以及"复盘"，也保留了金山时期的管理风格——身先士卒、以身作则、将心比心。其余全部抛弃。

在有些人看来，雷军就是一台机器。他按时上班，深夜才从办公室离开，他坚持跑步、滑雪，午餐吃得很简单，刻苦而自律，精力非常人能比。

一位早年接触过雷军的记者对笔者说，他在2005年见到金山时期的雷军，就像今天一样——双眼布满血丝，看起来是一个常年过度忧虑的管理者。雷军当时拿着一台诺基亚黑白小手机，上面还挂了一个手编的手机链。

他侃侃而谈重复了很多遍的理想，最后，雷军还热心地教授这名记者如何巧妙地提问。

而在另一些人看来，雷军令人着迷。他的下属会为了得到他的一句赞扬从半夜忙到黎明。小米内部曾流传一个故事，早年下属在帮雷军搬办公室时，下属把每一件物品贴上标签，搬过来之后，连书架上书的摆放次序，都与搬家前丝毫不差。

这种核心员工对雷军的高度认同感和忠诚，是让其可随时调转方向、调整战略，以全员之力达成目标的原因之一。

除了金山、联想外，雷军另一个管理思想来自苹果——乔布斯时代对产品的强控制力。但这种"事无巨细"的强势和控制不是源于对权力的迷恋，而是一名产品经理式的挑剔和完美主义。

雷军继承了这一点。举一个小例子，小米每年产品发布会展示的

PPT，都会被修改几十次，雷军会仔细研究每一个条目、用词，他不希望出现任何的小差错。

一位金山的老员工曾向记者评价多年前的雷军是守正出奇的人，最大的优点是善于生存、善于合作、善于发现和创造，但不善于抢夺和征服，内心瞻前顾后，太过谨慎。

如今来看，这种犹豫和瞻前顾后，逐渐被成功所带来的自信所覆盖，未来人们会越来越多地看到雷军固执而凶悍的另一面。

强调责任感，不设KPI

在小米公司，雷军强调责任感，员工上下班不打卡，也没有施行公司范围内的KPI考核制度。

雷军说："小米强调你要把别人的事当成第一件事，强调责任感。比如我的代码写完了，一定要别的工程师检查一下，别的工程师再忙，也必须第一时间先检查我的代码，然后再做你自己的事情。其他公司可能有一个晋升制度，大家都会为了晋升做事情，会导致价值的扭曲，为了创新而创新，不一定是为用户创新。其他公司对工程师强调的是把技术做好，在小米不一样，它要求工程师把这个事情做好，工程师必须要对用户价值负责。"

小米没有明确的KPI考核，怎么能激发全员的动力？雷军解释说，简单地讲就是把每一个员工都推向一线，让他们直接跟用户交流，其实所有的用户都成了给他施加压力的人，如果你在互联网上很活跃，用户知道你是做哪个模块的，你做得不好用户就骂你，你一定每天都不舒服，你前进的动力立刻就被激发出来了。你干得好就有人夸，你干得不好就有人骂，这是最大的驱动力。

雷军鼓励全员参与，和用户交朋友，和用户互动。正是这种态度，弱KPI或者没有KPI的管理方式却能得以贯彻和执行。

小米没有KPI，这个背后是以用户反馈来驱动开发，响应快速。每周

285

快速根据用户的意见来迭代，大家公认的好设计才是好。这种力量是循环互动的，当你很认真地对待用户时，用户也会用心对待你。有玩者之心的团队，才会真正爱自己的产品，爱自己的用户，这才是解放团队真正的核心。如果都是那种层层汇报的架构，要做一个决策，自己说了不算，要跟七八个领导汇报，再等两三个月之后才有意见回复，工程师怎么会有胆量创新？所以小米的研发层级结构只有三级，一层是员工，一层是核心主管，一层是合伙人。

　　小米对研发体系没有更多的要求，虽然有些销售体系要对外打交道，有可能给他一个总监的头衔，但在研发里面小米是不准备这样做的。雷军认为，应该找那些能干的一流人才，他很乐意享受在一线做事情，不是想做管理，这时候小米就算从1000人到10000人，小米的小组依然是很碎片化。比如说MIUI的开发，有400多人的规模，但每一个小组的单元都很小，一般只有三四人，他们都很能干、经验很丰富，往往一个好的工程师，顶外面的一二十人，所以只要这种小的单元结构存在，不管是否到了1万人，小米都是这样的结构。这里面的原点很重要，如果你

小米"教父"雷军和小米员工在一起

找的人，他本身所追求的东西都是一些很职业化的升值，或者说是短期的回报，那他也可能在小米待不下去。

一位小米员工称，公司发展太快了，如果哪一个环节慢下来，他们就会给它贴上标签，称之为"瓶颈"，如果这个"瓶颈"是人为造成的，他们会直接告诉他——你成了公司的"瓶颈"。所以员工们都自我加压，把工作做到更加完美，把产品做到极致。

不难想象，对于这位花了20年时间才实现今日成绩的企业家而言，离梦想只差一步这意味着什么？一位小米的员工说："整个公司都处在非常饥渴的状态，红着眼睛向前跑，而雷军永远是冲在最前面的那一个。什么时候雷军慢下来了，整个公司都会感到害怕。他也有犹豫的时候，他经常一边喝着可乐，一边不停地擦桌上的灰尘，他会把同一个问题连续问上10遍，但是你根本不用回答他，因为他会一遍一遍重复自己的观点，他心里早就有了答案。"

雷军反对强KPI，去强KPI是小米初期就制定的规则，小米人会用更纯粹的心来做产品。

287

小米人都喜欢创新、快速的互联网文化，不会有冗长无聊的会议和流程；平等、轻松的伙伴式工作氛围，享受与技术、产品、设计等各领域顶尖人才共同创业成长的快意。

"小米"看上去是一个很平凡的名字，但小米人却绝不平庸，因为小米人是由来自国内IT巨头公司微软、谷歌、金山的达人们所组成，不要以为他们只会在电脑前发挥自己的才智，真正的天才和牛人会让你在任何时候都能感受到他们的创意。

人人都是产品经理

在小米，雷军的第一定位不是CEO，而是首席产品经理，他不喜欢开管理会议，他80%的时间是参加各种产品会，每周定期和MIUI、米聊、硬件和营销部门的基层同事坐下来，举行产品层面的讨论会。很多小米公司的产品细节，就是在这样的会议当中和相关业务的一线产品经理、工程师一起讨论决定的。在小米手机系统MIUI ROM 的研发过程中，雷军总是第一个去体验和思考是否达成了应有的体验，是不是把产品的体验做到了极致。

为了做好产品，雷军不希望招的人是很"职业"的，而是希望应聘者不但专业能力很强，而且想干点事业。面对一些特殊人才，小米会故意给应聘者一些刁难，是不是真的想好了来小米，不单纯是为了赚回报，而是真的觉得这个平台、这个事业很好。所以小米对招聘人才是最重视的，要找到有创业想法和心态的人。

小米手机有个与众不同的特点，就是小米手机是活的，以前手机是"死"的。另外就是商业模式的变化，小米坚信未来的硬件肯定是成本定价，硬件不是未来赚钱的方向，未来的方向是软件和增值服务。从这样的角度来讲，互联网手机和智能手机是两个不同的物种，智能手机的核心还是手机，而互联网手机的重点则是互联网。小米产品经理模式就是让粉丝参与用户体验。

互联网公司的游戏规则是"得产品经理得天下"，雷军把这种产品经理方法引入到手机领域，产生了摧枯拉朽的力量。事实上，小米刚开始做手机时，HTC的G3给了很大的启发，但是，雷军用产品经理思维去看，G3还是太工程师思维，做东西不够细，这种产品经理思维也是小米早期最大的底气之一。

雷军是小米最大的产品经理。他带领小米的风格就是：在一线紧盯产品。如果确定一个需求点是用户痛点，就死磕下去，不断地进行微创新。在小米内部，雷军的产品方法论就是"要把用户当朋友，不要当上帝"。雷军要求所有员工，在朋友使用小米手机过程中遇到任何问题，无论硬件还是软件，无论是使用方法或技巧的问题，还是产品本身出现了缺陷，都要以解决问题的思路去帮助朋友，及时解决。

在雷军看来，人人都是产品经理，并不是要所有人都转型去做产品经理，而是要在大脑中保留一块区域，来存储小米的产品思维，心中要有用户，保持用户思维，换位思考，如果我是用户，产品体验还有什么问题？应该如何改进？

就是和"米粉"交朋友。交朋友的心理就是，如果这个问题是你的朋友来找你解决的话，你会怎么做？那当然是你能解决就给他立刻解决了，解决不了也要想办法帮他解决。

小米学习的是海底捞，就是把它变成一种文化，变成一种全员行为，给一线赋予权力。比如，用户投诉或不爽的时候，客服有权根据自己的判断，赠送贴膜或其他小配件。又如，曾有用户打来电话说，自己买小米是为了送客户，客户拿到手机还要自己去贴膜，这太麻烦了。于是在配送之前，小米的客服在订单上加注了送贴膜一个，这位用户很快感受到了小米的贴心。再比如，小米在微博客服上有个规定：15分钟快速响应。还专门开发了一个客服平台。不管是用户的建议还是吐槽，很快就有小米的人员进行回复和解答。从我开始，每天会花一个小时的时间回复微博上的评论。包括所有工程师，是否按时回复论坛上的帖子是工作考核的重要指标。

小米还让工程师们直面每一段代码成果在用户面前的反馈，当一项

朝气蓬勃的小米员工

新开发的功能发布后，工程师们马上就会看到用户的反馈。小米甚至要求工程师参加米粉的聚会活动。这样的活动让工程师知道他做的东西在服务谁，他感受到用户不仅仅是一个数字，是一张张脸，是一个实实在在的人。有女米粉非常热情地拉他们签名、合影，这些宅男工程师就觉得他写程序不是为了小米公司写，是为了他的粉丝，这种价值实现很重要。

为了做一名优秀的产品经理，小米一是向同仁堂学习，强调真材实料做好产品；二是向海底捞学习，和用户做朋友，和用户互动；三是向沃尔玛学习，高效率地运作，控制好自己的成本，缩短中间环节，这样才能让小米产品的价格以接近成本价直销。

也许有人认为这三点跟互联网一点关系都没有，但是，雷军觉得，这就是互联网最最重要的"用户思维"和"产品思维"。

谈到用户思维，很多人觉得理解起来很费劲，说小米是怎样让用户参与进来的？是怎样跟用户互动起来的？雷军的诀窍是走"群众路线"。

雷军认为，"群众路线"跟互联网的互动思维是一模一样的，就得"深入群众，相信群众，依赖群众，从群众中来，到群众中去"。只要你理解了群众路线，你就理解了用户思维。所以，互联网的本质，实际上是把传统商业做到极致。

为了让工程师拥有产品经理思维，雷军采取了反常规的办法。和许多公司禁止开发人员上网聊天不同，小米公司从一开始就鼓励，甚至要求所有工程师通过论坛、微博和QQ等渠道和用户直接取得联系。

雷军说："这样的活动让工程师知道他做的东西在服务谁，他感受到了用户不仅仅是在产品上，粉丝不仅是参与者，也是裁判。"雷军在MIUI早期确定了两个机制：一是以论坛为核心的互联网开发模式；二是在易用性和个性化上重点发力。这成为小米后来激发粉丝力量的关键，小米的产品经理设计了不少工具，让粉丝参与用户体验的评测和优化。比如，小米有个每周固定升级迭代的机制，每周二会开放粉丝参与的四格体验报告，由用户选出本周更新程序中你最喜欢哪个，最不喜欢哪个。

小米内部每周会据此颁一个"爆米花奖"，奖励得奖者，给他拍一张照挂在办公室，然后送一些很小的礼品，也是一种来自粉丝的投票激励。

换句话说，有几百万的粉丝免费给你做产品经理，做用户体验评测员，这是一股多么强悍的力量。正如互联网革命最伟大的思考者克莱·舍基所说：所谓"领先用户创新"，并不是由产品的设计者，而是由该产品最活跃的使用者来推动的。

注重细节

古人云："天下大事，必作于细。"天下的大事都是从细小的地方一步步形成的。

雷军身为小米和金山公司的董事长，但他身上始终有着程序员特有的严谨，他能发现金山内部几乎所有的问题，哪怕是所有人都会忽略的细节。经过不断改善，雷军慢慢在金山内部开发了一套独具特色的"精细化管理模式"。

雷军是一个注重细节、追求完美的人，这是他的性格使然。但精细化管理模式的开始却是一个偶然。在金山公司，雷军刚刚走马上任时，他就召开了一个内部会议，说："你们都说公司管理乱，那你们觉得哪个公司管得好呢？"

员工们回答说："惠普、联想。"

雷军问："为什么？"

员工说："从他们公司的员工外表上看，就不错。"

雷军说："那我们首先要做到看起来不错。"

第二天，雷军决定统一员工的工作服，全部换上纯色的西服、白衬衫和锃亮的皮鞋，使金山的面貌焕然一新。在20世纪90年代，很少有公司做到统一员工服饰，金山确实给了人们耳目一新的感觉。

雷军认为，这其实是企业日常管理中的细节问题，如果一个企业连最基本的细节问题都做不好，这个企业的管理肯定很糟糕，更别说企业管理中的执行力问题了。他开始有意识地注意从每个细节出发，逐步地改变金山的风貌。

据《雷军：世界需要我的突围》一书说："当时金山的管理乱象存在于公司的每一个角落，连大厅都没有人打扫，纸片满地都是，桌椅乱七八糟。雷军看不下去，立即叫人将行政经理找来，要求即刻处理。"

还有很多细节雷军都会注意到，比如说签到的笔没墨了，没有人换新的等，都会叫人立即处理。有好几次，雷军组织员工开会时，都发现会议室的白板上面密密麻麻留着上次写的字，眉头就皱了起来。怎么回事？写了就不知道擦吗？后来，雷军要求公司每个人都必须养成良好习惯，每次会议结束后，一定要把白板擦干净再离开。

从一开始，雷军就一再强调注重细节，最后，他将这种方法总结成整套的"精细管理法"。其中，"四步请客法"就是一个典型的例子。雷军认为："要把一个客人请到一定要花四次时间，你要提前一周至两周先打电话跟人家说明，提前一周要寄请柬或发传真，提前一天要跟人家说明。然后，离约会时间还有半小时，要再打电话确认。如果这样你还请不到的话，那个人就欠你一个天大的人情，下次你打一次电话他一定会来。"

他强调，如果请100个人，就只摆80个凳子，确保所有的位置都能坐满，免得刚开始前几排都空着。会后要总结，查看一下每个人的签到率，"每回都请10个人，结果只到了6个人，这说明工作没做好。请客这样一件小事被我们分解成了无数个细节。无数个细节做完以后，就能确保最后整个会议的质量"。

无论是工作过程还是产品设计，雷军都能发现一些不尽如人意的地方。金山的每一款产品出来时，雷军都要亲自试用，测试它是否存在漏洞。有一次在出差的过程中，雷军发现卓越网有个网页没有做好，立即提出了一百多条建议。

不光如此，在生产和销售中，雷军也倡导细节管理。他把整个过程分解为多个细节，慢慢细化管理水平，提高工作质量。

自从雷军担任CEO后，就开始着手梳理金山的结构、职能划分、业务流程、管理流程、岗位规范与工作标准等，使工作规范化，提高企业效率。

许晓辉曾在金山公司工作四年，担任金山的市场总监，负责公司广告投放和公关。他眼中的雷军是这样的：勤奋，有激情，有梦想，有方法论，前瞻性洞察，全面商业布局。

雷军是"IT劳模"，这一点已经无人置疑。无论工作到多晚，雷军一般都会在次日九点准时到公司，眼睛经常布满血丝。每周无论多忙，他都会找许晓辉了解市场工作，一般在晚上八九点。对于如何做市场活动、广告投放、媒体传播，建议非常多。也常闲聊说当年他自己和刘韧、方兴东的友谊是如何建立起来的。印象很深刻的是，金山上市前安排媒体专访，一天有三四家一对一的专访，许晓辉全程旁听。无论问题重复率多么高，无论那些细节讲过多少次，即使对待最后一个记者，雷军依然是激情四射，回答问题绝不敷衍。这令许晓辉由衷钦佩。

雷军管理小米同样十分注重细节。小米在构建企业时，是以发烧友"米粉"为核心的，很多东西都细致考虑了米粉的想法。这在米聊的设计上就表现得十分明显。米聊能在和腾讯微信的战争中活下来，精细化的设计是一个重要的原因。

虽然和微信功能差别不大，但微信和米聊在易用性上做出的设计完全不一样。米聊提供了明显的功能键，只需要一次点击即可使用，在信息状态的细节处理上非常用心，例如显示对方的输入状态、即时显示信息发送之后的状态等，而微信则没有任何提示；在语音信息的设计上，米聊语音信息对于时长以及播放状态都有明确显示，比微信更直观；图片上，米聊手写涂鸦更具创新性；在群聊用户显示界面上，米聊类似九宫格的设计相对微信的列表模式要略为舒适；米聊还为用户提供新浪语音微博服务，丰富了新浪微博的形式。

创办小米五年来，雷军一直保持着一个习惯，每周礼拜一早上九点半至中午一点半不吃饭，专心只干一件事：与一线的工程师、设计师、产品经理讨论，怎么把产品细节做好。

2013年4月9日，雷军发起一宗交易，要花100万人民币购买一张手机

293

主题壁纸。5月7日，他发了一条微博状态：不工作了，画壁纸去！有点调侃的味道。

雷军在微博上写道："今天已经是第31天了，他心目中合格的壁纸还没出现。谁若是跟我谈公司战略，我就会直接问他'壁纸画好没有'，没画好继续回去画，画好我给你100万现金。"

4月9日，MIUIV5发布。其中有一款多看的阅读应用，研发了两年时间，但里面只有3000本书。"3000本书都是从76家出版社几十万本书中挑出来的，每本书都精排过，如图文混排、数学公式、化学。"雷军表示，自己还发现PC端许多扫描版文件没法看，于是把它们切成一个个小方块，按照手机屏幕尺寸进行重排，让它们在手机上也能阅读。

用这样的理念，雷军逼着员工去打磨产品细节，把产品的细节打磨到极致。"把自己逼死，把别人逼疯，如果自己都没被逼疯的话，那可能还没到极致。"雷军表示，用自己朋友一句话来解释就是这样。

总体来看，米聊对于用户的需求和习惯非常用心地进行了详细、深入的分析，细节上做得很到位。"做企业，赢在细节，输在格局。"雷军非常赞赏马云的这句话。

和员工一起分享利益

一项好的制度能激活一支队伍。小米的快速发展源自透明的利益分享机制。雷军让员工尽可能多地分享利益，小米给了员工足够的回报：第一主要是工资上的回报；第二是在期权上真的是有很大的上升空间，而且小米公司每年还有一些内部回购；第三是团队做事确实有时候压力很大，但他们会觉得有很强的满足感，很多用户会极力追捧他，比如说某个工程师万岁。

雷军说："不找我要股份的员工不是好员工！"小米公司刚刚成立的时候，就推行了全员持股。小米最初的56个员工，自掏腰包总共投资了1100万美元——均摊下来每人投资约20万美元。

　　小米内部有个"卖嫁妆"的段子，作为小米公司的14个创始人之一、当时唯一的女员工小管，承担了小米公司创业初期从人力资源到行政，从后勤到前台的全部工作。为了投资小米，她甚至卖掉了自己的嫁妆。当然，这部分嫁妆现在已成天价。这也是小米公司的一个理念：要和员工一起分享利益，尽可能多地分享利益。

　　雷军说："舍得，舍得，有舍才有得。我们要舍得舞台、舍得给予，让更多杰出的人在小米大放光芒。不懂得取舍，企业就会变得脆弱，没有生命力。"在金山担任CEO时，雷军就明白了：想成为一个成功的创业投资者，悟出"舍得"二字中隐藏的智慧是不可缺少的。

　　雷军在投资创业时，市场上总是有很多商机在不同的时候冒出来。所以，很多投资人往往希望"鱼"和"熊掌"兼得，恨不得抓住所有的机会，于是被眼花缭乱的投资市场打乱了方寸。他们任何业务都想做，但又没有长期发展的可行战略，最后导致整个企业的发展失去了重心。

　　投资创业，首先需要你有好的商业头脑，其次需要你有长远的计划，抓住重点，"舍"掉那些和战略不一致的业务。只有这样，投资才可能最终取得成功。投资就像下围棋一样，虽然放弃小的利益，得到的却是更大的利益。

295

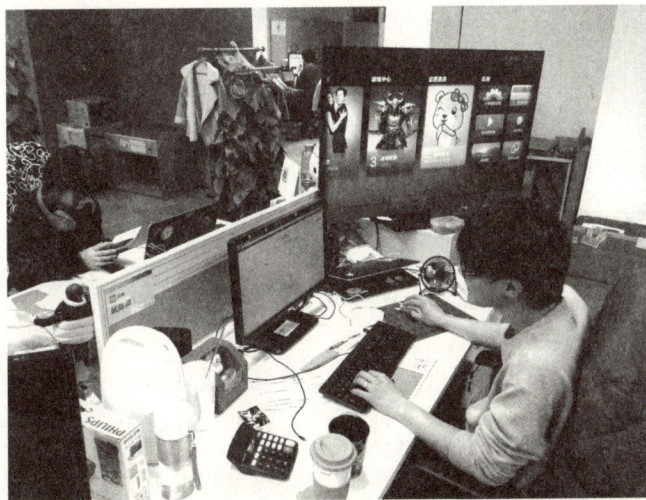

小米员工工作时的情景

　　作为企业管理者，雷军深知股权激励的重要性。2011年雷军重回金山担任董事长后，公司的经营业绩显著提升。2014年7月8日，经金山公司董事会决定，授予雷军400万股金山软件的受限股，经雷军本人考虑后决定，将此次全部金山股票作为激励发放给所有金山的正式员工，每人1000股的两年期受限股，按目前市值计算，每位员工将获赠约2万元。

　　雷军说："公司能够取得骄人的业绩，属于所有金山人，是大家共同努力下的成果。作为金山董事长，我感到由衷的自豪！400万股票价值的确不菲，我表达了诚挚的感谢，主要感谢大家对我个人工作的肯定。但我知道，这份奖励，不仅仅是对我本人的认可，也是对宏江博士带领的管理层的认可，更是对奋斗在一线的所有金山人的认可！"

　　雷军回忆说："刚开始，我们的创办人张旋龙及其家族100%拥有金山，十九年后上市的时候，他们拥有金山股份不足10%。设想一下，如果他依然拥有100%，后果会怎么样？张旋龙愿意和求伯君分享公司股权，愿意构建舞台让求伯君施展，才有了今天金山的辉煌，这同时也是我当初毫不犹豫选择金山的原因！后来，我成为金山公司的管理者时，就意识到企业若想长期稳定地发展，牺牲一部分利益、舍去一部分权力给员工是必然的。所以，在金山软件上市时，我也成了金山的主要股东。2007年2月，董事会给430名员工发放了占上市完全摊薄后的11%的期权，这在所有上市公司中是绝无仅有的。虽然影响了公司短期价值，但是只有和员工分享上市财富，才可以保持公司长期发展的动力。"

　　在金山软件上市答谢晚宴上，求伯君非常客气地说："金山这个大厦张旋龙是买地的，雷军才是真正盖楼的，我不过就是挖个地基的而已。分享成功是我们三人长期合作的基础，也是所有优秀的金山人聚集的基础。金山最核心的是人，是一群爱金山、愿意和金山一起成长的人！"

　　在雷军看来，让员工通过股权激励机制获取资本，可以极大地激励和凝聚员工，这就是小米"知本主义"的含义。小米成立5年来，一直处在高速上升期，小米的薪酬和股权发挥了极其有效的激励作用。员工凭什么能获得这些？凭借的是他的知识和能力，在小米，"知本"能够转化为"资本"。

在实施全员持股之前，雷军清醒地认识到，公司的竞争力成长与当期效益的矛盾，员工与管理者之间的矛盾，这些矛盾是动力，但也会形成破坏力，因此所有矛盾都要找到一个平衡点。管理者与员工之间矛盾的实质是什么呢？其实就是公司目标与个人目标的矛盾。公司考虑的是企业的长远利益，是不断提升企业的长期竞争力。员工主要考虑的是短期利益，因为他们不知道将来还会不会在小米工作。解决这个矛盾就是要在长远利益和眼前利益之间找到一个平衡点。作为早期的激励机制，小米的这个平衡点就是建立公平透明的利益分享机制，让员工持股，和员工一起分享利益。

小米的利益分享机制一方面减少了公司现金流风险，另一方面增强了员工的归属感，稳住了创业团队。小米的利益分享机制的特点是将员工的人力资本与企业的未来发展紧密联系起来，形成一个良性循环体系。员工获得股权，参与公司分红，实现公司发展和员工个人财富的增值。

雷军认为，天理即人欲。给足团队利益，让员工"爽"，团队的激励就是一个"爽"字。让员工爽就好，不要追求什么条条框框，也不要生搬硬套。其实从最根本来讲，企业管理者能不能真的把姿态放得更低一点，去跟你的员工打成一片，听听他们到底想怎么爽，怎么给予他们参与感、成就感，怎么给予他们足够的激励。无外乎就是爽，员工爽，他就会自我燃烧。雷军跟合伙人、核心员工一进来就讲明白，把很多事情都摆在桌面上。今天人才竞争这么激烈，没有足够的利益驱动，纯粹讲兄弟感情的话，其实很难。

小米的客服部门主管，做了十几年的客户工作，经验非常丰富。小米的业务飞速发展，用户数量迅速爆发，客服工作也随之迅速"压力山大"。客服主管第一次来向雷军汇报工作时，抱进来厚厚一沓的纸，非常认真地总结了过去小米所有的客服数据、工作报表，然后根据这些数据和对小米的业务增长预期，做出了多达好几十页的客服未来改进计划，把雷军都吓到了。最后，雷军说："做客户服务这件事情，你是专业的，我是业余的。你搞得这么多图表和计划，说实话我看得不大懂。你专业，你自己懂就好了。咱们能不能不要这么多KPI数据？我只给你一个指标：怎么让你的小伙伴发自内心地热爱客户服务这份工作？"

在雷军看来，人是环境的孩子，用环境塑造人。我们每个人都可能会在荒郊野外随地吐痰，但是当我们穿上西装打上领带到铺着红地毯的酒店里去的时候，就没人会这么做了，这是环境给人的暗示。说明和制度无关，用制度规范出来的"服务"，是假的，用环境塑造出来的服务，是真的。

让员工身心愉悦不仅仅是给员工更好的福利这么简单。当员工在一个工作环境非常舒适漂亮的地方工作的时候，他有他自己漂亮的换衣间，高端大气上档次的咖啡壶，整洁明亮的库房，员工会从内心感到他所做的这份工作所需要的那种品质。并且，为了持续在这样的好环境中工作下去，他们会自然而然地养成好的习惯，来维护这个环境。因此，小米的员工会自觉地把工作室收拾得干净和整洁，当小米的客服员工在交接班的时候，会把办公卡位收拾整齐，把椅子摆放好了再离去。

298

在互联网界，小米一度有两个标签：打鸡血、6×12，也被妖魔化为"火坑"。洪锋曾经向雷军抱怨，这个6×12吓跑了不少优秀的工程师。

雷军认为："很多求职者的老婆都觉得，把老公交到我们手里就要不回来了，但是你不得不承认他有一个好的作用就是说，真正到小米来的人，都是真正干活的人，他想做成一件事情，所以非常有热情。来到小米工作的人聪明、技术一流、有战斗力、有热情做一件事情，这样的员工做出来的产品注定是一流的。"

小米给员工的另一笔隐形激励是粉丝带来的尊荣感，这也是小米粉丝文化产生的独特的化学作用。当初小米手机刚出来的时候，小米员工到餐厅去吃饭，别人一看到小米手机就说：你从哪里弄到这个手机？我们为什么老是弄不到？有时餐厅的服务员甚至老板都要冲出来说给我搞一个吧，我这顿饭就给你免单或者以后你们过来就可以打折。还有一个段子，有一次，代工厂商英华达的管理层跟小米合伙人说，我们所有的工人有一个要求是不是能够满足一下？所有的工人都希望能够买到一台小米手机。这些人天天在做手机的怎么会大规模买小米手机？工人的理由是，自从我做了小米手机以后，我觉得我是重要的，因为不管是七大姑八大姨都会打电话过来：听说你在做小米手机，能不能给我搞一台。这种感觉是很爽的。

在小米当实习生，除了应有的工资待遇，周一到周五都有公司提供的免费水果，入职可以领手机，而且公司有班车接送，每个月还有餐补和交通补贴。

小米公司的一名员工说，小米公司的工作环境也是相当不错的，感觉非常舒适，附近的配套设施比较齐全。在小米工作最大的一个感受就是公司管理的扁平化，公司效率极高，就算最基层的员工也会有接触公司核心业务和高管的机会，在小米工作你会感受到的是活力、激情、让你不自觉去奋斗的动力。

小米公司会很尊重每一个员工的个性，为每一个员工提供了很自由的发挥平台，在小米，没有办公室政治，没有钩心斗角，有的只是大家为了一个共同的事业和爱好去拼搏、去努力。

雷军说："财散人聚，人聚财聚，这是金山和小米成为百年老店的基础！"雷军在做天使投资人时投资了20余家企业，创办小米后又投资了20多家关联企业，都是经历了"舍"之后才有的"得"。在投资创业的路上，该放弃什么，选择什么，是一门艺术。有时，放弃就是获得。勇于舍得是一种现实需要，也是一种人生智慧。舍弃并不意味放弃，而在于将来更高层次的获得！

299

附录　雷军经典语录

1. 我早期做事情比较自信，总是认为聪明加勤奋天下无敌，总是认为只要自己努力可以做任何事情，到了四十不惑之后，就觉得自己的能力是有限的，每个人的能力都是有限的，意识到顺势而为。

2. 往往一个企业的失败，是因为他曾经的成功，过去成功的理由是今天失败的原因。任何事物发展的客观规律都是波浪式前进，螺旋式上升，周期性变化。所以我们要有"归零心态"，不能沉迷过去的业绩，要调整自己去适应新的变化。

3. "归零的心态"就是空杯、谦虚的心态，就是重新开始。第一次成功相对比较容易，第二次却不容易了，原因是不能归零。要想做到世界第一，小米人必须要有"归零心态"，就像大海一样把自己放在最低点，才能吸纳百川。

4. 口碑的真谛是超预期，只有超预期的东西大家才会形成口碑。

5. 无论何时何地，"米粉"是我们前进路上最大动力，"米粉"的口碑是我们最大的目标，小米的经营哲学始终是"米粉"哲学！

6. 与其在盐碱地种庄稼，不如在台风口放风筝，只要站在台风口，猪也能飞上天。

7. 什么是风口，风口就是时代潮流，找对风口就是顺势而为！对我来说，互联网手机就是一个能让猪飞起来的台风口。

8．只有把用户当朋友，才能成为一个伟大公司！

9．好的产品应该是由用户定义的，而非工程师拍脑袋定义的。

10．什么叫极致？就是要干到别人都说好，要干到别人达不到的高度，把一个点做到极致，把自己逼疯，把别人逼死。

11．只有专注，才能做到极致，你才有机会做到世界第一。

12．口碑的本质是超越用户的希望值。

13．投资人是追求回报的，这意味着你总有一天会退出企业，而创业者和创始人却偏向于永远拥有一家公司。心态变化当然是很明显的，工作状态也是，变成投资人以后，我现在不再排工作时间表了，现在的情况是工作随性但目标明确。

14．小米用互联网的方式做手机、卖手机、推广产品，也用互联网的方式做售后服务，可以说每一个环节都互联网化了。

15．移动互联网讲究的是软硬一体化的体验，我观察移动互联网有5年的时间，琢磨完了，开始研究终端，国内所有的厂商都考察过，结果发现所有的终端都不够好，所以我准备做手机。

16．人生最痛苦的有两件事，第一件是得不到，第二件就是怕失去。年轻时创业，输了无所谓。现在过了不惑之年，几乎所有人都变成怕失去。

17．我创办小米，有那么多的业界的精英加盟，又有人投资，我觉得我比很多创业者幸运，因为我曾经有过几次成功的创业，可能有一点点起步的钱，这是我的优势。我自己也是投资者，我在想，我愿不愿意投资我自己？如果自己都没有勇气，我怎么说服张颖，说服所有潜在的投资者。我们刚创业时，汇聚了业内非常牛的一群人，包括像林斌——当时是谷歌研究院的副院长——我真的很幸运！

18．我们不追求某一方面比它们好，我们努力做到每一个方面都要比它们好，超越用户的期望，我的成就感肯定也是要来自于做出让用户尖叫的产品，做出了用户愿意推荐给朋友的产品。

19．有人问我，你投了那么多好公司，还亲手创办了小米，为什么接手金山？原因很简单，因为我爱金山，假如金山需要，我没有选择，我会全力以赴！

20. 商业上的成功最重要的就是像毛主席讲的，把朋友弄得多多的，敌人弄得少少的。过去几年我一直提醒自己，人若无名便可专心练剑，所以尽可能不参加会议，认认真真做东西。对我们这么小的公司最重要的是广泛结盟，以开放心态来合作。

21. 在今天的互联网竞争里面，我觉得最最重要的还是用户满意度。这些优秀的企业，它们都同样在乎能不能让用户满意。所以我觉得我们应该把焦点放在用户上，可能有些恶性竞争爆发使大家把焦点放在对手上，而不是用户满意度上。我自己是把所有精力都放在怎么改善产品和服务，让用户满意。

22. 我投的时候，首先要做到"无我"，如果你不违法、不做假账，我就百分之百支持你。我作为天使投资人，持有小部分股份，不需要控制权，如果我想整合，就违背了我做天使投资的初衷。无论我帮多少忙，出多少主意，或者做了或多或少的贡献，公司其实都是他们自己的。这也是我到现在为止（天使投资）看起来做得还不错的原因。

23. 我想，我们只有来一次自我的革命，才能实现凤凰涅槃；我们只有打烂所有的坛坛罐罐，我们才会重新变得强大起来。现在，不仅仅需要各位有勇气，有信心，我们还需要有策略。

24. 我18岁的时候就是乔粉，我从来没有奢望过自己能成为乔爷第二，小米也绝对成不了苹果。

25. 董事长该干啥？我琢磨了一下主要有三点：①什么时候做什么样的事情，这决定了公司的方向和战略；②用什么样的人来干这件事情，寻找德才兼备的人不容易；③怎么让人有动力愿意打仗，怎么样能够把事情做成。做好这个位置，最重要的是看人看事的眼光，是经验、阅历和胸怀。

26. 如果需要帮忙，创业者来找我，我会竭尽全力，尽管我的能力和精力非常有限；如果不需要帮忙，我不会给创业者找任何麻烦，做一个安静的股东。公司是创业者的，他们是英雄和明星，是主角，我是拉拉队队员。

27．小米是个浩瀚的工程……但我从来没有担心过。因为我不是一个人在战斗，我的背后还有百万米粉！

28．创新为什么这么少，因为我们社会缺少包容失败的氛围。很多大的创新，也是一两个小的点子开始的。

29．什么是成功？每个人眼里的成功都不一样。我认为，成功不是别人觉得你成功就是成功，成功是一种内心深处的自我感受。我不认为自己是成功者，也不认为自己是失败者，我只是在追求内心的一些东西，在路上！

30．不找我要股份的员工不是好员工！我希望和员工一起分享利益。

31．商业成功最重要的是，朋友弄得多多的，敌人弄得少少的。

32．用户满意度是根本，我们应该把所有精力放在改善产品和服务，让用户满意。

33．小米把握的是什么机会？其实，小米精准地踏到了智能手机换机的时间点，诺基亚不行了，苹果刚刚起来，小米应运而生，用了一套全新的模式，在短短的3年时间里面成了中国第一。

34．创新就是做别人没有做过的事情。但创新的风险很大，绝大部分创新最后都是失败。所以，我认为，创新的本质是不惧失败的勇气！创新还需要一个大环境：全社会理解失败者，宽容失败者。成王败寇这样的观点，是阻碍创新的因素。

35．创业初期，海量广告容易砸出虚假繁荣，掩盖一些本质问题。坚持口碑传播，相信好产品会说话！

36．我总结的创业十条：①能洞察用户需求对市场极其敏感。②志存高远并脚踏实地。③最好是两三个优势互补的人一起创业。④一定要有技术过硬并能带队伍的技术带头人。⑤低成本情况下的快速扩张能力。⑥有创业成功经验的人加分。⑦做最肥的市场。⑧选择最佳的时间点。⑨专注、专注再专注。⑩业务在小规模被验证。

37．快速迭代，不断试错，逐步走向成功的彼岸。这是互联网时代的王道。

38．马云总结得真好：做企业，赢在细节，输在格局。关键是处理好埋头拉车和抬头看路的矛盾不容易，我的观点是做任何事情要顺势而为，不要强求，不要蛮干。顺了，自然就成了。

39．创业要大成，一定要找到能让猪飞上天的台风口。勤奋、努力加坚持等，这些只是成功的必要条件，最关键的是在对的时候做对的事情。

40．竞争并非你死我活，而是让用户有更好体验。用户才是根本，我们要用心做产品，把心思放在产品和用户上！

41．天下武功，唯快不破，互联网竞争的利器就是快。

42．我们一定要办一个轻轻松松的公司。顺势而为，登到山顶看到风景很漂亮，将山顶上的石头往下踢，这是小米要做的事情，如果小米是把一个一千公斤的石头运到山顶上，那一定没有现在的精神面貌。

43．小米是很小的公司，谈不上什么成功，更多的是一些体会和想法。不过，我坚信"专注、极致、口碑、快"七字诀是互联网创业的关键，小米是我亲自实践的案例。

44．我们决心以归零的心态，重新出发，继续怀抱血战到底的决心，迎接属于每一个小米人的美好未来！

45．中国市场最大，在中国赢了，在全世界就有机会赢。中国不是运营商管制，较美国和运营商捆绑销售手机的模式开放。同时中国又封闭，表现为跨国公司在中国水土不服。小米刚开始起步，我就是这样说服投资者的。

46．在这个"参与式消费"时代，小米应该满足米粉这个全新的消费心态。让米粉参与到产品研发和体验过程中来，满足年轻人"在场介入"的心理需求，抒发"影响世界"的热情。

47．未来商业竞争不再只是企业与企业之间的肉搏，更是平台与平台的竞争，甚至是生态圈与生态圈之间的战争，单一的产品和平台是不具备系统性竞争力的。

48．要成功，一定要有做猪的心态。

49．我对互联网思维最深的理解，除了"专注、极致、口碑、快"

这七字诀以外，还有很重要的一条——群众路线。群众路线就是深入群众，相信群众，从群众中来，到群众中去。只要你理解了群众路线，你就理解了用户思维。所以，互联网的本质，实际上是把传统商业做到极致。

50．舍得，舍得，有舍才有得。我们要舍得舞台、舍得给予，让更多杰出的人在小米大放光芒。不懂得取舍，企业就会变得脆弱，没有生命力。

后 记

雷军创办的小米是一个近乎神话的创业故事。在我推出畅销书《华为还能走多远》之后，就静下心来写这本书。

为了写好这本书，我用了两年时间深入研究小米的商业模式，采访了雷军、金山和小米公司的高管、员工以及雷军的朋友，获得了众多鲜为人知的故事和细节。

为了还原一个真实的雷军，破解小米神话之谜，我在书中选用了雷军在接受采访时所讲的原话，还摘录了一些雷军的内部讲话、公开演讲，以及他的同事、同行、媒体人对他的看法和评价。如果，读者尤其是青年创业者能够从本书中得到一些激励、感悟和灵感，开创出属于自己的事业，则笔者将为自己艰辛的创作感到无限的欣慰！

我在本书写作过程中参阅并引用了《IT时代周刊》《中国企业家》《第一财经日报》《创业家》、新浪网、凤凰网、腾讯网、小米网等媒体的一些资料，在此向上述媒体表示感谢！

本书的出版得到了著名经济学家、北京大学国家发展研究院教授张维迎，著名教育家、武汉大学前校长刘道玉，著名战略专家、国务院参事、中国与全球化智库理事长王辉耀，著名管理专家、地头力智库创始人兼首席架构师王育琨，资深传媒人、正和岛创始人兼首席架构师、中国企业家俱乐部创始人刘东华，商界传媒董事长、商界杂志社社长刘旗辉先生的大力支持。他们在百忙之中，抽时间审阅书稿，提出了一些很好的建议，并点评推荐本书，在此向他们表示衷心的感谢！

本书的顺利出版得益于南方出版传媒股份有限公司和广东人民出版社领导的大力支持，并将本书列为年度重点图书。南方出版传媒出版部总监萧宿荣先生、广东人民出版社副社长肖风华先生以及责任编辑李敏为本书的出版出谋献策，精心策划运作，费尽心血，发行人员也为本书的出版发行付出了辛勤劳动，在此向他们表示衷心的感谢！

由于本人水平有限，再加上时间仓促，书中难免出现不当和浅显之处，敬请读者见谅。欢迎您对本书提出宝贵意见或建议，在此先行表示感谢！我期待通过电子信箱ysh5198@163.com、微信ysh752522712或者新浪微博@余胜海与您交流！

2015年6月于北京燕园